우리 아이는
보드게임으로
자란다

우리 아이는 보드게임으로 자란다

FUN하게 학습 에너지 키우는 보드게임 가이드

초 판 1쇄 2025년 09월 25일

지은이 한경아
펴낸이 류종렬

펴낸곳 미다스북스
본부장 임종익
편집장 이다경, 김가영
디자인 윤가희, 임인영
책임진행 이예나, 김요섭, 안채원, 김은진

등록 2001년 3월 21일 제2001-000040호
주소 서울시 마포구 양화로 133 서교타워 711호
전화 02) 322-7802~3
팩스 02) 6007-1845
블로그 http://blog.naver.com/midasbooks
전자주소 midasbooks@hanmail.net
페이스북 https://www.facebook.com/midasbooks425
인스타그램 https://www.instagram.com/midasbooks

ⓒ 한경아, 미다스북스 2025, *Printed in Korea.*

ISBN 979-11-7355-502-2 03370

값 19,500원

※ 파본은 구입하신 서점에서 교환해드립니다.
※ 이 책에 실린 모든 콘텐츠는 미다스북스가 저작권자와의 계약에 따라 발행한 것이므로 인용하시거나 참고하실 경우 반드시 본사의 허락을 받으셔야 합니다.

미다스북스는 다음세대에게 필요한 지혜와 교양을 생각합니다.

우리 아이는 보드게임으로 자란다

FUN하게
학습 에너지 키우는
보드게임 가이드

한경아 지음

미다스북스

♟ 프롤로그

전 보드게임 강사입니다. 보드게임 선생님! 아이들이 저를 이렇게 부릅니다. 아이들은 멀리서도 지나가는 저를 보면 뛰어와서 인사합니다. 아이들은 보드게임을 좋아하는 만큼 저를 좋아합니다. 아이들이 내게 보여준 웃음과 사랑은 보드게임 덕분인 겁니다.

돌봄교실이나 늘봄교실에 들어가는 1학기에는 글자를 모르는 아이들, 아직 쉬운 덧셈조차 못 하는 1학년 아이들로 기준을 맞춥니다. 글 읽는 것은 일단 보류하고 어휘력 향상에 초점을 맞춥니다. 작은 수 더하기와 수의 순서를 이용한 게임을 하지요. 이렇게 게임을 준비하면서 보드게임으로 다양하게 아이의 성장을 도울 수 있겠다는 생각을 합니다. 아이들이 즐거워하는 표정을 보면서 이런 재미를 조금 더 빨리 알았다면 저의 아이들과 보드게임하는 시간을 더 자주 가졌을 텐데, 하는 아쉬움이 남습니다. 그래서 가정에서 보드게임을 많이 했으면 하는 바람이 있습니다.

아이들은 보드게임하면서 다양한 능력을 향상시킵니다. 저는 항상 그렇게 생각합니다. 시중에 나온 보드게임과 관련된 도서에서도 그렇다고 합니다. 아이들이 좋아하는 보드게임을 활용해 모든 과목 수업이 가능하면 얼마나 좋을까요? 모든 과목이 가능할지는 모르겠지만, 학교 현장에서 보드게임을 수업에 활용하는 경우는 많은 것 같습니다. 보드게임 강사들을 위한 역량 강화 교육을 들으러 가서 초등학교 현장에서 수업하셨던 교사들의 실제 활용 내용을 듣기도 했습니다. 보드게임 관련 도서 중에는 학교 현장에 있는 선생님들의 경험을 적은 책들도 있습니다. 어떻게 활용했는지를 책 속에서 찾을 수 있습니다.

보드게임 수업을 진행하면서 다양한 아이들을 만납니다. 보드게임이 지든 이기든 끝까지 집중하면서 하는 아이가 있다면 졌다고 생각하는 순간에 슬쩍 포기해 버리는 아이도 있습니다. 처음부터 어렵다고 칭얼대면서 시작하는 경우도 있습니다. 게임이 생각처럼 안 되니까 다음에는 수업을 끊겠다고 저를 협박하는 아이도 있었습니다. 그랬던 아이들이 보드게임을 하면서 변합니다. 지는 순간에 눈물부터 나오는 아이도 그 눈물을 참아가며 끝까지 합니다. 끊겠다고 말한 아이는 제가 가져온 보드게임 가방을 들여다봅니다. 아이들은 스스로 알아챕니다. 항상 내가 이길 수도 없지만 항상 지는 것도 아니라는 것을요. 그리고 또 하나 알아냅니다. 하면 잘할 수 있다는 것을요.

학습(學習)은 배워서 익히는 것을 말합니다. 다음 사전에서 학습은 '과거의 경험을 통해서 새로운 지식·기술을 배워서 익히는 것'이라고 말하고 있습니다. 생각과 경험을 통해 우리는 계속 변화합니다. 지속되는 행동의 변화나 잠재력의 변화, 그리고 생각의 변화를 일으킬 수 있는 것도 학습의 결과입니다. 학습은 익히는 시간이 필요합니다. 배우는 순간에 깨닫는 것도 있지만 배운 것을 자기 것으로 만드는 과정에 오랜 시간이 들기도 합니다. 그리고 성과까지 기다리려면 더 오랜 시간이 필요하겠지요. 그 과정까지 갈 수 있는 힘을 주는 것이 에너지입니다.

학습 에너지는 이런 학습 과정에서 필요한 모든 힘, 동기라고 말할 수도 있겠네요. 호기심, 흥미, 즐거움, 성취감 등은 스스로 학습을 하도록 이끌어 줍니다. 이 외에 밖에서 주어진 보상이나 인정, 타인과의 경쟁도 학습을 유발합니다. 학습, 즉 공부를 하기 위해 필요한 집중력, 주의력, 기억력, 사고력 그리고 쉽게 포기하지 않은 끈기, 경쟁할 때 물러나지 않은 그 모든 것이 학습 에너지일 것입니다. 전 그 학습 에너지와 보드게임을 연관시켜 이야기를 나눠보려고 했습니다.

이 학습 에너지는 사람이 새로운 지식이나 기술을 습득하고 실제 문제 상황에 적용할 수 있는 힘이 됩니다. 공부를 재밌게 해도 에너지가 필요합니다. 배우는 것은 언제나 뇌의 활동이 필요하니까요. 이때 나의 호기심을 자극한다거나 즐겁다거나 알아가는 것이 재미있다면 아무리 힘들어도 앞으로 나아가게 됩니다. 그게 아니라고 해서 우리는 배움을 멈출 수는 없지요. 특히 학교 가는 것이 일상인 아이들에게는요. 아이들은 배우고 잊어버리고 다시 배우는 과정을 계속합니다. 이 과정에서 저는 학습 에너지를 높일 수 있는 방법 중 하나인 보드게임을 소개하려고 합니다. 보드게임은 즐거울 수 있고, 하고 싶지 않을 때조차 앞으로 나아갈 수 있는 힘을 줍니다. 실패에도 손해 없이 몇 번이라도 다시 시도할 수 있답니다.

공부란 것이 항상 즐겁기만 하면 얼마나 좋을까요? 그리고 항상 잘하기만 한다면 얼마나 좋을까요? 아이들이 요즘 환경에 의해 많은 것이 약해지고 있습니다. 그것을 보드게임을 통해 채워나갈 수 있습니다. 집중력, 주의력, 인지, 문제 해결력 등은 보드게임 속에서 쉽게 찾을 수 있는 것들입니다. 이것은 학습에 도움이 됩니다. 우리는 지금은 모르던 것도, 현재 어려운 것도 반복을 통해, 사고를 통해 쉬워진다는 것을 압니다. 아이들도 게임을 통해 배워갑니다. 잘할 때까지 즉, 어떤 과목이 쉬워질 때까지 우리는 하던 것을 하면 됩니다. 그 과정을 즐길 줄 알아야 합니다. 그것 역시 보드게임하면서 배워나갈 수 있습니다.

보드게임 속에는 많은 것들이 숨어 있습니다. 아니 보드게임 속에 많은 것들을 담을 수 있습니다. 수학도 담을 수 있고, 국어도 담을 수 있고, 세계 지리도 담을 수 있어요. 참을성도 끈기도, 의사소통과 배려도 함께 합니다. 난 이 모든 것을 이 책에 담으려고 했습니다. 제가 하고 싶은 말과 담고 싶은 보드게임을 모두 담을 수는 없었지만, 선정해서 담았습니다. 부디 이 책을 통해 가정에서 보드게임으로 도움을 받기를 바랍니다.

목 차

프롤로그   004

1장 보드게임이 아이의 두뇌 발달에 도움이 될까?

❶ 보드게임이란 무엇인가?   013
❷ 한 개의 게임이 다양한 능력을 깨운다   018
❸ 경험으로 배운다   023
❹ 몰입이 최대의 성과를 낸다   030
❺ 뇌가 좋아하는 것은 따로 있다   035
❻ 지금 보드게임이 필요한 순간이다   042

2장 두뇌가 팡팡! 아이의 지적 능력을 높이는 보드게임

❶ 제우스와 함께라면 연산도 재밌다   **제우스 온 더 루즈**   051
❷ 공간 놀이 업! 칠교놀이의 변신   **겟패킹**   059
❸ 주의 집중! 주문서대로 꼬치 만들기   **꼬치의 달인**   064
❹ 정보 처리 능력의 힘, 단서 속에서 찾은 선물   **드림캐처**   071
❺ 구슬을 밀어 밀어 추상 전략 게임   **아발론 클래식**   077
❻ 9개의 주사위 속에서 튀어나온 기발한 이야기   **스토리 큐브**   083
❼ 신속 정확하게 블록을 올리면서 신체 능력도 올려 봐   **비버타워**   090
❽ 있는 것에서 새로운 것을 찾아내는 창의력 게임   **브레인 스톰**   096

3장 공감 능력이 통통! 감성지능 올리는 보드게임

① 이럴 때 너는 어떤 기분일까? **하트하트** 105
② 내 마음을 맞혀 봐! **딕싯** 113
③ 너를 알게 되어 기뻐 **왓츠잇투야** 120
④ 너와 나는 같은 마음이야 **너도? 나도! 파티** 125
⑤ 남을 돕는 것이 나를 돕는 것이다 **꼬마마법사** 129
⑥ 리더가 되어 보기 **컵케이크 아카데미** 138

4장 혼자서도 재미있게! 논리 사고력 키우는 1인 보드게임

① 폴짝폴짝 뛰어넘는 개구리 **호퍼스** 152
② 블록 구멍 사이로 까꿍! **코잉스** 158
③ 전 세계 2%만 풀 수 있는 문제의 시작 **클럽2프로(Club2%)** 162
④ 같은 색끼리 연결, 또 연결! **파이프워크** 167
⑤ 밀고 당기고 아이스크림 차 빼내기 **러시아워 주니어** 171
⑥ 종이접기 퍼즐 본 적 있니? **매니폴드, 폴드-잇, 컬러폴드** 175

5장 수업 시간은 즐겁게! 학습 능력 높이는 보드게임

① 국어 시간 어휘력과 이해력 상승을 위하여　**테마틱**　　183
② 수학 시간 수 연산부터 확률까지　**구십구, 피라미스**　　191
③ 사회과 탐구 기차 여행과 함께 지리 여행　**티켓 투 라이드**　　200
④ 과학 시간 동물에 대한 관심부터　**플라잉 피그**　　207
⑤ 미술과 음악 시간 배경지식 익히기　**디스크 커버, 스톨른 페인팅**　　211
⑥ 보드게임으로 하는 언플러그 코딩 교육　**티키토플**　　219
⑦ 필요한 정보를 얻는 기억력을 높여라　**치킨차차**　　225
⑧ 공부하기 전에 꼭 챙겨야 하는 집중력　**도블, 피카독, 피카픽**　　231

6장 우리 아이는 보드게임으로 자란다

① 역경이 최고의 배움임을 알게 하라　　241
② 노력이 타고난 지능을 이긴다　　249
③ 가르치지 말고 플레이하게 하라　　255
④ 보드게임으로 메타인지를 키워라　　261
⑤ 작은 성취가 자존감을 올린다　　269

에필로그　277

일러두기

1. '플레이어'는 현재 보드게임에 참여한 사람을 말합니다.
2. 이 책에 나오는 인물의 이름은 가명으로 했습니다.
3. 이 책에 소개된 모든 보드게임의 저작권 및 지식재산권은 원작자 및 제작사에 있습니다.
4. 책에 소개된 보드게임의 게임 방법은 간단하게 정리한 것입니다. 자세한 설명은 보드게임 게임설명서를 참고하세요.
5. 책에 소개된 보드게임 중 제작자의 사정에 따라 품절인 경우가 있습니다. '꼬마마법사'는 현재 국내에서 판매가 되지 않습니다.

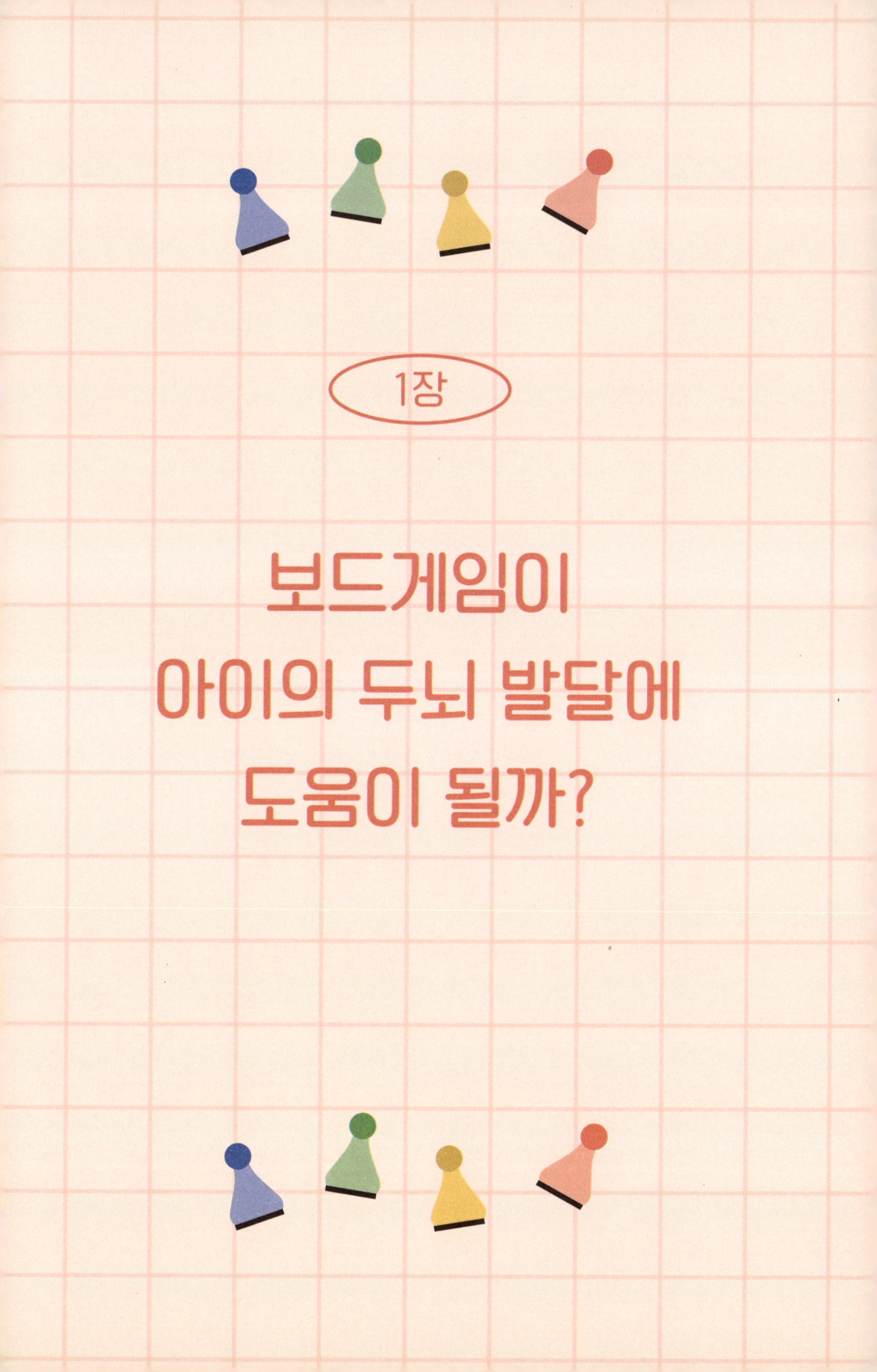

1장

보드게임이
아이의 두뇌 발달에
도움이 될까?

1
보드게임이란 무엇인가?

대여섯 명이 모인 글쓰기 모임에서 난 보드게임에 관한 글을 쓰고 있었다. 쓰고 싶은 글에 대해 이야기를 나누면서 내가 말했다.
"보드게임이 너무너무 좋은데 왜 안 하는지 모르겠어요."
"보드게임이 무엇이 좋아요?"
옆에서 듣던 누군가가 내게 물었다. 나는 그날 무엇이라고 대답했는지 기억에는 없다. 우선 서로 만나 이야기를 나누면서 하니 좋다고 했을까? 무엇을 하든, 하다못해 연산을 반복적으로 해도 지루함이 아니라 즐거움을 준다고 했을까? 생각하면서 게임을 해야 하니 두뇌에 좋다고 했을지도, 대부분의 아이들은 보드게임을 좋아한다고 답했을지도 모른다.

"재미있잖아."
내 이야기를 듣던 친구가 말했다. 딸 셋을 둔 친구는 집에서 딸들과 보드게임을 한다고 했다. 이제 직장을 다니는 딸들과 게임해서 간식값 내기를 한다고도 했다. 이 친구와는 부부 동반 여행할 때도 꼭 보드게임을 했다. 이때 내가 가져간 보드게임은 50대가 좋아할 만한 게임이었다. '독수리 눈치 싸움'과 같은 쉽고 간단한 게임이니, 보드게임은 재밌고 즐겁다고 말할 수밖에 없다.

　지인 A는 보드게임 동아리에 들어와서 보드게임을 많이 샀다. 덕분에 아이들과 자주 보드게임을 했다. 게임이 너무 많아 고르는 게 일이 되었다면서, 아이들이 그날 할 보드게임을 고르는 방법을 찾았다고 했다. 집에 있는 게임 이름을 작은 종이에 1개씩 적어 접은 후, 빈 통에 넣었다. 그 후 보드게임하고 싶을 때 통에서 종이 1개를 뽑았다. A는 공부를 그렇게 고민하면서 했으면 좋겠다고 말하면서 크게 웃었다. 아이들과 게임하는 시간이 즐겁다고 했다.

　지인 B는 치매가 걱정인 엄마를 위해 동아리에 들어왔다. 동아리에서 보드게임을 해보고 필요한 보드게임을 가져가서 엄마와 같이 했다. 나 역시 뇌졸중으로 쓰러지신 어머께 도움이 되는 보드게임을 선정해서 같이 했다. 어머니는 며느리가 가져온 게임을 공부라고 하면서 열심히 하셨다.

　요즘은 많은 사람이 각기 다른 필요에 의해 보드게임을 한다. 특히 초등학생들은 보드게임을 접할 기회가 많다. 초등학교 돌봄교실이나 복지실, 방과 후 프로그램으로 보드게임이 들어간 곳도 많기 때문이다.

　또 다른 나의 친구는 같이 게임을 하자는 내 말에 이렇게 말했다.
　"난 게임 못해! 안 할 거야."
　난 친구가 좋아할 것이라 믿었기 때문에 이 말을 듣고 당황했었다. 그동안 보드게임 수업하면서 어떤 점이 좋은지 자주 말했고, 친구는 그 말에 동의했다고 난 생각했다. 가방 안 보드게임을 꺼내려 했던 내 손은 빈손으로 나왔다. '대체 왜?'라는 질문이 잠깐 머릿속을 맴돌았지만, 잠깐 침묵의 시간으로 민망한 내 마음을 감췄다. 며칠이 지난 후에 난 친구의 마음을 알 것 같았다. 예전의 나였다면, 보드게임 강사가 아닌 일반인이었다면 나 역시 친구와 같은 말을 했을 거라는 생각이 들었다.

　친구는 예전의 나처럼 게임을 전혀 해보지 않았다. 오락실 게임도 거의 하지 않았을 뿐 아니라 게임은 안 좋은 것이라 생각했다. 내가 만약 지금의 친구였다면? 이제 게임과 보드게임은 다르고 보드게임이 좋은 것이라고 해도 해보지 않으니 별로 하고 싶은 마음은 들지 않을 것 같았다. 친구의 못한다는 말은 보드게임하기 싫다가 아니라 안 해본 것이라 겁이 난 다였을 수도 있다. 난 이렇게 친구를 이해하기로 했다.

"머리가 좋아지는 것 아니야?"
　또 다른 누군가는 내게 이렇게 말했다. 머리가 좋아진다고? 어떤 의미로 말한 것일까? 머리가 좋아진다는 것은 머리를 쓴다는 말이다. 두뇌 활동을 한다는 뜻이다. 무엇인가를 하기 위해 기억하고 생각하고 선택한다는 것이다. 이 말은 교과 학습과 직접적인 연관이 되지 않더라도 학습에는 도움이 된다는 말이다. 기억력이나 주의력이나 생각하려고 하는 힘을 향상시키는 것은 분명하기 때문이다. 돌봄교실 아이들을 데리고 수업을 한 경우 1년이 끝나갈 무렵 전략적 사고력이 필요한, 조금은 어렵다고 느낄 수 있는 게임도 척척 하는 것을 본다. 보드게임을 많이 해보지 못한 선배들보다 1년 동안 해본 1학년이 끈기나 인내, 노력에서는 앞서기도 했다. 물론 사고력이 필요한 게임에서도 결코 뒤지지 않았다.

　재미있고, 머리가 좋아져서 보드게임이 좋다고 말하는 건 아니다. 내가 보드게임을 너무 좋다고 하는 이유는 아이들의 얼굴이 반짝반짝 빛이 나기 때문이다. 경쟁해야 한다는 것 때문에 아이들은 감정이 격해질 수는 있지만 아이들의 얼굴에 생기가 도는 것을 자주 본다. 졌을 때의 그 실망감을 감추기 위한 노력도, 게임에서 지고 눈물을 흘리는 모습도, 자신을 합리화시키기 위해 열심히 변호하는 모습도, 이겼을 때의 의기양양한 모습도, 울 듯 말 듯한 표정으로 다음을 기약하는 모습도 정말 좋다.

지금 졌다고 해서 또 지는 것은 아니다. 아이들은 게임을 통해 학습한다. 바로 교과에 연관되는 지식인 경우도 있고, 인생을 사는 법이나 실패를 이기는 법을 배운다. 영원히 이기는 사람도 영원히 지는 사람도 없다. 매 순간 아이들은 최선을 다해 게임하고 그 게임에 대한 승패에 승복한다. 지는 게 싫어 게임 도중 규칙을 어기거나 약간의 협박이나 회유를 해서는 안 된다. 이길 때도 멋졌다면, 질 때도 멋져야 한다. 최선을 다했다면 다음을 기약할 수 있다. 나중에는 다른 결의 게임을 할 거고 그때 이길 수도 있다.

이게 어디 어린아이들만의 이야기일까? 성인도 마찬가지이다. 성인도 이기는 것은 즐겁고 지는 것은 유쾌하지 않다. 게임이 시작하면 이기려고 최선을 다한다. 게임은 져도 이겨도 즐겁고 재미있지만 승리하면 더욱 재미있다. 성인도 게임할 때는 시끄럽다. 목소리가 올라가고 갑자기 벌떡 일어나서 소리를 지르기도 한다. 옆에서 듣던 다른 사람들이 조용히 해달라고 할 정도이다.

게임에 집중하는 모습도 모든 사람이 같은 듯 다르다. 누구는 웃는 모습이다. 누구는 정말 시끄럽게 계속 중얼거린다. 잔뜩 긴장한 채로 집중하기도 하고, 옆에서 시끄럽게 하면 집중이 안 된다고 조용히 하라고도 한다. 어떤 모습이든 사람들의 표정이 살아있다. 지금 그 순간에 몰입한다는 것이 느껴진다. 게임하는 도중에 아이가 나한테 뛰다시피 와서 카드를 보여주며 좋은 카드 많이 들어왔다고 자랑하기도 한다. 그 모습들이 가정에서 이루어지면 어떨까? 자신의 카드가 좋은 게 들어왔다고 엄마에게 자랑하고, 엄마와 한 편을 하기도 하고, 가끔은 진 게 속상해서 울기도 하는 풍경들. 난 이런 분위기를 만드는 보드게임이기에 너무 좋다고 말하고 싶다.

내가 말하는 이렇게 좋은 보드게임은 대체 무엇인가? 네이버 국어사전에 보드게임은 '종이판이나 나무판으로 된 놀이 도구 주변에 여럿이 둘러 앉아 즐기는 놀이를 통틀어 이르는 말'이라 적혀있다. 이은정 저자의 『보드게임 지도사』 교재에는 '2명 이상의 사람이 보드(board), 카드(card), 주사위(dice) 등 도구를 이용하여 일정한 규칙에 의해 진행하는 게임으로 유아에서 성인, 노인에 이르기까지 다양한 연령층에 활용 가능한 현대사회의 새로운 놀이문화'라고 소개한다. 다음 D백과에서는 '2명 이상의 사람들이 보드, 카드, 타일 등을 이용하여 하는 놀이'라고 했다. 결국 보드게임은 사람들이 모여야 할 수 있는 놀이인데, 정해진 규칙이 있고, 게임이다 보니 승패가 있는 놀이인 것이다. 우리가 흔히 알고 있는 '화투'나 '윷놀이'도 보드게임이고, '체스', '장기' 역시 보드게임인 것이다.

서로 얼굴을 마주 보고 앉았다는 것은 게임을 하다가 서로 이러쿵저러쿵 이야기를 나누게 된다는 것이다. 같이 게임을 하면서 서로에게 영향을 준다. 그래서 흥분하기도 하고, 화를 내기도 하고, 각각 자신만의 방법으로 집중하기도 한다. 이런저런 이야기를 나누다가 고민을 털어놓거나, 상대방에게 묻고 답하기도 한다. 보드게임은 이렇게 대화의 장을 만들어 갈 수 있도록 하는 교구인 것이다.

서로의 관심이 필요한 곳은 어디든 보드게임이 필요하다. 이제 보드게임이 무엇인지 왜 좋은지 알았으니 하면 된다. 해보지 않았으니 하기 싫을 수도 있고, 두려울 수도 있지만 그냥 한번 해보자. 지면 어떤가? 웃고 떠들고 즐거웠다면 그것으로도 대만족이다.

2
한 개의 게임이
다양한 능력을 깨운다

 〈순간포착 세상에 이런 일이〉에 게임기를 수집하는 사람이 나왔었다. 그는 초등학생 시절 아버지가 사다 주신 게임기 덕분에 친구들과 즐거운 시간을 보냈단다. 그렇게 친구들과 웃고 떠들던 행복한 시간을 계속 이어 나가고 싶어 틈틈이 게임을 수집했다고 했다. 화면 속 그의 집은 옛날 문방구에 있던 게임기와 요즘의 PC방에 있을법한 멋지고 큰 게임기로 가득 채웠다. 게임기와 게임에 대한 이야기를 하는 그는 계속 웃고 있었다. 그 모습을 보면서 내 얼굴도 덩달아 환해질 정도였다. 자신이 좋아하는 일, 하고 싶어서 하는 일은 하는 사람에게는 빛이 난다.

 나에게 보드게임은 게임기를 모으는 그 사람의 심정과 같다. 보드게임을 하면서 웃고 떠들면서 행복한 사람들의 모습을 볼 수 있으니 얼마나 행복한가. 보드게임하던 아이들이 고개를 들어 나를 보는 표정에서 나는 눈에서부터 발끝까지 웃는 표정을 본다. 성인들이 게임할 때도 아이들과 똑같이 목소리가 커지고 웃음소리가 커진다. 그런 얼굴을 하는 사람들의 표정이 나를 보드게임과 같이하게 만든다. 결국 난 보드게임이라는 도구로 계속 수업을 하고 있고 앞으로도 그럴 것이다.

보드게임은 아이들에게 조금 힘든 일이나 공부조차도 얼굴에 웃음기를 갖게 만든다. 하기 싫어하는 연산을 하면서도, 잘 읽지 못하는 한글을 읽으면서도, 풀리지 않은 퍼즐을 풀 때도 아이들은 때로는 진지하게, 때로는 화를 내면서 자신이 이곳에 있음을 표현한다.

보드게임은 사람들에게 즐거움만 주는 것은 아니다. 1개의 보드게임은 아이들에게 다양한 것을 배우게 한다. 그러기 위해 그들의 많은 능력을 요구하기도 한다.

'마라케시' 보드게임이 있다. 마라케시는 아프리카 모로코라는 나라의 3대 도시 중 하나고, 게임은 그 도시를 모티브로 만들어졌다. 나는 이 게임을 하기 전에 마라케시라는 도시가 있는지도 몰랐다. 이것은 보드게임으로 수업을 하는 아이들도 마찬가지이다. 게임을 시작하기 전에 우리는 여섯 대륙 중 아프리카를, 아프리카 지역의 한 나라인 모로코를 찾아보고 마라케시 도시가 어디에 붙어 있는지도 스치듯 알아본다.

"자, 여기 봐. 여기는 아프리카이고 여기에 모로코라는 나라가 있어. 이 나라의 도시에 마라케시라는 도시가 있으니 꼭 기억해."

난 이렇게 말하지 않는다. 기억해야 한다든가 외우라는 말 같은 것도 하지 않는다. 지도를 보며 나라와 수도를 찾아보고 게임을 한다. 이러는 중에 아이들은 모로코가 아닌 다른 나라도 보고, 땅 모양이 이상한 나라 이야기도 한다. 한참을 지켜보고 그냥 둔다. 머리는 모두 테이블 가운데로 모여 맞대고 있다. 덕분에 엉덩이는 의자를 벗어나 다들 하늘을 향해 있다. 이렇게 지도를 가운데로 두고 이런저런 이야기를 나누는 아이들의 모습을 보는 것만으로도 즐겁다.

우리나라에서 돈을 원이라고 한다. 모로코는 디르함이라고 한다, 게임에서 쓰는 동전도 디르함이라고 부른다. 1디르함이 우리나라 돈으로 하면 얼마인지 알아본다. 게임이 끝났을 때 디르함의 액수와 보이는 내 땅의 넓이가 점수가 된다. 주사위에 있는 슬리퍼는 그 나라 전통 신발인 '바부쉬'라고 한다. 우리나라 슬리퍼처럼 생겼는데 그 나라 사람들은 외출할 때 신는다. 이렇게 마라케시의 문화에 대해서도 알아본다.

보드게임 마라케시는 플레이어가 마라케시의 주요 판매 상품인 양탄자를 판매하는 상인이 되어야 한다. 게임에는 정사각형 격자무늬의 게임판이 있다. 이 정사각형 2칸을 차지하는 직사각형 모양의 양탄자도 있다. 주사위를 굴리고 양탄자를 깔면서 게임을 진행한다. 게임 종료되었을 때 차지하는 칸을 세어 점수로 책정한다. 내 땅이 많아야, 곧 넓이가 넓으면 승리할 가능성이 높아진다. 모양이 달라도 넓이가 같으면 점수도 같다.

게임을 하는 도중 우리는 디르함이라고 불리는 돈을 지불하지 않기 위해 말(아쌈)이 어느 방향으로 갈지 미리 정해야 한다. 방향을 잘못 정해서 상대방 양탄자를 밟으면 그 값을 줘야 한다. 내가 방향을 정한 후 주사위에서 몇 개가 나와야 좋을지 예상하기도 한다. 어떤 가능성이 있는지 매번 생각을 하고 선택을 한다. 꼭 말로 표현하지 않고 연필로 풀지 않았지만 수학에서 배우는 측정과 가능성 부분을 배우고 있는 중이다.

우리는 게임 하나로 세계지도를 보고, 문화를 알아보고, 넓이를 많이 차지하기 위해 계획도 세워야 한다. 이길 수 있는 방법을 스스로 체득한다. 게임을 하는 동안 연산능력, 의사소통, 집중력, 공간지각, 문제 해결력이 요구된다. 뇌 안에 숨어 있던, 어쩌면 잘 쓰지 않았던 능력도 끄집어 내야 할 수도 있다.

아무리 화가 나도 던지거나 찢거나 다른 사람에게 해가 되는 행동을 하지 않아야 한다. 그래야 참을성도 생기고, 다른 사람들이 불편하지 않게 화를 내는 방법을 찾을 수 있다.

보드게임할 때 보드게임 매트를 깐다. 초기에는 그 매트를 자신의 위치로 많이 가져오려다 보니 다툼이 생긴다. 보드게임 시간은 항상 모두 다 같이 놀아야 한다고 말하고, 매트를 어떻게 해야 할지 물어본다. 될 수 있으면 모두가 불편하지 않은 방법을 찾아야 한다. 나중에는 그 매트는 적당한 위치에 놓이게 된다. 책상에 놓이게 되는 카드도 마찬가지이다. 고학년이라고 해서 다른 사람을 위하는 마음이 그냥 생기는 것은 아니다. 처음에는 다들 카드를 자꾸 자신이 보기 편한 데로 돌린다. 그러면 누군가는 항상 위와 아래가 바뀐 카드를 보게 되어 말다툼이 생긴다. 그 역시 어떻게 해야 모두가 불편함이 덜할까 생각하게 된다. 서로 의논하고 이야기를 나눠서 방법을 찾는다. 배려와 공감, 그리고 의사소통 능력이 필요하다.

우리는 보드게임을 하면서 어떻게 해야 좋은 영향을 받을지, 머리가 좋아질지, 인지가 발달할지 의식하지 않는다. 그냥 즐겁게 게임을 할 뿐이다. 나머지는 뇌가 알아서 스스로 한다.

보드게임을 하면 즐겁다. 얼굴이 빨갛게 상기되어 자신이 어떻게 이겼는지 말하는 아이들의 표정을 보면서 난 그들의 세상을 본다. 주사위를 굴리거나 카드를 내거나 하는 행동들은 승리하는 큰 목표를 향해 가고 있는 중이다. 중간에 어려움이나 좌절을 겪을 수도 있고, 순간 실수할 수도 있지만 문제가 되지 않는다. 포기하고 싶은 마음을 이겨내고, 거의 울 것 같은 표정으로 마음의 평온을 찾아 집중하고, 끈기로 끝까지 포기하지 않고 나간다. 그 끝이 승리가 아닐지라도 아이들은 그만큼 성장한다. 다음에는 똑같은 실수를 하지 않을 것이고 다른 방법으로 게임을 이끌어갈 것이다.

어쩌면 이런 작은 어려움이 아이들의 표정을 더욱 빛나게 하는 것인지도 모른다. 항상 나만 이기는 게임이라면 내가 가장 잘한다는 도취감에만 젖을 뿐이다. 한 게임을 이기기 위해 많은 노력이 머릿속에서 행해지므로 그 승리는 어렵지만 언제나 값지다. 만약에 뇌의 활동이 전구처럼 반짝이는 게 보인다면 보드게임을 하는 동안 뇌의 여러 곳에서 반짝반짝이며 빛날 것이다. 그건 확실하다. 보드게임을 해보면 뇌가 움직이는 것을 느낀다. 그 움직임은 아이들의 능력을 깨우기에 충분하다.

3
경험으로 배운다

　EBS〈놀이의 힘〉제작진이 지은 책『놀이의 힘』을 읽었다. 그 책에서 영국 케임브리지대학교 부설 놀이발달연구소의 데이비드 화이트브레드(David Whitebread) 소장은 인간이 놀이에 대한 자유를 허용해 줬기 때문에 진화할 수 있었다고 말한다. 놀이는 인간의 성장과 발달에 중요한 역할을 하며, 그 놀이의 효과는 아이들뿐 아니라 모두의 정신 건강에 도움을 준다고 말한다.[1] 책을 읽으면서 내가 그동안 생각했던 의견과 같아서 반가웠다. 놀이는 단순히 시간 때우기가 아니다. 아이들의 인지발달이나 사고력, 감정을 조절하거나 교류하는 법도 놀이를 통해 발달하고 배운다.

　아이들은 별걸 다 만들어 낼 수 있다. 제공된 재료로 못 만드는 것이 없었다. 큰 사각 블록으로 내가 앉을 방석을 만들어 주기도 한다. 같이 만들기 시작했던 레고로 난 구상도 못 했는데, 아이들은 미래의 차를 만들기도, 거북선 닮은 우주선을 만들어 내기도 한다. 아이들은 단순한 보드게임 구성물로도 쌓고 옆으로 늘어놓으며 무언가를 만들어 낸다. 블록이 보이

1　EBS〈놀이의 힘〉제작진,『놀이의 힘』, 성안당

면 병원 의자를 만들고 로봇을 만들어 낸다.

　난 아이들은 모두 그런 줄 알았다. 뇌가 유연해서 우선 만들고 보는 게 아이들이라고 생각했다. 모든 아이가 잘 만들든 못 만들든 블록을 쥐고 이리저리 모양 만들기를 할 거라고 생각했다. 아니었다. 1학년인 한 아이가 있었다. 아이는 손에 블록을 들고 나를 바라보고 있었다. 어려운 게임에서도 너무 척척 잘해 내던 아이였다. 주위에 다른 아이는 블록으로 이상하게 만들고 자동차라고 하는데, 그 아이의 울고 싶은 표정이었다. 걱정이 되어 다가간 나에게 그냥 게임하면 안 되냐고 했다. 자기는 만들기는 못한다고 했다. 잘 만들라고 한 것도 아니었건만 아이는 아무것도 하지 않으려 했다.

　경험은 모든 것에서 중요하다. 블록 만들기도 글쓰기도 마찬가지이다. 청소년 단체의 지원의 받아 청소년들과 보드게임을 한 적이 있었다. 아이들의 소감문이 필요해서 작성하라고 했을 때도 한 줄로 마무리를 지은 아이도 있었다. 보드게임이 재밌었다가 끝이었다. 어떤 게임이, 어떤 부분에서 재밌었는지로 한 줄을 더 쓰게 한다. 그 옆에서 잘 쓰든 못 쓰든 아주 길게 많은 내용을 쓰는 아이들도 있다. 그 아이들 중 1명이 자신이 쓴 소감문을 읽었다. 다른 친구들이 쓴 글을 읽어주면 아이들의 글은 조금 더 풍성해졌다. 간단하게 썼던 아이들도 다른 친구가 쓴 것을 보고 조금 더 길게 느낌을 작성했다. 이런 자잘한 경험들이 모여서 잘하는 것, 못하지 않는 것들이 생긴다. 난 아이들이 잘하는 것도 중요하지만, 못한다고 겁먹지 않고 그냥 남들만큼 하는 것들이 많았으면 좋겠다.

　소설『개미』의 작가 베르나르 베르베르는 어렸을 때부터 개미를 유심히 관찰했다고 한다. 가끔 상상을 해본다. 개미를 살피고 있는 베르베르에게 누군가 공부하라고 책상 앞에 앉혔다면? 하루 종일 논다고 꾸중을 했다면? 소설 『개미』는 없었을지도 모른다. 난 AKMU(악동뮤지션) 노래를 좋아한다. AKMU의 멤버인 두 남매는 유년 시절 몽골에서 기타와 노트북만으로 자신들만의 놀이인 작곡 놀이를 했다고 한다. 그들은 몽골에 살았던 경험이 앨범 작업에 도움이 된다고 한다. 어린 시절 놀이를 통해 쌓았던 많은 경험과 지식이 성인이 되어서도 영향을 미친다는 것이다. 난 이 점에 주목한다. '놀이를 통해 쌓았던 많은 경험과 지식이 성인이 되어서도 영향을 미친다.'

아이들은 대부분 보드게임을 좋아한다. 그렇다고, 모두 좋아하는 건 아니다. 보드게임할 거냐는 질문에 공부하겠다는 아이도 있었다. 보드게임 수업을 나갔을 때도 게임하고 싶지 않다고 한쪽에 앉아 있던 아이도 있었다.

여기 이제 막 1학년이 된 A가 있었다. A는 첫날부터 머리가 아파서 보드게임을 안 하고 싶다고 했다. 그 말을 들은 A의 짝꿍 B도 안 하겠다고 했다. 의논과 타협 끝에 B는 같이 게임을 하고 A는 옆에서 지켜보기로 했다. 이렇게 게임을 시작한 첫날조차도 B는 안 하겠다는 말을 한 아이인가 싶을 정도로 즐겁게 게임을 했다. 그 모습을 본 나는 선생님의 관심을 받고 싶었는지도 모른다고 생각했다. 그 후, B의 안 하겠다는 말은 어느 날부터인가 사라졌다.

그 옆에서 지켜본 A도 어느 날 슬그머니 게임을 했다. 게임의 종류에 따라 머리가 아팠다 안 아팠다 하는 날이 며칠 이어지더니 그마저도 사라졌다. 그렇게 A는 보드게임에 진심인 아이가 되었다. 가끔 A의 목소리가 교실을 가를 때면 난 그 아이를 쳐다보았다. A는 벌겋게 상기된 얼굴로 책상 앞에 서 있었다. 지금 당장 100m 달리기를 할 선수처럼 준비된 자세로 책상 위를 뚫어지게 쳐다보고 있었다. 그 모습에 머릿속을 파고든 생각이 있

었다. '많이 자랐구나.'

　난 아이들이 보드게임을 하기 싫어해도 될 수 있으면 하도록 한다. 보드게임이 놀이라고 해도 엄연한 수업이다. 이는 신청을 했다면 하기 싫다고 안 할 수 있는 것은 아니라는 말이다. 또 보드게임을 하면 양질의 간접경험을 할 수 있기 때문에 보드게임을 하게 한다.

　보드게임 '포세일'은 경제 게임으로 부동산을 사고팔 수 있다. 경매 방식으로 가장 많은 돈을 내야 부동산을 살 수 있다. '하트하트'는 다른 사람의 이야기를 들어보고 그때 그 사람이 어떤 기분이었을지 공감해 볼 수 있다. 그동안 자신은 겪어보지 않았던 상황에 대해 친구들과 같이 이야기를 나눠보기도 한다. '레스큐히어로' 게임은 어떤 사고가 났을 때 어떻게 해야 하는지 알아보는 게임이다. '미니빌'은 작은 도시의 시장이 되어 본다. 주요 시설을 건설하기 위해 어떻게 자금을 운용하고, 어떤 시설을 지어야 하는지 고민해야 한다. 현재 자신의 도시에 어떤 시설이 생겼으면 좋을지 생각해 보기도 한다. '티켓 투 라이드'는 미국이나 유럽 등을 여행한다. '셜록 13'은 보이는 정보로 범인을 찾아야 한다. 모든 순간 새로운 경험은 아이들의 알지 못한 세계를 접해보게 한다.

　모든 게임 시간마다 아이들은 눈에 보이지 않은 경험을 한다. 보드게임 하면서 친구들과 이야기를 나누고, 친구의 의견을 듣고, 내 의견을 말하기도 한다. 가끔은 구성물을 나눠 가져갈 때 서로 같은 색깔을 가지기 위해 잠깐의 다툼이 생기기도 한다. 하지만, 같이 게임을 하기 위해서는 어떻게든 타협해야 한다. 결국 첫 번째 게임은 내가 하고 다음에는 친구가 하는 식으로 자신들만의 방법을 찾아낸다. 가끔 자신의 고집을 절대 꺾지 않아 가위바위보도 안 하고, 그렇다고 라운드마다 바꾸지도 않고 끝까지 자기만 하겠다고 우기는 친구도 있다. 강사가 나서서 설득해도 듣지를 않는다.

하지만 보드게임 수업 횟수가 많아질수록 아이들도 차츰 자기 말만 앞세우지 않는다. 아이들이 같이 살아가는 공간에서는 어떻게 행동해야 하는지 알아가는 것이다.

승패가 있는 보드게임의 경우 아이들의 감정이 격해지는 경우가 있다. 지고 있거나 다른 친구가 짜증 나게 한다고 게임 구성물을 던지는 행동을 하는 아이가 있다. 게임 하는 중에 화가 난다고 구성물을 깨질 듯이 놓는 아이도 있다. 모든 짜증을 손에 넣어서 카드를 구겨버리는 아이도 있다. 친구가 이겨서 자랑했다고 친구를 밀쳐버리기도 한다. 지면 토라지고, 이긴 친구를 계속 흘겨보는 아이도 있다. 지는 순간부터 울면서 게임을 안 하는 아이도 있다.

아이들은 게임에서 져서 속상하고 화가 날 수는 있지만 이런 행동을 하면 안 된다는 것을 분명히 알고 있다. 알지만 행동은 다르게 나온다. 아직 스스로 자신의 감정을 다스리지 못한다. 어느 순간 아이들은 그러고 싶은 마음을 참아낸다. 흘겨보느라 게임을 안 하던 아이가, 자기에게 괜찮다고 말하면서 훌쩍거리며 게임을 계속한다. 던지는 행동도 친구를 밀치는 행동도 하지 않는다. 친구가 이겼을 때 친구에게 박수를 쳐 줄 줄 안다. 그래야, 자신이 이겼을 때 박수를 받는다. 또한 자신이 졌을 때, 친구의 어떤 행동이 자신을 놀리는 것처럼 들리는지도 본다. 그러면서 진 사람에 대한 배려도 스스로 알게 된다.

게임을 통해 우리는 승리를 맛보기도 하지만 패배, 즉 실패를 경험한다. 어떤 아이는 지는 순간까지 최선을 다해 이기려고 한다. 모두 그러기를 바라지만, 실패를 무서워하는 아이들도 있다. 동생에게 질까 봐 게임을 안

하고 나가기도 하고, 게임을 하다가 중간에 지면 안 하기도 한다. 누군가는 자신이 못하는 것을 잘하기 위해 다시 도전한다. 누구는 자신이 못하는 것을 다른 사람이 볼까 봐 아무것도 하지 않는다. 하지만, 보드게임을 여러 번 해보면서 아이들은 안다. 못하는 것을 안 하면 여전히 못하지만, 못해도 하다 보면 언젠가는 잘할 수 있다는 것을 배운다.

난 아이들의 옆에 있는 어른이라면 이런 것을 아이들이 배우게끔 인도할 필요가 있다고 생각한다. 그래서 최선을 다해 아이들이 어떤 경우에도 절대 물러서지 않도록 가르친다. 보드게임 수업이 이어지는 동안 아이들은 마음의 근육을 키운다. 지게 되면 다음 게임은 하고 싶지 않았던 마음이, 져도 다음에는 이길 수 있다는 마음으로 다시 할 수 있는 단단한 근육을 만들어 낸다. 보드게임은 이렇게 스스로 감정을 관리, 평가, 표현하고, 자신의 감정을 들여다봐서 새로운 감정을 생성해 사고를 촉진한다. 스스로 자신의 감정을 조절해 자신의 지적 발달을 향상 시킨다. 이 모든 것은 아이들은 스스로 경험을 하면서 배워나간다.

우리가 살아가는 삶은 게임과 전혀 무관하지 않다. 게임을 하다가 보면 자신의 차례에 항상 어떤 선택을 해야 한다. 자신이 선택할 수 있는 가장 옳은 선택을 해야 하는 것이다. 그 선택에 대한 책임도 자신이 진다. 어디 그뿐인가? 보드게임은 경쟁해서 싫다는 사람도 가끔 있다. 하지만, 그 경쟁이 게임에서만 있을까? 우리는 매 순간 경쟁을 한다. 학교 반장이 되기 위해, 학생회장이 되기 위해, 내가 가고 싶은 대학교를 가기 위해 다른 사람들과 경쟁을 한다. 그 경쟁에서 떨어질지 모른다는 두려움으로 경쟁을 피해 다니는 사람도 있다. 하지만, 삶에서 경쟁은 없을 수가 없다. 그러니, 경쟁이 우리를 힘들게 할 수 있지만 선의의 경쟁을 즐겨야 한다. 피할 수 없으면 즐겨야 한다. 경쟁은 피할 수 없다. 그러니, 지금부터 좋은 경쟁을 해보도록 하자. 보드게임하면서 경쟁에 대한 두려움을 없애고, 지금 당장 경쟁에서 지더라도 포기하지 않고, 또다시 할 수 있는 마음을 길러내자. 질 것 같지만 끝까지 해내겠다는 굳은 다짐도 우리는 배워야 할 수 있다.

많은 사람이 보드게임은 재밌다고 한다. 재미는 아이들을 행동하게 만든다. 난 그 재미있는 활동 속에서 아이들이 무언가를 배워가기를 바란다. 아이들의 놀이는 단순히 시간 때우기가 아니다. 내가 어렸을 때 했던 어떤 놀이도 필요 없는 것은 없었다. 놀이는 아이들이 어엿한 성인이 되기 위한 밑거름이 되었다. 보드게임도 마찬가지다. 지는 순간에도 이기는 순간에도 그 과정에서 마음의 갈등을 겪고 선택을 하는 과정에서도 아이들은 끊임없이 성장하고 있다. 지는 순간에도 최선을 다하는 모습은 살아가면서 도전하게 하고, 실패한 순간에도 절대 포기하지 않고 앞으로 나가는 힘이 될 것이다. 잊지 말아라. 아이들이 쌓아가는 많은 경험과 지식은 성인이 되어서도 영향을 미친다.

4
몰입이 최대의 성과를 낸다

 몰입(flow)은 주위의 모든 잡념, 방해물들을 차단하고 원하는 어느 한 곳에서 자신의 모든 정신을 집중하는 일이다. 헝가리 심리학자 미하이 칙센트미하이(Mihaly Csikszentmihalyi)는 '몰입'은 삶이 고조되는 순간에 물 흐르듯 행동이 자연스럽게 이루어지는 느낌을 표현하는 말[2]이라고 했다. 내가 생각한 몰입은 피아니스트들이 그 빠른 곡을 한 번의 망침도 없이 몰아치는 순간이다. 탁구 선수들이 치고 돌아오는 빠른 공을 받아 치는 경기 시간의 느낌일 것이다. 내가 잠깐 하려고 했던 퍼즐을 풀었는데, 어느덧 2시간이 지났던 그 순간들일 것이다. 피아니스트든 탁구 선수든 그 순간에도 정신의 흐트러짐이 없이 그 시간에 몰입해야만 자신이 원하는 결과를 얻어낼 수 있을 것이다.

 이러한 몰입은 명확한 목표가 있을 때 몰입할 가능성이 높다. 명확한 목표, 들어오는 공을 받아쳐야 하는 탁구나 테니스, 정해진 거리를 가장 빨리 들어와야 하는 육상 등의 스포츠, 체스·포커 같은 게임은 몰입하기 쉬

---

2 미하이 칙센트미하이, 『몰입의 즐거움』, 해냄

운 이유가 목표가 뚜렷하고 규칙이 정확하기 때문이다. 목표가 뚜렷하고 규칙이 정확한 보드게임은 몰입이 쉽다. 아이들이건 성인이건 온전히 목표인 승리를 위해 생각하고 선택하는 시간인 것이다.

A는 미대에 진학하기 위해 미술학원에 다녔다. 오전 10시부터 저녁 10시까지 그림만 그렸다. A의 엄마는 하루 종일 그림 그리는 딸의 건강이 걱정되기도 했지만, 얼마나 지루할까 고민을 했다고 한다. 하지만 A는 아침에 가서 잠깐 그림을 그리면 금방 점심시간, 다시 잠깐 그림을 그리면 집에 갈 시간이 된다고 했다. 그 시간이 재밌다고 했단다. 미대에 간다는 목표를 설정한 A는 자신이 가고자 한 대학교가 바라는 그림을 끊임없이 그렸다. 그 아이는 그 시간이 몰입의 시간이었던 것이다. 피아니스트가 연주회에서 곡을 연주하기 위해서 들인 시간들, 탁구 선수들이 경기에 나가기 위해 들인 시간들, 화가가 그림을 완성하기 위해 하루 종일 그림을 그린 시간들이 고통스럽다면 그렇게 오랜 세월 할 수 있었을까? 밥 먹는 것도 잊고 연주하고 연구하는 사람들에게 하루의 시간은 잠깐이었는지 모르겠다.

교습소에서 게임을 하는 날이 있다. 이날 수업은 게임 설명 후에 내가 할 일은 없다. 1시간이 넘도록 아이들은 떠들고 웃으면서 계속 게임을 한다. 주사위를 굴려서 나온 숫자들을 사칙연산으로 목표 수를 만들어야 하는 게임. 아이들의 눈은 주사위와 펼쳐진 숫자 타일이 오고 간다. 그렇게 그들의 입에서 주사위에 나온 숫자들을 조합해서 많은 결과들이 나왔다. 더하고 빼고 곱하고 나누면서 답을 찾아가는 과정. 아이들은 시간이 얼마나 간 줄도 모르고 주사위를 굴리고 자신이 말한 답의 타일을 가져가는 행동을 반복했다. 온전히 그 정답을 찾아가는 시간을 즐겼다. 이런 모습을 자주 본 난 체스나 트럼프, 즉 보드게임에 몰입이 쉽게 이루어진다는 말에 전적으로 동의한다.

우리도 가끔 이런 시간이 있다. 재미있는 영화 2시간은 금방 끝난다. 난 카페에 앉아 잠깐 머리 식힐 겸 했던 퍼즐로 2시간을 후딱 보내고는 후회한 적이 있다. 사람들은 뜨개질이건, 요리건, 산을 오르건 자신이 좋아하는 일을 할 때 몰입을 경험한다고 한다. 『몰입의 즐거움』에서 미하이 칙센트미하이는 명확한 목표가 주어지고 활동 효과를 바로 알 수 있으며, 미션의 난이도가 실력과 알맞게 주어졌다면 사람들은 언제나 몰입을 맛볼 수 있다고 말한다.[3] 결국 몰입은 자신이 좋아하는 일, 하고 싶은 일, 재미가 있을 때 자주 일어난다고 볼 수 있다.

보드게임은 재미있다. 재미를 목적으로 만들어졌다. 재미가 있으니 수업에 활용할 수 있다면 몰입해서 공부하기에 좋다. 학교 정규 수업에 교사들은 보드게임을 활용하거나 수업 자체를 게임화해서 한다. 『교실 게이미피케이션』, 『보드게임과 자라나는 아이들』, 『4세~13세 보드게임 베스트 56』 이 책들은 모두 현직 초등학교 교사들이 모여 발행했다. 이 책의 저자들은 보드게임으로 수업을 한 내용들을 이야기하거나, 어떻게 활용했는지 알려주거나, 몇 살의 아이들에게 어떤 보드게임이 좋다는 것을 말해주고 있다. 보드게임을 활용한 수업과 교육 내용, 과정에 게임 요소를 넣은 게이미피케이션은 수업 시간이 후딱 지나가게 만든다.

지루할 수 있는 수업도 방법을 달리해서 가르치면 충분히 즐겁게 할 수

---

3 미하이 칙센트미하이, 『몰입의 즐거움』 48쪽, 해냄

있다. 연산을 반복하는 것은 지루할 수 있다. 그런 연산도 게임을 통해 학습하면 아이들은 즐겁게 수업에 참여한다. 연산을 위한 게임들도 테마에 따라 조금씩 따른 재미를 준다. '제우스 온 더 루즈'는 10의 배수에서 제우스를 가져간다. 덧셈과 뺄셈을 해서 피자를 굽는 셈셈피자는 또 다른 재미를 준다. 아이들은 게임을 하면서 몇십 번도 넘게 덧셈을 하면서도 자신이 연산을 하고 있다는 생각을 하지 않고 집중한다. 어려운 용어도 보드게임을 통해서 하면 반복을 통해 익힌다. '고피쉬'가 그렇다. 우리는 아이들에게 배우고 싶어 할 정도만 가르치면 된다. 아이들이 배울 마음이 생기면, 그것에 대해 궁금한 게 생기면 그다음은 아이들 스스로 몰입해서 알아본다.

우리는 재미있지 않더라도 필요에 의해 몰입하기도 한다. 내가 가르치던 학생 중에 역사 시험 점수가 안 좋아서 평균을 깎아 먹는다며 이번에는 기필코 성적을 올리겠다고 다짐한 아이가 있었다. 이 경우 내 성적을 위해 어렵고 하기 싫은 과목에 집중하기도 한다. 대체 무슨 말인지도 잘 모르는 것을 보고 또 본다. 그런 것들을 이해하려는 노력에 의해 의도하지 않았지만 공부에 집중을 하게 된다. 그러다가 좋은 점수를 받게 되면, 하면 된다는 믿음이 생기는 것이다. 결국 그런 일의 반복을 통해 어려운 것도 도전해 보는 힘이 되는 것이다.

난 어렵다고 징징대는 1학년 아이들에게 처음이라 낯설어서 그런다고 말한다. 그리고 옆에서 '할 수 있다'는 말과 '해냈네'라는 말을 쓰면서 스스로 하도록 부추긴다. 어느 순간 아이들은 문제를 해결하는 시간에 푹 빠진다. 그 작은 손가락으로 보드게임 구성물을 놓고 다시 놓는다. 열심히 입으로 무언가를 중얼거리며(외우는 중이다) 게임을 한다. 스스로 집중하는 시간이 오면 나는 더 이상 할 일이 없어진다. 그 시간들이 몰입의 순간인 것이다. 우리가 바라던 것이 뚜렷해지면 몰입이 쉬워지고 그 결과가 좋다면 그다음은 몰입이 더욱 쉬워지는 것이다.

이런 몰입 경험은 배움과 학습으로 이끌어가는 힘이 된다. 지금보다 조금 더 높은 과제와 문제를 해결할 수 있는 실력을 만들어 내게 한다. 재미는 사람들을 끌어들인다. 그 재미를 통해 우리는 쉽게 몰입의 경험을 하게 되고 그 경험들로 우리는 새로운 것을 배워나간다. 배우고 싶은 마음이 있다면, 하고 싶은 마음이 있다면 우리의 몰입은 그 모든 것을 가능하게 한다. 이렇게 몰입은 우리에게서 최대의 성과를 끌어낸다.

5
뇌가 좋아하는 것은 따로 있다

 이시형 박사의 『공부하는 독종이 살아남는다』[4]를 읽었다. 이 책에서 이시형 박사는 '뇌가 좋아하는 6가지'를 말했다. 대체 뇌는 어떤 것을 좋아할까? 재밌는 것? 편안한 것? 지나가다가 예쁜 것을 보고 발이 멈춰지는 것을 보면 예쁜 것을 좋아하는 걸까? 아이들은 새로운 것을 보면 눈이 반짝이는데, 그렇다면 새롭고 신기한 것을 좋아할까? 좋아하지 않을까? 이시형 박사에 의하면 뇌는 새로운 것을 좋아하고, 모험을 좋아한다. 또한 발전과 성장을 좋아하며 이와 연장해서 일어나는 지적 쾌감을 좋아한다. 뇌는 여유로운 것보다 기간 제한이 있는 것을 좋아하고, '몰입'의 경지에 빠지는 것을 좋아한다. 이 책에서 이시형 박사는 공부를 주제로 뇌가 좋아하는 6가지를 풀었다면 나는 보드게임을 주제로 해서 풀어볼까 한다.

 뇌는 새로운 것을 좋아한다. 쾌락의 물질 중 하나인 도파민이 새로운 것을 좋아하기 때문이다. 뇌는 새로운 것을 배우는 것도 좋아한다. 자라나

---

[4] 이시형, 『공부하는 독종이 살아남는다』, 중앙books

는 아이들이 끊임없이 '이건 뭐야?'라고 묻는 이유이다. 아이들은 엄마가 책상 위에서 무언가를 하면 책상 위가 궁금하다. 그 궁금증이 책상을 잡고 일어나게 하고, 의자 위로, 책상 위로 올라가게 한다. 인간이 살아가기 위해서 새로운 것을 배워야만 해서 뇌는 스스로 살길을 찾아냈을 것이다.

내가 교실에서 수업 준비를 하고 있으면, 아이들은 큰 가방 안에 든 보드게임에 관심을 보인다. 처음 본 게임이면 무슨 게임이냐고 계속 질문을 해댄다. 자기들끼리 서로 이런 게임일 것 같다고 의견을 내놓는다. 처음 보는 게임이라고 기대가 된다고 말하는 아이가 있다. 반면에 재미가 없을 것 같다고 미리 말하는 아이도 있다.

뇌는 새로운 것을 좋아하면서도, 새로운 시도를 할 때마다 저항을 한다고 한다. 뇌는 지금까지 했던 방식대로 하려고 한다는 것이다. 지금까지 좋았는데 왜 바꾸려고 하냐고 묻는 듯하다. 재미가 없을 것 같다고 말하는 아이를 포함해서, 아이들 중에 처음 해보는 게임은 유난히 거부하는 아이들이 있다. 이게 저항이라는 것을 이번에 알았다. 그동안 내가 한 말이 맞았다. 낯설어서 뇌가 싫어했던 것이다. 하지만, 이런 마음을 극복해야 한다. 그렇게 처음 해본 게임도 하다 보면 이제 뇌가 익숙한 게임이 되는 것이다. 새로운 것을 좋아하면서도 저항하는 뇌의 반응에 보드게임은 정말 안성맞춤이다. 보드게임은 다양하니 어쩌면 항상 새롭다. 하지만, 내용을 조금만 들여다보면 언젠가 비슷한 방법으로 했던 기억도 있다. 그렇지 않고 전혀 새로운 게임이라고 해도 한두 번 하고 나면 아이들은 금방 익숙해진다. 뇌가 편안해지는 상태가 된다.

뇌는 모험을 좋아한다. 쉽게 이기는 경기는 마음은 편할지 모르지만 재미는 없다. 야구 경기 중계를 보는데 10:1의 경기를 보인다면 잠깐 다른 방송을 보기 위해 채널을 돌리기도 한다. 그러나, 계속 역전에 역전을 한다면 우리는 TV 앞을 벗어나기가 힘들다. 정말 화면 속으로 빠져들 것처럼 본다. 공부에서도 마찬가지다. 내가 알고 있는 모든 문제, 보자마자 답이 나오는 문제는 흥미를 끌지 못한다. 그렇다고, 너무 어려운 문제는 포기하고 싶어진다. 문제를 보니 알 듯 말 듯한 문제, 어떻게 하면 풀릴 것 같은 문제를 보면 풀어보고 싶어진다.

1학년들을 수업할 때 이 아이들도 어려운 것을 좋아한다는 것을 퍼즐 문제를 통해 알았다. 본 게임을 하기 전에 가져간 퍼즐 문제를 아이들은 1시간 내내 했다. 보드게임하자고 내가 졸라도 그 퍼즐을 끝내겠다고 했다. 아이들 모두 현재 풀고 있는 단계는 조금씩 달랐지만 마음은 같았다. 지우고 다시 풀고 지우고 다시 풀고 하는 것을 즐겼다.

보드게임은 어떤 게임이든 이런 모험이 이어진다. 보드게임에서 쉬운 게임은 있을까? 사실 방법이 쉽지만 승리가 쉬운 것이 아니다. '할리갈리'는 같은 그림 5개가 모이면 종을 쳐야 한다. 게임 방법도 5를 만드는 수준도 낮다고 할 수 있지만, 다른 사람들보다 가장 빨리 종을 쳐야 한다. 이 점이 조금만 빠르면 이길 수 있을 것 같아서 다시 도전하게 만드는 요소가 된다.

퍼즐 게임은 또 어떤가? 쉬운 것부터 차근차근 해결한다. 쉽게 시작했지만, 점점 어려워지다 보니 어려운 게임을 해결해 가는 기쁨을 느낄 수 있다. 게임 방법을 이해할 수준이 된다면, 아이들은 어려운 전략 게임도 다른 사람이 하는 것을 보면서 배운다. 여러 번 같이 하면서 전략도 흡수해서 자기 것으로 만드는 것이다. 보드게임하는 방법이 다양한 만큼 보드게임 속에 모험은 아주 다양하게 존재한다.

뇌는 발전과 성장을 좋아한다. 인간의 뇌는 그동안의 얻은 경험과 판단력으로 일의 결과를 예측하고 기대한다. 성공한 일에 대해서는 그 순간의 즐거움이나 감동을 잊지 않고 그 과정을 재현하려고 한다. 현재 인류가 발전할 수 있었던 이유가 이런 뇌의 성장과 발전을 좋아하기 때문이다. 뇌는 현재 내 위치보다 한 차원 높은 목표가 정해지고 그 목표를 향해 나아갈 때 흥분으로 들뜬다. 목표가 이루어질 때를 상상하면서 기대를 하게 되는 것이다.

보드게임은 끊임없이 뇌를 움직이게 한다. 무슨 말인지, 어떻게 해야 하는지 잘 몰랐던 것을 다른 사람이 하는 걸 보면서 배운다. 순발력이 부족해서 또는 전략이 부족해서 현저하게 떨어졌던 실력이 어느 순간 다른 친구들과 간발의 차가 된다. 아이들은 자신들이 약한 부분도 게임을 통해 배운다. 끝말잇기나 그림 맞추기에서 단어가 생각이 나지 않았던 것도 다른 친구들의 대답을 듣고 배워나간다. 도형 맞추기를 어려워했던 아이도 어느 순간 쉽게 맞추고 있다. 아이들은 모르고 있지만 보드게임을 하면서 서로를 돕는다. 다양한 보드게임의 종류만큼이나 다양한 사고력이나 창의력, 정보력을 요구하며 서로가 서로의 스승이 된다. 보드게임은 게임을 하면서 배워가는 방법으로 성장을 돕는다.

뇌는 시간제한을 좋아한다. 여유가 많은 시간의 일에는 뇌도 여유를 부린다. 처음 생각은 하루에 조금씩 하고 싶지만, 그게 집중이 잘되지 않는다. 시간이 다가오면 어떻게든 마무리해야겠다는 생각에 덤벼들어 일을 마무리하게 된다. 위급 상황에 직면할 때 온몸이 대처하는 것처럼, 시간이 촉발할 때는 기존의 신경 회로를 강화하거나 새로운 신경 회로를 만든다고 한다.

보드게임할 때도 그렇다. 같은 게임을 처음 시작할 때는 모래시계 없이 연습을 하게 한다. 못하는 아이들에게 연습할 기회를 주는 것이다. 그렇게 어느 정도 연습을 한 후 본격적으로 게임을 할 때 모래시계를 쓴다. 모래시계의 모래가 다 떨어지기 전까지 어떤 미션을 완료해야 한다. 같은 게임을 하더라도 모래시계를 넣을 때와 없을 때의 긴장감은 다르다. 모래시계가 떨어지기까지 무언가를 해야 한다는 것은 심장의 두근거림을 만들어 낸다.

난 이 긴장감과 촉박함을 싫어했다. 순발력 게임을 좋아하지 않는 이유이다. 아이들에게도 순발력 게임을 변형해서 하게 했다. 한 사람만 이겨서 카드를 가져가거나 보석을 가져간다는 게 마음에 들지 않아서였다. 하지만 순발력 게임, 즉 정해진 과제를 가장 빨리 해결하기 위해서는 빠른 판단력과 선택과 집중이 필요하다는 것을 알고 난 후 순발력 게임 방법대로 진행했다. 물론 그 전에 못하는 아이들을 위해 충분한 연습 시간을 가졌다.

난 순발력 게임을 좋아하지 않는다고 했다. 그게 일에서도 나타난다. 어떤 일을 해야 할 때 촉박하게 마무리해야 할 일이면 시도조차 하지 않는다. 예를 들어 우연히 강사 채용에 대한 공고를 봤는데, 내일이 마감이라면 나는 하지 않는다. 급하게 준비하고 마무리하는 게 귀찮고 힘들기 때문이다. 이것은 여유롭게 일을 시작해서 미루다가 하는 것과는 다른 긴급함이다. 하지만 이럴 때에도 서류를 내는 강사들도 있다. 우리의 성격은 보드게임에서 나타나고 그것은 삶에서도 나타난다. 그러니, 어쩌면 긴급한 상황을 즐겨보는 방법도 좋겠다는 생각을 한다. 아이들은 모래시계를 놓고 게임을 할 때 한 번씩 가슴을 손으로 쓸어내린다. 정말 가슴이 두근거린다고 한다. 시간 안에 미션을 완료하기 위해 손을 바쁘게 움직인다. 그리고 시간 안에, 그리고 아주 빠른 시간에 미션을 완료했을 때의 표정은 압권이다. 이런 것 때문에 뇌가 시간제한을 좋아하는 것인지도 모르겠다.

뇌는 지적 쾌감을 좋아한다. 뇌의 이런 성질 때문에 인류는 발달을 했을 것이다. 아르키메데스의 '유레카' 이야기를 알고 있다. 왕이 왕관을 새로 만들어 순금으로만 만들어졌는지 아르키메데스에게 알아보라고 했다. 왕관을 부수지 않고 말이다. 어떻게 그걸 알아내야 할까를 고민하던 아르키메데스가 목욕탕에서 물이 넘치는 것을 보고 방법을 찾아내면서 외친 "유레카!" 고민하던 문제를 풀 수 있는 답이 갑자기 떠오르는 '아하!' 경험은 기쁨을 넘어 짜릿하게 만든다. 이런 경험들이 모여 사냥의 도구가 진화되고, 불을 사용할 수 있게 되고, 그 불을 직접 만들어 낼 수 있게 된 것도 인간이 끊임없이 연구하고 찾기 때문일 것이다. 인간은 자신이 현재 주어진 문제를 어떻게 해결할 것인지를 늘 사고하고 해결해 나갔다. 이렇게 뇌가 지적 쾌감을 좋아한다는 말은 문제 해결 능력이나 뭔가 반짝이는 창의성을 뇌가 좋아한다고 나는 이해했다.

정말 모르겠다면서 나를 찾던 아이가 환한 얼굴로 풀었다고 외치는 순간을 나는 자주 본다. 어떤 순간에도 중간에 포기만 하지 않는다면 답을 찾아낼 것이라는 내 말을 단 한 번도 틀린 적이 없다. 보드게임에는 항상 답이 있거나 풀이를 할 수 있기 때문이다. 아이들은 끊임없이 자기가 무엇을 잘하는지, 지금 얼마나 잘하고 있는지 알리고 싶어 한다. 다른 사람보다 똑똑하다고 말하고 싶어 한다. 보드게임은 그런 아이들의 지적 쾌감을 만족시켜 줄 만한 도구이다. 아이들은 모든 것을 다 잘할 수 없지만, 잘하는 것은 있다. 결국 게임에서도 잘하는 것은 이기게 되어 있고, 그 경험으로 아이들은 자신이 못하는 것을 채워나간다. 연습하면 잘하게 되고 그러면 이길 수 있다. 설령 지더라도 다시 연습할 수 있는 힘이 생긴다.

뇌는 몰입의 경지에 빠져드는 것을 좋아한다. 우리는 시간 가는 줄 모르고 집중했던 순간들이 있다. 학교 다닐 때 좋아하는 과목 시간은 정말 후딱 지나간다. 시간이 아까워 놀이동산에서 열심히 뛰어다니면서 기구를 타도 금방 오전이 간다. 아이들도 말한다. 좋아하는 시간은 금방 간다고. 수업을 하다 보면 게임이 끝나지 않았는데 중간에 정리를 하라고 할 때가 있다. 그때마다 아이들은 말한다. "내 차례 때까지만 할게요." 또는 "한 번만 더 할게요." 한다. 이렇게 집중하고 난 후에 우리는 만족감을 느낀다. 무슨 일인가 많이 한 듯한 느낌이 든다.

뇌가 좋아하는 6가지를 말했다. 이 모든 게 보드게임으로 가능하다. 보드게임은 매번 새로우면서도 익숙하고, 지적 쾌감을 느끼게 하고, 시간제한을 두어 게임을 즐기게 한다. 게임을 여러 번 진행하여 성장하고 발전한 자신의 모습을 보여준다. 모래시계가 떨어지고도 한참 동안 못 해냈던 미션을 모래가 떨어지기 전에 완료하는 모습을 본다. 처음 해보는 것에 두려움도 이겨보고, 그때 느꼈던 어려움도 극복해 보고, 가끔 싫은 것도 해보고 많은 것들을 보드게임하면서 느낄 수 있다. 보드게임은 재미가 있어서 스스로 먼저 하고자 한다. 재미만 있다면 권할 수 없지만, 학습이나 인지 그리고 여러 가지 사고력을 높여주기도 한다.

마지막으로 우리의 뇌는 생각과 현실을 구분 못 한다고 한다. 다른 말로 보드게임에서 어려움을 이겨내고 승리하는 것을 뇌는 현실에서 일어나는 일로 여긴다는 것이 아닌가? 결국 상상만으로도 뇌는 목표를 이룰 수 있도록 돕는다. 결국 우리는 상상하기 위해 성공을 해봐야 한다. 아주 작은 것이라도 성공 경험을 쌓는 것이 중요한 이유이다. 그 성공 경험이 또 다른 목표를 향해 나갈 수 있는 힘을 만들어 준다. 보드게임에서의 승리 경험도 중요하다.

6
지금 보드게임이 필요한 순간이다

　우리의 삶에서 대부분의 것은 연습을 통해 얻어진다. 현재는 쉽게 걷고 있지만, 걷는 것도 수많은 연습의 결과였다. 내가 걷기까지의 기억은 없지만, 아이를 키워 보니 사람은 걷기까지 얼마나 많은 노력을 했는지 알게 되었다. 아이들은 걷기 전에 수많은 엉덩방아와 울음과 상처가 있었다. 수많은 실패와 함께한 것이다. 그런 여러 번의 실패와 누군가의 손을 잡고, 아니면 벽이나 다른 사물을 잡고 걸었던 연습 덕분에 아이들은 어느 순간 뛰게 되었다. 기억에 없다고 그런 일이 일어나지 않았던 것은 아니다. 우리는 처음부터 잘했던 것은 거의 없었다. 어릴 때부터 많은 실수와 실패 속에서도 계속 도전을 해서 1가지씩 해냈다. 걷는 것도 달리는 것도 숟가락을 들고 밥을 먹는 것도.

　'연습' 하면 보드게임이 떠오른다. 틀려도, 졌어도, 이겼어도 다시 할 수 있고 잘할 때까지 할 수 있다. 색다른 방법의 보드게임을 처음 가져가면 아이들은 어렵다고 한다. 당연히 어려울 수밖에 없다고 나는 답해준다. 이제 처음 하는 것인데 쉬울 리가 없다고 한다. 그리고 말한다. "금방 할 만해지다가 쉬워질 거야." 그게 사실이다. 이상하게 뒤로 갈수록 쉬워진다는 말은 아이들이 했으니 말이다. 노력하는 즐거움. 지금은 어렵지만 내가 연습하면 쉬워진다는 믿음이 생기면 아이들의 못하는 것에 대한 두려움은 사라진다. 지금은 처음이어서 못하고 힘들지만 나중에는 쉬워지고 잘하게 될 거라는 것은 어린아이에게나 성인에게나 희망적이다.

놀이는 아이들을 성장시킨다. 그냥 놀이인 줄 알았는데, 아이들은 거기서 자신감이 생긴다. 자신이 고무줄놀이를 잘하면 "고무줄놀이할 사람 이리이리 붙어라." 하고 크게 소리 지르며 뛰어갈 수 있다. 자존감과 성취감이 올라간다. 우리가 같이 놀기 위해서는 친구에 대한 배려, 양보, 의사소통이 필요하다. 같이 놀기 위해서는 자신의 의견만 내세운다거나, 아주 사소한 일로 화를 낸다거나 운다거나 토라져서도 안 된다는 것을 알게 된다. 이걸 배우겠다는 의지는 없었지만 어느 순간 배웠던 것이다.

이 놀이에 규칙과 승패를 집어넣어서 게임을 만들어 냈다. 놀이와 학습 사이의 관계라고 해야 할까? 케네디 공립학교 교사 박윤미 작가와 삼성전자 반도체 연구원 정인건 작가 두 분은 『인생 보드게임』[5]에서 영어 도서관을 운영할 때 이야기를 하고 있다. 다양한 자극으로 수업에 생기를 불어넣기 위해 1,000권이 넘는 영어책과 100개가 넘는 보드게임을 사들여 매주 아이들과 즐겼더니 교육은 저절로 되었다고 했다. 규칙을 이해하고 전략을 짜고 유연하게 사고하는 아이들은 협동과 배려의 중요성을 깨닫는다고 했다. 결국 올바른 인성과 사회성을 키워주는데도 보드게임이 좋은 도구라는 것이다.

『잠든 뇌를 깨우는 보드게임』[6]을 쓴 작가 장진태 교수에 의하면 교육용

---

5 박윤미&정인건, 『인생 보드게임』, 나무의마음
6 장진태, 『잠든 뇌를 깨우는 보드게임』, 흥릉과학출판사

보드게임을 통해 아이들은 학습에 기초가 되는 두뇌의 집중력과 관찰력, 기억력 등을 개발할 수 있고, 학교 공부에도 직접적인 도움을 줄 수 있다고 했다. 작가는 이 책을 통해 수학, 국어, 사회와 역사에 직접적으로 도움을 주는 게임들을 제시해 주고 있다. 장진태 교수의 말대로 연산을 위해 학습지 1권 푸는 것보다 연산 게임을 하는 게 훨씬 효과적일 수 있고 보드게임은 공부를 재미있게 만들어 주는 도구임이 분명하다.

인간은 항상 배우는 것을 좋아하고 배울 준비가 되어 있다. 아이들에게 그 즐거움을 계속 이어가도록 했으면 좋겠지만 마음대로 되지는 않는다. 예전에는 잘 배우지 못하는 것을 100% 학생 탓이라고 생각했다. 요즘은 가르치는 방법이 잘못된 건 아닌지도 생각하게 한다. 결국 지루하고 힘든 것도 방법을 달리하면 즐겁고 흥미가 있어 배우고 싶어 하는 게 되기도 한다. 그 배움을 즐겁게 하고 아이들 자발적 참여를 이끌어 내는 방법 중 1가지는 보드게임인 것이다.

10년 정도 보드게임을 수업하면서 모든 아이들이 보드게임을 좋아했다고 말할 수 없다. 수업 시간에 보드게임을 '안 하면 안 되냐'고 묻는 학생도 있었고, 중간에 그만하고 싶다는 아이도 있었다. 그럴 때마다 내 수업 방식이 문제인가 자책하기도 했고, 수업 준비가 부족하지 않았나 나를 탓하기도 했다. 물론 그럴 수도 있다. 하지만, 아이들의 불평을 못 들은 척하고 게임을 시작하면, 어느 순간 아이들은 안 한다고 한 말이 무색할 만큼 집중해서 게임을 하고 있다. 게임이라고 모든 사람이 다 좋아할 리는 없다. 공부를 모든 사람이 싫어하지 않은 것처럼 말이다. 그러나 대부분의 아이들이 좋아한다. 거기에 두뇌의 집중력, 기억력, 수학적 사고방식뿐 아니라 타인에 대한 배려 및 소통도 길러준다는 데 보드게임을 안 할 이유가 없다.

보드게임하는 시간은 가족끼리 소통하는 시간이 된다. 『인생 보드게임』의 저자이자 아이들의 아빠인 정인건 작가는 보드게임이 아이들과 연결고리가 되어주었다고 했다. 아이들과 어떤 놀이를 할까 고민할 필요 없이 아이들이 하고 싶어 하는 게임을 같이 해주면 같은 추억을 1개 쌓는 것이다. 신나게 웃기도 하고 누군가가 져서 토라질 수도 있지만 그것도 가족들과의 추억인 것이다. 우리 가족도 여행을 가면 꼭 보드게임을 했다. 가족과의 여행도 좋았지만 저녁 먹고 잠깐 했던 보드게임에 대한 기억도 뚜렷하다. 그날 어떤 게임을 했는지 기억 난 것도 있고, 전혀 기억나지 않은 것도 있지만 그날의 분위기를 생각하면 언제나 웃음이 나온다. 가끔 아이들과 그날의 이야기를 같이 한다.

아이들은 그런 작은 추억들을 저금한다고 한다. 어떤 말이 오갔는지 기억에는 없지만 그런 따뜻하거나 상쾌하거나 아니면 가끔은 웃겼던 그날의 풍경들은 우리의 몸 어딘가에 쟁여 있다. 그 쟁여 있던 것들을 힘든 순간에 꺼내서 보면 힘이 생긴다고 했다. 힘든 순간 우리는 멍하니 앉아서 옛날을 떠올리는 이유이다. 여행, 영화 보기, 노래방 가기 등 아이들과의 놀이는 아이들에게 추억이 된다. 하지만 매번 어떻게 놀아줄까를 생각해 내기는 힘들다. 그럴 때마다 아이들과의 보드게임은 편하고 좋다. 잠깐, 10분 만에 할 수 있는 게임도 있으니 얼마나 좋은가?

주의해야 할 사항이 있다. 몇 달 전 TV를 보다가 엄마와 아이들이 보드게임하는 장면을 보았다. 엄마가 게임 규칙을 너무 열심히, 목소리를 높여서 제대로 설명해주고 있었다. 잘못한 것은 아닌데, 순간 내 머릿속에서 '저렇게 하면 아이가 싫어할 텐데'라는 생각이 들었다. 가족끼리의 보드게임은 즐거움이 우선이 되어야 한다. 게임이 주는 효과를 얻는 것은 그다음이다. 가정에서 보드게임을 할 때 설령 엄마는 연산을 목적으로 한다고 해도 그 목적이 앞으로 나오면 안 된다. 카드의 합이 틀렸을 때 어떻게 해서 이런 합이 나오는 것인지 자세히 말해주지 않아도 된다. 답만 알려줘도 된다. 게임 규칙에서 틀린 합을 말했을 때 벌칙이 있는 경우 그 벌칙만 적용하면 된다.

또 하나는 형이나 동생, 혹은 다른 누군가의 편을 들면 안 된다는 것이다. 게임할 때는 자녀가 아니라 한 사람의 참가자, 플레이어가 된다. 그래서 한참 이기려고 나름 전략을 짜고 있는데 가르쳐 주고 지게 되면 화가 나는 건 당연하다. 혹시 누군가에게 도움을 줘야 한다면 게임 전에 미리 의견 수렴을 통해 해야 할 것이다.

신의진 연세대 소아정신과 교수는 직장 생활로 아이를 제대로 돌봐주지 못한 부모들에게 이렇게 말한다. "매일 아이들에게 밥을 먹이고, 학교를 보내고, 숙제를 시키는 반복되는 순간들을 버티는 것만으로도 아이들은 성장한다." 부모들을 위한 몇 가지 조언도 했는데, 그중에 첫 번째가 영화 한 편을 보기보다 보드게임을 해 감정적인 교류를 늘리라는 것이었다. 부모와 자녀 간의 접점은 정서적 교감이 80% 이상을 차지한다. 감정 교환이 잘 되는 경우, 정보 교환이 잘 일어나는데, 이이들의 교육은 이 감정 교환으로부터 시작한다고 했다.[7]

종합해 보면 보드게임은 학습에 기초가 되는 두뇌의 집중력과 기억력뿐 아니라 국어, 수학 과목에도 직접적인 도움을 준다. 타인에 대한 배려 및

---

[7] 틱 장애 생긴 아이⋯"너무 굶었나" 의사 엄마는 본인 탓했다 [괜찮아, 부모상담소], 〈중앙일보〉, 2021.08.11.

소통도 길러준다. 배움을 즐겁게 하고 아이가 자발적으로 참여할 수 있도록 돕는 방법 중 하나는 보드게임하는 것이다. 가족 간의 추억 쌓기 등의 정서와 감정교류를 늘릴 수 있다. 이 모든 것이 지금 보드게임이 필요한 이유다.

2장

두뇌가 팡팡!
아이의 지적 능력을
높이는 보드게임

1

제우스와 함께라면 연산도 재밌다
제우스 온 더 루즈

  내가 탄 엘리베이터에 젊은 엄마와 다섯 살 정도의 아이가 탔다. 아이는 타자마자 숫자 버튼 앞에 섰다. 발 디딤대 위에 올라가더니 숫자를 정성스레 누르면 말을 한다.
  아이는 고개를 들어 엘리베이터가 올라가면서 바뀌는 전광판의 숫자를 보고 따라 읽는다.
  "일, 이, 삼---"
  취학 전 아이들이 사는 아파트에서는 이런 광경을 한두 번씩은 볼 것이다. 이렇게 아이들은 어렸을 때는 숫자와 친하다. 아이들이 숫자를 빨리 익히는 것은 엘리베이터 덕분일지도 모른다고 난 생각한다. 아이들은 천성으로 배우는 것을 좋아한다고 한다. 그들에게 세상의 모든 것은 배울 것 천지일 것이다. 살기 위해 배워야만 하지만 그것이 즐거울 때이다. 그 배움의 열정이 어느 순간 식는 것일까? 아니면 배우고 싶은 것을 찾지 못한 것일까? 우리는 왜 그 배움의 열정을 왜 지켜주지 못했던 것일까?
  숫자 이야기가 나오니 인기 드라마 〈환상의 커플〉의 한 장면이 떠오른다. 드라마에서 이름이 '상실'인 이모뻘 되는 사람과 아이가 서로 마주 보고 앉아 있다. 그 앞에는 초코볼이 놓여 있다. 10개씩 10줄, 아이는 그것을 보고 100개라고 좋아한다. 그러자 상실이가 100개는 맞지만, 세어보지도 않고 100개라고 우기는 자세는 버리라고 한다. 상실이는 아이에게 좋아하는 초코볼을 셀 수 있는 만큼은 주겠다고 하면서 1부터 100까지 세어보라고 한다. 아이는 1부터 숫자세기를 시작한다. 아이가 수를 세다가 중간에 틀리면, 상실이는 그 부분을 정정해 주면서 초코볼 1개를 먹었다. 결국 중간에 계속 틀려 100개 중에서 40개만 남았고, 아이는 40까지 숫자 세는 법을 배웠다.

처음 이 장면을 보았을 때 흥미롭게 보면서도 모든 아이들이 이렇게 끝까지 세지는 않았을 거라는 생각도 들었다. 하지만 이렇게 수 세기를 가르칠 수 있다면 정말 좋겠다는 생각도 함께 들었다. 배움은, 특히 숫자 세기나 연산은 반복이 중요하다. 즐겁게 반복할 수 있으면 얼마나 좋을까?

연산을 즐겁게 할 수 있는 최고의 방법은 보드게임이다. 보드게임하는 과정에서 가장 많은 혜택을 보는 건 수 연산이기 때문이다. 게임을 하는 중에 아니면 게임 종료 후에 하는 점수 계산도 아이들이 모르는 사이에 하는 연산 과정이다. 수를 더해 가며 말을 이동하기도 하고, 게임 종료 후 점수의 합을 내기도 한다. 아예 대놓고 연산을 위한 게임을 만들기도 한다. '제우스 온 더 로즈', '로보77, '파라오 코드' 등은 연산이 목적인 보드게임이다. 아이들은 연산을 하라고 하면 지루해할 텐데, 게임을 하면서 하는 덧·뺄셈은 열심히 한다. 어떤 카드를 내야 할지 생각도 하고, 다음 내 차례가 돌아올 때를 위해 필요한 카드는 따로 보관하기도 한다. 연산 게임이지만 부수적인 전략도 세워야 해서 사고력까지 더해지는 효과가 있다. 같은 목적(연산)을 가진 게임이지만 각기 다른 요소로 학습에 도움을 준다. '로보77'은 11의 배수에 초점이 맞춰져 있고, 파라오 코드는 목표 수를 만들어 내야 한다. 제우스 온 더 루즈는 10의 배수와 수학에 관련된 개념을 같이 알려주기도 한다.

'제우스 온 더 루즈'는 한 자릿수와 두 자릿수를 더하고 10의 배수를 만들어야 하는 카드 게임이다. 게임 박스를 열면 카드와 제우스 피규어만 들어 있다. 카드에도 일반 숫자 카드와 특수 능력을 가진 신 카드가 있다. 그리스 로마 신화에 나오는 신들이다. 신화 속 신들의 이름이 익숙하다면 더욱 즐겁게 게임을 즐길 수 있다. 몰랐다면 게임 속에서 이름이 익숙해진 후 그리스 로마 신화에 대한 호기심이 생길 수도 있다. 여기에서 나오는 그리스 신들은 각각의 특수 능력을 가지고 있다. 물론 모두 수학에 관련된 능력이다.

다양한 신 카드 중에 '아프로디테'는 반올림에 관한 내용이다. 숫자는 0, 1, 2, 3, 4, 5, 6, 7, 8, 9까지 열 개가 있다. 반올림은 이 열 개의 숫자 중 0부터 5까지는 버리고, 6부터 9까지는 올림을 하는 방법으로 어림하기와 관련이 있다.

수학은 먼저 그 문제에 주어진 뜻을 이해해야만 해결할 수 있다. 그렇다는 것은 독해력, 즉 수학에 대한 어휘를 정확히 알고 있어야 한다. '헤르메스' 카드는 십의 자리 숫자와 일의 자리 숫자를 바꾼 수에 관한 내용이다. 이 내용은 수학 방정식에서 단골 문제이다. 70을 바꾸면 07이 되고, 7은 70이 된다. 아이들은 게임을 하면서 모르는 사이에 자릿수를 바꾼다는 의미를 알아간다.

'제우스 온 더 루즈'에서 숫자 카드는 덧셈을 위한 카드이다. 신들의 능력을 전략적으로 이용하고, 내가 가지고 있는 숫자 카드로 10이 배수를 만들어 가면 제우스를 가져올 수 있다. 제우스는 아이들의 손에 이리저리 옮겨 다닌다. 제우스를 가져간다는 것은 아이들에게 정말 신나는 일이 된다.

구 성 물

• 1~10까지의 숫자 카드 각 4장씩   • 그리스 신 카드 16장   • 제우스 피규어 1개

게 임 목 표

자신이 가진 카드를 잘 활용하여 10의 배수를 만들거나, 신 카드를 이용하여 제우스를 가져와야 한다.

게 임 방 법

❶ 카드를 모두 섞은 뒤 각 4장씩 나누어 갖는다.
❷ 남은 카드는 더미를 만들어 뒷면이 보이도록 테이블 중앙에 두고, 제우스 피규어도 그 옆에 놓아둔다.
❸ 카드 더미 옆에 참가자들이 내려는 카드를 놓을 곳을 만든다. 이곳을 올림푸스 산이라고 하며, 카드를 앞면으로 쌓을 곳이다.
❹ 참가자들은 차례가 되면 자신이 가지고 있는 카드 중 1장을 골라서 내려놓는다. 그 카드를 올림푸스 산에 내려놓으면서, 앞 사람이 말한 수와 자신이 내려놓은 카드의 숫자의 합을 크게 말한다(다른 사람이 말

한 수를 잘 들어야 한다). 카드를 내려놓은 후에 더미 카드에서 카드 한 장을 보충한다.
❺ 내려놓는 카드가 신 카드인 경우 '제우스 빼앗기'의 능력이 있다면 제우스를 가져온다.
❻ 숫자 카드를 내려놓은 경우 합이 10의 배수, 즉 10, 20, 30 등이 되는 경우 제우스를 가져온다.
❼ 바로 전 플레이어가 낸 숫자 카드와 똑같은 숫자 카드가 있다면 순서와 상관없이 그 카드를 내고 제우스를 가져온다.

라운드 종료

❶ 누군가 카드를 내면서 올림푸스 산의 합이 100이 넘은 경우 제우스를 가지고 있는 참가자가 승리한다.
❷ 카드를 내면서 올림푸스 산의 합이 정확히 100이 되었다면 게임이 종료되고, 제우스를 가져오면서 그 사람이 승리한다.
❸ 카드에 더미가 1장도 남아있지 않게 되었다면, 현재 제우스를 가지고 있는 사람이 승리한다.
❹ 올림푸스 산 가장 위에 있는 숫자 카드와 같은 카드를 내면서 100을 만들거나, 100을 넘게 만들었다면 그 사람이 제우스를 가져오면서 승리한다.
❺ 라운드 승자는 Z-E-U-S의 철자 중 하나를 얻는다.

> **게 임 종 료**
>
> 가장 먼저 Z-E-U-S 철자를 모두 만들면 게임이 종료되고 그 사람이 최종 승자가 된다.
> (게임 구성물에는 따로 Z.E.U.S를 만들기 위한 철자는 없다. 'Z.E.U.S'라고 쓴 종이타일을 4세트씩 만들어 사용하면 좋다. 아니면 한글로 '제.우.스'라고 바꿔 사용해도 된다. 철자 사용 없이 게임을 즐겨도 된다. 한 게임이 끝날 때 승리한 사람이 승리자가 된다.)

수업에서 아이들은 손에 든 카드를 들고 내게 달려오는 경우가 종종 있다. 특수 능력을 가진 신 카드를 많이 들고 있다고 자랑하러 온 것이다. 좋은 카드가 있다고 자랑하러 왔을 텐데, 필요할 때 쓰지를 못하고 꼭 쥐고 있다. 결국 다른 사람이 승리하고 게임이 끝이 나기도 한다. 아무리 좋은 것이라도 가지고 있으면 아무 의미가 없다. 좋은 카드란 필요할 때 써야 된다고 아이들에게 말을 해준다. 그 후 선택은 아이들 몫이다. 여러 번 게임이 진행되는 동안 아이들은 스스로 좋은 카드라고 부르는 카드의 능력을 적당할 때 쓰려고 한다. 제우스 피규어를 가져오는 손에 신남이 묻어난다. 좋은 것은 좋은 곳에 써야 좋은 의미를 갖게 된다.

초등학교 저학년 수학에서 가장 큰 비중을 차지하는 것은 수와 연산 영역이다. 이는 수학 학습에서 수와 연산 개념 형성이 앞으로의 수학 학습에 기본이 됨을 보여주는 것이다. 그렇다면, 이젠 우리가 할 일은 아이들이 스스로 수 연산에 즐거움을 느끼고 스스로 탐구할 수 있도록 도움을 주는 것이다. 반복이 중요한 연산을 하는데 지루하지 않게, 즐겁게 할 수 있는 게 보드게임이다.

다양한 방법으로 놀아보기

• 숫자 카드만 사용하기

신 카드는 게임의 재미를 더해주지만, 어린아이들은 특수 능력이 익숙하지 않아 아직 어려울 수 있다. 이런 경우 숫자 카드로만 게임을 진행하면 된다. 합이 10의 배수가 되면 제우스를 가져오고 100이 되거나 넘는 순간 순간 게임이 종료된다. 이때 제우스를 가지고 있거나 가지고 온 사람이 승리한다.

• 10이 되는 짝꿍 수 가져오기

10을 빨리 만들 수 있다면 10이 넘는 덧셈도 쉬워진다. 10이 되는 짝꿍 수 찾기를 같이 해보자. 1과 9, 2와 8, 3과 7, 4와 6, 5와 5이다. 10은 그 자체가 10이 되므로 아마도 조커 역할을 한다.

1. 카드 4장을 2×2 형태(2장씩 2줄)로 놓아둔다.
2. 카드는 2장씩 나눠 가져간다. 카드를 1장 내려놓았다면 카드 1장을 가져와서 자신의 손에 카드가 항상 2장이 되게 한다.
3. 차례가 되면 카드를 1장씩 내려놓는다.
4. 자신이 내려놓은 자리에 보이는 수와 자신이 현재 내릴 숫자 카드로 10을 만들었다면 그 자리에 카드를 모두 가져오고, 자신의 카드는 그곳에 놓아둔다. 10은 아무 곳에나 내려놓을 수 있다.
5. 카드 더미에 카드가 떨어졌다면, 자신의 손에 있는 카드가 모두 떨어질 때까지 게임을 진행한다.
6. 게임이 종료된 후 카드가 더 많은 사람이 승리한다.

🎲 다른 보드게임 소개

게임 이름	간단 게임 소개
텐캣츠	아이들이 어리다면 구체물로 수 세기를 해야 한다. 이 게임은 수에 맞게 고양이 그림이 그려져 있고, 10을 만드는 게임으로 직접 세어 보면서 게임을 할 수 있다는 장점이 있다.
로보77	자신의 차례에 자신이 가지고 있는 카드 중 1장을 내려놓으면서 카드의 합을 말해야 한다. 합이 11의 배수이거나 77이 되면 칩을 잃는다. 3개의 칩을 가지고 시작하는데, 더 이상 칩을 내놓을 수 없다면 탈락한다. 마지막까지 칩을 잃지 않아 탈락하지 않으면 승리한다.
다빈치 코드	0부터 11까지 있는 검은색, 흰색 타일을 오름차순으로 놓는다. 이렇게 놓인 상대방의 타일의 숫자를 알아맞혀야 한다.
파라오 코드	주사위 3개를 굴려 나온 숫자를 더하거나 빼거나 곱하거나 나눠서 피라미드에 놓인 타일에 적힌 숫자를 만들어야 하는 사칙연산 게임이다. 1단계부터 4단계까지 있는데 단계가 올라갈수록 주사위에 나온 숫자들을 이용해서 그 수를 만들어 내기가 어렵다. 대신에 점수가 높다. 잘못 계산하면 감점도 있으니 주의해야 한다. 게임이 끝났을 때 점수가 높으면 승리한다.
로꼬라마	카드의 숫자를 더하고 빼면서 50을 넘기지 않아야 하는 게임이다. 게임이 끝났을 때 자신이 현재 가지고 있는 카드의 숫자의 합이 점수가 된다. 카드 속 숫자에 따라 달라지는 라마의 표정을 보는 재미도 있다.
13 비버의 전설	목표 지점까지 가장 먼저 도착하는 비버가 이기는 레이싱 게임이다. 1부터 13까지 숫자별로 4장씩인 카드를 섞어 만든 카드 더미의 맨 위 장이, 바로 전에 버린 카드보다 큰 수일지 작은 수일지 맞혀야 앞으로 이동할 수 있다. 운 게임이긴 하지만 크다 작다의 개념이 확실히 잡히고 어느 정도의 확률에 대해 알 수 있는 게임이다.

2

공간 놀이 업! 칠교놀이의 변신
겟패킹

'칠교(七巧)'는 '7개의 교묘한 조각'[8]이라는 뜻을 가지고 있다고 한다. 여기에서 '교(巧)'는 공교하다는 뜻이라고 한다. '공교하다'는 '솜씨나 꾀 따위가 재치가 있고 교묘하다'는 뜻이라는 데, 결국 칠교는 재치가 있고 솜씨가 좋은 7개의 조각 놀이이다. 실제로 칠교로 만들어진 모양들을 보면 전혀 틀린 말은 아니라고 본다.

칠교는 초등 수학 교과서에도 나오는 교구로, 아이들이 가장 쉽게 접할 수 있다. 검색 사이트에서 '칠교놀이'라고 검색하면 비슷한 모양의 교구들이 화면에 나온다. 원목, 플라스틱, 자석 등의 다양한 재질과 1,000원대 저렴한 것부터 20,000원이 넘는 고급 칠교까지 다양하다. 칠교는 큰 정사각형을 직각삼각형 큰 것 2개, 중간 것 1개, 작은 것 2개, 정사각형 1개, 평행사변형 1개로 나눈 조각들의 모임이다. 그 7개의 조각을 모두 사용하여 동물, 식물, 글자, 숫자 등 여러 가지 모양을 만들어야 하는 놀이이다. 칠교 도안을 보면 도형들로 만들어진 모양이 실제로 고양이, 오리, 앉아 있

---

8 〈일곱 개의 조각 놀이, 칠교(七巧)〉, 국립고궁박물관, 수장고 속 왕실 유물 이야기(순조시대 칠교)

는 사람의 형태를 하고 있어 신기하기도 하다.

 칠교는 도형을 이용하여 도형에 대해 알아보고, 도형 측정에도 활용할 수 있는 교구이다. 칠교로 하는 활동이 아이들에게 매우 유익하다는 것은 알지만, 보드게임의 재미 부분에서는 부족했다. 이에 보드게임 수업에서는 칠교놀이는 생각하지 않았는데, 어느 해인가 아주 좋은 보드게임이 나타났다. 칠교의 좋은 점은 가져오고 아쉬운 부분은 채운 보드게임 '겟패킹'을 소개한다.

 '겟패킹'은 도형 모양으로 된 물품 중에 제시된 물품을 가방 안에 잘 정리해서 남보다 빨리 짐을 싸야 하는 게임이다. 수영복이 삼각형, 슬리퍼가 사다리꼴 모양, 챙이 넓은 모자까지 가방 안에 정리할 수 있도록 만들어져 있다. 어느 쪽 변으로 맞추어야 서로 맞닿을 수 있는지 찾아보는 재미도 있다. 여행을 간다는 설정으로 동그란 카드 뒤에는 여행지가 적혀 있어 세계지도를 놓고 카드에 있는 도시를 찾아보는 재미도 있다. 실제로 나도 한 번도 들어보지 못한 도시 이름이 있어 실제 있는지 검색해 보기도 했다. 게임도 하고, 평면도형 학습도 하고, 세계 지리 공부도 하고 일석다조가 될 것 같다.

구성물

플라스틱 가방 4개, 플라스틱 물품 52개(13개씩 4인), 목적지 카드 30장(1단계부터 4단계까지)

게임 목표

제시된 카드에서 주어진 물건을 가방 안에 넣어 가방 뚜껑을 닫아야 한다. 가장 먼저 닫아야 카드를 획득할 수 있다.

게임 방법

① 각자 가방 1개와 13가지 물품 한 세트를 받아서 자기 앞에 놓는다.(노란색 3개, 파란색 3개, 초록색 3개, 빨간색 4개)
② 목표지 카드를 뒷면이 보이게 섞어서 테이블 가운데 모두가 보이도록 놓는다.
③ 모든 사람이 준비가 되었다면 한 사람이 목적지 카드를 앞면이 보이도록 펼친다.
④ 플레이어들은 동시에 각자 자신의 가방을 싼다. 목적지 카드에 있는 물품들을 전부 가져와 정리가 잘되도록 가방에 넣고 뚜껑을 닫는다.

❺ 가장 먼저 가방을 다 싸고 뚜껑을 닫은 사람은 목적지 카드를 손바닥으로 덮는다. 나머지 사람들은 가장 먼저 만든 사람이 맞게 했는지 확인하고, 맞았다면 카드를 가져간다.
❻ 가장 먼저 가방을 싼 사람이 규칙에 맞지 않게 했다면, 그대로 게임을 진행한다. 가장 먼저 가방 싸는 것을 성공한 사람이 나올 때까지 한다.
❼ 다음 카드를 공개하고 게임을 진행한다.
❽ 목적지 카드 3장을 먼저 모은 사람이 나오면 게임은 종료되고, 그 사람이 승리한다.

   이 게임은 혼자서도 즐길 수 있는 퍼즐형 게임이다. 같이 게임을 즐기기 전에 혼자 연습해 보는 시간도 필요하다. 칠교에는 없는 조각들도 있어서 처음에는 쉽게 가방을 채우기 힘들다. 하지만 모든 도형 퍼즐이 그렇듯 어떤 조각들이 만나 어떻게 형태를 갖추는지 알게 되면 맞추는 것은 쉬워진다.

🎲 다양한 방법으로 놀아보기

- **넓이를 비교해 보자(크기 비교)**
  1. 빨간 수영복(0.5), 초록 선글라스(0.5)가 삼각형 모양이다. 이 모양 2개를 모으면 만들어지는 모양을 찾아보자.
     - 파랑 곰돌이, 파랑 물안경, 노랑 반바지(넓이가 1이 된다)
     - 빨강 공의 지름이 파랑 곰돌이의 가로와 같은 크기임을 보여주기
  2. 빨강 선크림과 초록 셔츠 도형을 맞게 맞추면 파랑 곰돌이 2배
     - 빨강 선크림 ($\frac{5}{4}$), 초록셔츠 ($\frac{3}{4}$)
  3. 파랑 곰돌이와 빨강 수영복(1.5)을 합한 만큼의 크기 찾아보기
     - 초록 슬리퍼와 파랑 오리발

- **다각형 찾아보기(삼각형, 사각형, 오각형)**
- **구성물을 이용하여 사각형 만들기, 모양 만들기**

🎲 다른 보드게임 소개

게임 이름	간단 게임 소개
큐비츠	정육면체 쌓기 나무 모양의 큐브 16개에 그려진 도형들을 조합하여 카드에 제시된 모양을 만들어 내야 한다.
스피드 칠교	전통 칠교놀이와 빨리 맞춰서 종을 치는 순발력을 조합했다. 제시된 모양을 빨리 만든 사람이 종을 치고 카드를 가져간다.

3

주의 집중! 주문서대로 꼬치 만들기
꼬치의 달인

    요즘 우리는 스마트폰과 매체에 둘러싸여 있다. 애쓰지 않아도 스마트폰, TV, 컴퓨터, 비디오 게임, 인터넷 속으로 쉽게 빠져든다. 여기에는 어린아이들도 있다.

    2024년 정보통신정책연구원(KISDI)은 2023년에 4,077가구 및 9,757명 개인을 대상으로 조사한 '아동·청소년의 미디어 이용 행태와 미디어 이용 제한'[9] 보고서를 발행했다. 내용을 살펴보면 열 살 미만 어린이의 하루 평균 스마트폰 이용 시간은 1시간 15분, TV 이용 시간은 1시간 27분으로 전년 대비 10분가량 증가했다. 10대 청소년은 하루 평균 스마트폰 이용 시간이 2시간 41분, TV 이용 시간은 3시간 24분으로 스마트폰의 경우에 8분 정도 증가했다. 만 19세 미만의 자녀를 둔 가정의 51.6%가 자녀의 미디어 이용을 제한하고 있고, 만 5세 미만 자녀에 대해서는 TV 이용 제한이 많고 점차 성장하면서 스마트폰, 게임, 인터넷의 순으로 이용 제한이 높아지는 경향을 보인다.

---

9 정보통신정책연구원, 「아동·청소년의 미디어 이용행태와 미디어 이용 제한」, 정기간행물

이 조사가 우리나라 전체 학생을 대상으로 했어도 같은 결과가 나왔을지는 모르겠다. 조사 목적은 가정 내 이용 제한에 관한 것인데, 난 아이들의 사용 시간을 집중해 봤다. 자야 할 시간과 학교에 있는 시간을 뺐더니 오후 2~3시부터 오후 10시까지로 정해보면 남은 7시간 또는 8시간 중에 하루 평균 2시간 41분을 사용한다는 말이다. 여기에 학원 가는 시간, 가족과 함께 저녁 먹는 시간을 빼면? 아마도 시간 날 때는 계속 스마트폰을 한다고 해도 되겠다.

스마트폰이나 게임을 스스로 계획한 시간만 할 수 있다면 난 전혀 문제가 되지 않는다고 생각한다. 즉 잠깐 머리 식힐 겸 30분만 하겠다거나 점심 먹고 동영상을 20분만 보겠다는 규칙을 정해놓고, 그것을 스스로 통제가 가능하다면 아무런 문제가 없다는 것이다. 그렇지 못하고 잠을 자지 않고, 시간제한을 두고도 끊지 못한다면? 부모의 이용 제한이 필요할 것이다. 요즘의 아이들이 스마트폰이나 인터넷 같은 미디어에 대한 관심은 갖는 건 당연하다. 앞으로는 어차피 여기저기 널려 있는 미디어를 아이들이 얼마나 잘 활용할 수 있는지가 성장과 발달의 중요한 요소가 될 것이다.

아이들이 가지고 있는 스마트폰과 매체를 두고 많은 걱정을 하고 있다. 그렇지만, 무엇보다 문제인 것은 집중해서 들을 필요가 없어졌다는 것이다. 뉴스에서도 드라마에서도 하단에 글자가 지나간다. 보면서 같이 들으면 훨씬 정보가 뇌에 더 잘 전달되기는 하지만 덕분에 집중해서 들을 필요가 없어졌다.
잘 들어야 하는 청각 주의력은 소리에 집중하는 능력으로 주변의 많은 소음에도 불구하고 정확하게 듣고 그 지시에 알맞게 수행하는 능력이다.

잘 봐야 하는 시각 주의력은 눈으로 본 정보를 정확하게 인식하고 반응하는 능력이라고 할 수 있다. 책을 읽고 이해하는 능력, 칠판의 내용을 바로 필기할 수 있는 능력, 수업 시간에 선생님 말씀을 잘 듣고 이해할 수 있는 능력도 이 주의력에 해당되는 내용이다. 특히 남의 말을 잘 듣고 기억할 수 있는 능력도 포함되다 보니 사회생활이나 인간관계에도 상당한 영향력을 미칠 수 있다. 시각적 주의력이 부족한 아이는 책을 읽을 때 건너뛰어 읽거나 다르게 읽는다. 문제를 풀 때 실수하는 경우도 시각적 주의력이 부족한 경우이다.

그래서 시각적 주의력을 높여줄 만한 게임인 '꼬치의 달인'을 소개한다. '꼬치의 달인'은 4인까지 참여할 수 있으며, 게임 시간은 약 15분 정도로 짧다. 꼬치 모양이 그려진 카드를 보고 주어진 재료로 카드와 똑같이 만들면 된다. 꼬치를 막대에 끼우고 토핑을 그림에 맞게 돌려서 만들면 되는데, 잘못 보면 다르게 만들 수 있다. 정확하게 보고 가장 빨리 만들어야 카드를 획득할 수 있다.

구성물

카드 30장, 막대 4개, 4가지 재료 4개씩, 2가지 토핑 4개씩, 접시 4개

게임 목표

재료와 토핑을 이용해서 가장 먼저 카드의 모양대로 만들어야 한다.

게임 방법

❶ 접시는 테이블 중앙에, 카드도 잘 섞어 뒷면이 보이도록 더미를 만들어 그 옆에 놓는다.
❷ 참가자들은 막대와 4가지 재료, 2가지 토핑을 각각 1개씩 가져온다.
❸ 선 플레이어는 카드 더미의 맨 위 카드 1장을 앞면으로 놓는다.
❹ 모두 동시에 주문 카드와 똑같은 꼬치를 만든다.
❺ 꼬치를 다 만든 사람은 "맛있게 드세요!"라고 외치며 접시에 자신의 꼬치를 올린다.
　- 꼬치를 잘못 만들었다면 꼬치를 회수하고 이번 카드로는 더 이상 꼬치를 만들 수 없다.
　- 꼬치를 정확하게 만들었다면 주문 카드를 가져와 앞면으로 놓는다.

- 다음 라운드에서 선 플레이어가 되어 새로운 주문 카드를 펼친다.
❻ '어서옵쇼' 카드가 나오면 참가자들 모두 일어나 "어서옵쇼!"라고 인사해야 한다. 가장 먼저 인사를 한 사람은 다른 사람 1명에게 주문 카드 1장을 빼앗아 온다.
❼ '영업종료' 카드가 나오면 즉시 게임이 종료되고, 점수가 가장 높은 사람이 승리한다.

이 게임 역시 연습할 시간을 줘야 한다. 아이들과 수업할 때도 연습하는 동안 만드는 속도를 눈여겨본 후에 모둠을 정해 게임을 한다. 꼬치를 빨리 만드는 아이들과 아직 만드는 게 익숙하지 않은 아이들을 분리해서 게임을 진행해야 서로 재미가 있기 때문이다. 집에서 아래 '다른 방법으로 놀기'를 통해 충분히 탐구하면서 연습할 시간을 주는 것을 권한다.

♟ 다른 방법으로 놀기

• 구성품 이용하기

구성품을 가지고 그냥 놀게 한다. 어린아이일수록 충분히 가지고 놀 시간을 준다. 그러면 아이는 쌓기 놀이도 하고, 천 모양으로 정육면체 모양의 재료를 돌돌 말아보고, 막대기로 꽂아보고 한다. 게임을 해보면 알겠지만 막대기를 반듯하게 잘 꽂는 것도 요령이다.

• 좋아하는 꼬치 만들기

주어진 구성물로 자신이 좋아하는 꼬치를 만들어 보게 한다. 고기만 꽂아 고기 꼬치를 만들 수도 있다. 난 이 수업에서 초록색만 꽂았던 아이는 보지 못했지만, 고기만 꽂아 꼬치를 만드는 아이들은 많이 봤다. 초록색은 아이들의 꼬치로는 인기가 없다. 게임 도중 재료를 토핑 천으로 돌돌 말거나, S자로 마는 것을 어려워하니 여기에서 충분히 해보도록 유도한다. 많이 해보면 스스로 잘 꽂는 방법을 터득할 수도 있다. 그렇지 않을 경우 다른 사람이 꽂는 것을 보고 배울 수도 있다.

• 게임하기 전 연습은 필수

순발력 게임이다. 카드를 보고 만들어 봐야 한다. 빨리 만들기를 하기 전에 정확하게 만들기를 한다. 어떻게 해야 쉽게 할 수 있는지, 빠르게 완성할 수 있는지, 다른 사람은 어떻게 빠르게 완성하고 있는지 방법을 관찰하는 것도 중요하다. 막대기를 꽂을 때 방향이 틀어지면 구멍으로 잘 들어가지 않는다. 막대기가 재료 구멍에 수직으로 들어가야 다음 재료도 쉽게 들어간다. 볼 때는 쉽게 보이지만 하려고 보면 그리 쉽지만은 않다.

♟ 다른 보드게임 소개

게임 이름	간단 게임 소개
도블	모든 카드에 8장의 사물이 그려져 있다. 어떤 카드든 2장의 카드에는 단 1개의 같은 사물만 있다. 그 사물의 이름을 빨리 말해야 한다.
피카픽 피카독	자신이 가지고 있는 카드와 같거나 단 1개만 다른 것을 찾아야 하는 카드로만 이루어진 게임이다.
스파팅톤	숨은그림찾기 게임이다. 카드에 그려진 그림을 게임판에서 찾아야 한다.
레이어스 플러스	구멍이 서로 다르게 있는 레이어 5개가 있다. 이런 레이어를 겹쳐 카드와 똑같은 모양을 만들어야 한다. 미션 카드에 있는 그림 아랫부분까지 잘 관찰해야 틀리지 않는다.

* '꼬치의 달인'과 관련된 지식재산권은 ㈜만두게임즈에 있습니다.

4

정보 처리 능력의 힘, 단서 속에서 찾은 선물

드림캐처

　정보 처리 능력이란 현재 자신이 해결해야 할 일에 대한 저장된 정보를 조직하여 활용하거나 혹은 필요한 형태로 창조하는 능력이다. 즉 내 안에 있는 것을 활용하여 새로운 것이 들어왔을 때 해결할 수 있냐는 것이다. 추론은 이미 알려진 정보를 근거로 새로운, 혹은 다른 판단을 내리는 것을 말한다. 즉, 내 안에 정보, 즉 지식이 있어야 한다는 것이다. 그 후에 그 정보들로 무언가를 만들어 낼 수 있어야 한다. 가지고 있는 것이 우선이고 그 가지고 있는 것을 어떻게 창조하고 추론하느냐의 그다음의 일인 것이다. 이런 능력들을 향상시킬 수 있는 게임으로 추리 게임을 추천한다. 하지만, 아직 추리 게임에 익숙하지 않다면 간단하고 재미있는 '드림캐처'를 추천한다.

　'드림캐처'라는 단어는 보드게임으로 처음 들었다. 드림캐처(dream-catcher)라는 이름을 들었을 때 생각났던 것은 '꿈을 잡는 것? 악몽?'이었다. 악몽을 잡는다는 뜻인가 싶어 왜 이런 이름을 지었는지 궁금했다. 검색을 해보니 동그란 고리에 무언가 주렁주렁 매달린 물건들이 모니터 화면을 채웠다. 드림캐처는 동그란 고리에 그물을 만들고, 깃털이나 구슬 등으로 장식한 물건이다. 실제로 아메리카 원주민들의 토속 장신구라고 한다. 악몽을 걸러주고 좋은 꿈만 꾸게 해준다는 의미로 만들었다고 한다.[10]

악몽을 잡아준다니, 옛날이나 지금이나 꿈속의 악몽은 언제나 무서웠나 보다. 악몽을 꾸는 순간은 누구도 어떻게 해줄 수 없다. 옆에 엄마가 같이 누워 있어도 엄마를 부를 수가 없다. 결국 그 무서움을 아이들은 온전히 혼자서 겪어야 한다. 그럼에도, 꿈속에서 깨어나면서 옆에 엄마가 있다면 그것만으로 위안이 될 것이다. 드림캐처는 이런 역할, 엄마가 옆에서 나를 지켜주고 있는 것과 같은 위안을 주었을 것 같다. 예쁜 드림캐처가 보드게임에서 어떻게 전개가 될까?

보드게임 '드림캐처'는 '드림캐처'라고 불리는 술래가 주는 좋은 꿈 선물을 찾아야 한다. 어른 손바닥보다 작은 크기로 여행을 가거나, 잠깐 외출할 때에 가지고 나가서 게임하기 딱 좋은 크기이다.

---

[10] 드림캐처, 네이버 지식백과(시사상식사전)

구성물

꿈 카드 24장, 유성 카드 29장, 참조 카드 1장, 캐처 카드 1장, 나무 토큰 6개

게임 목표

좋은 꿈은 2가지, 나무 토큰으로 놓인 단서를 통해 2가지의 선물을 찾아내면 된다.

게임 방법

① 유성 카드를 아래 상자에 넣고, 위 상자에 포개어 놓는다.
② 이젠 돌아가면서 드림캐처의 역할을 한다.
③ 드림캐처는 꿈 카드 2장을 선택한 후 포개놓은 상자 사이 틈에 끼워 자신만 볼 수 있도록 한다(이 꿈 카드 2장이 드림캐처의 선물이다).
④ 드림캐처는 캐처 카드와 참조 카드를 모두의 손이 닿는 곳에 둔다.
⑤ 드림캐처는 꿈 카드 3장을 옆으로(가로줄) 길게 놓는다. 가장 오른쪽 카드 옆에 자신이 선택한 선물의 개수만큼 나무 토큰을 놓는다.
⑥ 다시 3장을 놓고 또다시 가장 오른쪽 카드 옆에 선물의 개수만큼 나무 토큰을 놓는다.

❼ 드림캐처는 정답자가 나올 때까지 가로줄을 계속 만든다.
❽ 가로줄은 7개까지 만들 수 있으며, 나머지 1장은 공개되지 않는다.
❾ 누군가 드림캐처의 선물이 뭔지 알았다면 캐처 카드 위에 손을 올리고 정답을 말하면 된다.
❿ 정답을 정확하게 맞힌 사람이 있다면, 유성 카드를 1장 얻는다.
⓫ 정답자는 다음 라운드의 드림캐처 역할을 맡는다. 유성 카드 4장을 모으면 승리한다.

추 천

드림캐처 역할을 순서대로 돌아가면서 할 수 있도록 한다. 아이들이 직접 드림캐처(문제를 내는 사람)를 해봐야 정답을 맞힐 수 있는 역량이 생긴다.

게임하기 전: 아메리카 전설 이야기 해주기

　드림캐처는 아메리카 원주민인 오지브웨(Ojibwe)로부터 유래되었다고 한다. 그들의 전설에 따르면, 아시비카시라고 불리는 신성한 거미여인이 있었는데, 이 여인은 부족의 아이들을 보살피는 역할을 했다. 아이들이 많지 않을 때에는 거미여인이 직접 아이들을 보살폈던 모양이다. 시간이 흘러서 점차 부족이 커지고 인원이 많아지자 거미여인은 부족의 아이들을 한꺼번에 보살필 수 없게 되었다. 그래서, 거미줄 모양의 드림캐처를 만들어 아이들의 침대에 걸어 두는 풍습이 생기게 되었다.[11] 다른 이야기도 있다. 한 노파가 침상 옆에 거미줄을 치고 있던 거미를 바라보고 있는데, 그때 손자가 나타나 죽이려는 것을 못 하게 말리자 거미의 여신이 감사의 표시로 준 선물이 드림캐처였다고 한다.[12]

11　드림캐처, 네이버 지식백과(시사상식사전)
12　드림캐처, 나무위키

♟ 다른 보드게임 소개

게임 이름	간단 게임 소개
셜록 13	추리 게임이다. 용의자 카드에는 아이콘이 그려져 있고, 이 아이콘은 범인을 찾는 데 중요한 단서가 된다. 없어진 아이콘을 모두 가지고 있는 용의자가 범인이 된다.
명탐정 찰리의 사건노트	시간 안에 참가자 모두 힘을 합쳐 범인을 찾아야 하는 추리 게임. 쉬운 추리 게임이긴 하지만 카드에 있는 글을 읽어야 한다. 마을 사람들의 이야기를 듣고 용의자를 찾아내야 한다.
아브라카왓	주문이 기억나지 않은 마법사들의 결투. 내 마법의 돌은 보이지 않게 놓고 다른 사람의 마법의 돌과 이미 펼쳐진 돌의 정보로 자신이 마법의 주문을 외쳐야 한다. 잘못 외치는 경우 생명의 칩을 잃는다. 마지막까지 살아남아야 승리한다.
시티체이스	1명의 도둑과 여러 명의 경찰의 쫓고 쫓기는 추격전이 재미있는 게임이다. 도둑은 건물 안에 자신의 자동차를 숨기고, 도둑은 움직인 자리에 흔적을 남기고 움직인다. 경찰은 11라운드 안에 도둑을 잡아야 한다.

5

구슬을 밀어 밀어 추상 전략 게임
아발론 클래식

문제 해결력이란 다양한 경험, 지식, 정보를 바탕으로 합리적, 직감적 사고를 통해서 효율적으로 문제를 해결하는 능력을 말한다. 즉, 어떤 문제 상황이 벌어졌을 때 해결할 수 있는 능력으로 어쩌면 살아가는 데 꼭 필요한 능력일 것이다.

'멘사 셀렉트' 게임이 있다. 멘사 선정 게임이라고도 한다. 멘사 셀렉트 게임은 1990년부터 미국 멘사가 매년 선정하는 '멘사 마인드 게임즈'에 뽑힌 수상작이다. 매년 5개의 게임이 선정되는데, 한 해 동안 출시된 게임들을 미국 멘사 회원들이 직접 체험해 보고 선정한다. 보드게임 '아발론 클래식'은 1990년, 첫해에 선정되었던 게임이다. 2인 게임으로 육각형 게임판 위에서 흰 구슬과 검은 구슬을 1칸씩 움직여 게임을 진행한다.

'아발론 클래식'은 2명에서 하는 게임이다. 게임 구성물은 게임판과 검은색, 흰색 구슬이 전부이다. 어떤 운에 따른 요소도 없이 자신의 전략으로만 이겨야 한다. 게임 규칙은 간단하다. 상대방 구슬을 6개를 밀어내야 이긴다.

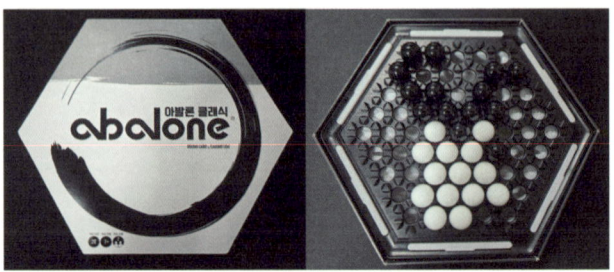

구 성 물

보드게임판, 검은색 구슬 14개, 흰색 구슬 14개

게 임 방 법

❶ 각자 구슬을 흰색과 검은색 중에 정한 후, 규칙서의 초기 배치에 따라 구슬을 모두 올려놓는다.
❷ 차례가 되면 자신의 구슬을 1개부터 3개까지 한 번에 이동한다. 원래 형태는 흐트러지지 않은 상태로 같은 방향으로 1칸만 움직여야 한다.
❸ 구슬을 2개 또는 3개를 이동할 때는 한 줄로 직선 이동하는 방법과 옆으로 나란히 놓고 앞으로 1칸씩 이동하는 방법이 있다.
❹ 구슬을 이동할 때 상대방 구슬과 맞닿아 있다면, 직선 이동을 하려는 구슬 수가 상대방보다 1개라도 많아야 그 구슬을 밀면서 이동할 수 있다.
❺ 밀어야 할 상대방 구슬 뒤에 내 구슬이 닿아 있다면 밀어낼 수 없다.
❻ 상대방 구슬이 3개 이상이라면 밀어낼 수 없다.
❼ 구슬이 게임판의 밖으로 떨어지도록 밀어내는 게 목표다. 이렇게 6개를 먼저 밀어내면 승리한다.

말했지만, 게임은 규칙이랄 것도 없다. 1개부터 3개까지만 이동이 가능하고, 내가 1개라도 더 많아야 상대방 구슬을 밀 수 있다. 그래서 내 구슬이 4개이고 상대방 구슬이 3개가 놓여 있어도 3개까지만 이동이 가능해서 밀 수가 없다. 아이들은 이 규칙을 너무나 잘 안다. 하지만 흰색과 검은색 구슬의 개수가 같아도 밀어버리고, 4개로 3개를 밀어버린다. 이런 행동은 일부러 알면서 그런 것이 아니고, 몰라서 그런 것도 아니다. 그냥 이기고 싶은 마음에 손이 먼저 움직이는 것이다. 그럴 경우 익숙해질 때까지 다시 하도록 하면 된다. 정확하게 규칙을 잘 지킬 수 있도록 몇 번은 지켜봐야 한다.

아이들이 게임을 하는 것을 지켜보면 정말 재미없게 하는 경우를 본다. 서로 공격은 하지 않고 수비만 하고 있다. 자신의 차례에 구슬 하나 움직이는 데 한참 동안 생각을 한다. 절대 내 구슬은 단 1개도 내주지 않겠다는 다짐을 한 것처럼 보인다. 게임을 하는 사람 2명이 모두 이런 성향이라면 1시간이 지나도 게임이 끝나지 않는다. 옆에서 지켜보는 내가 다 답답할 지경이다. 이렇게 게임을 하는 아이들이 게임이 끝난 후 재밌었다고 생각할지 걱정이 될 정도이다. 물어보지 않았지만, 피곤해할 수도 있겠다.

또 다른 그룹은 생각하지도 않고 마구 밀어내는 경우이다. 둘 다 상대방 구슬을 밀어내는 데 집중을 한다. 게임은 금방 끝이 나고 누가 이겼는지도 모르고 지나간다. 6개를 먼저 밀어내는 사람이 이기는데 그냥 상대방 구슬을 밀어내느라 몇 개를 밀어냈는지도 모르고 지나친다. 가서 보면 상대방 구슬을 모두 다 밀어내고 말겠다는 생각을 한 것처럼 열심히 한다. 어떤 모둠은 어찌나 빨리 게임이 끝이 나는지 대충 게임을 한 것 아닌가 의심이 든다. 하지만, 어떤 경우이든 아이들은 나름대로 열심히 전략을 짜서 게임을 진행했다고 보는 게 맞다.

이렇게 다양한 아이들이 모인 덕분에 중간에 상대방을 바꿔 게임을 진행해 본다. 가끔 신중한 아이와 빨리 해야 하는 아이가 만났을 때 약간의 다툼이 생기기도 한다. 너무 늦게 한다고 고자질이 들어온다. 우선 시간을 주고 지켜보도록 한 후 너무 시간을 끌면 게임에도 개인에게 주어진 시간이 있다고 말을 해준다. 자신에게 주어진 시간이 끝이 나면 자동으로 지게 되어 있다. 이렇게 상대방을 바꿔 게임해 보는 것은 아이들의 흥미를 끌기도 하지만, 돌아가면서 한 번씩 승리해 볼 수 있어서 좋다. 파티 게임이 아니고 전략 게임이지만 아이들은 1시간의 수업을 아쉬워한다.

아발론 게임을 통해 아이들을 관찰하면 너무 신중한 팀보다 여러 번 게임을 진행해 본 팀이 훨씬 빨리 배운다. 자신의 실수를 스스로 깨달으면서 배운다. 기쁜 마음으로 상대방 구슬을 1개 밀었는데, 순식간에 자신의 구슬이 2개 이상 밀려나는 경험도 해봐야 한다. 상대방 구슬을 밀어내고 보니 '아차 잘못 두었구나!' 하는 순간도 있어야 한다. 그 순간에도 당황하지 않고 평정심을 유지할 수 있어야 한다. 상대방은 모를 수도 있기 때문이다. 이런 것은 게임을 하면서 배운다. 누군가 이야기해 주면 더 빨리 알 수도 있겠지만 그냥 알 뿐이지 와닿지는 않는다.

처음에는 지금 당장 내 앞에 있는 이익만 바라보고 상대방을 밀어낸다. 그러다 보니 금방 게임이 끝나기도 한다. 하지만 어느 순간 자신의 구슬이 움직인 후에 어디에 가고 어떤 위치에 있는지 파악하게 된다. 그렇게 아이들은 성장을 한다. 지면서 배운다. 가정에서도 마찬가지일 것이다. 아마도 처음에는 부모님들이 아이들을 봐주면서 게임을 할 수도 있지만 어느 순간 최선을 다해야 할 것이다. 그게 정말 금방일 수도 있다.

♟ 게임하기 전

난 보드게임 이야기를 좋아한다. 그래서, 코리아보드게임즈 블로그에서 전해주는 보드게임과 엮인 이야기를 자주 읽는다. 이번에 소개한 '아발론 클래식'도 만들어지는 과정이 소개되어 있어서 수업 때마다 수강생들에게 전해준다. '아발론'이라는 이름을 처음 들었을 때, 네이버에 검색해 보았다. 이름은 대충 지을 리 없어서 대체 무슨 뜻인지 궁금했다. 검색해 보니 '전복'이라고 소개되어 있다. 아무래도 이 뜻은 아닌 것 같아 게임 이름에 대한 것은 찾기를 포기했다. 그러다 우연한 기회에 보드게임 100에 소개된 아발론에 대한 글을 읽게 되었다. 글쓴이에 의하면 '아발론(abalone)은 라틴어 접두사인 ab(~이지 않은)과 영어 단어인 alone(혼자)을 합친 것으로, '혼자 떨어져 있으면 안 된다'는 것을 의미한다고 한다. 보드게임 이름 하나로 게임 설명이 다 된 것 같다.[13]

---

13 보드게임 100-아발론 클래식, 코리아보드게임즈 블로그
    (https://blog.naver.com/kboardgame/221353411422)

♟ 다른 보드게임 소개

게임 이름	간단 게임 소개
바다동물장기	게임판과 움직이는 말(대왕문어, 상어, 날치)의 특수 능력을 이용하여 그 중 한 마리를 상대방 구역에 있는 목표 지점에 도착하도록 해야 한다.
쿼리도	쿼리도는 일종의 바다동물장기처럼 상대방 진영에 내 말이 먼저 도착하면 승리한다. 2인 게임으로 진행할 때 자신의 말 1개와 10개의 장애물을 가지고 시작한다. 자신의 차례가 되면 자신의 말을 이동시킬 것인지 장애물을 설치할 것인지 선택해야 한다.
만칼라	보드게임판과 48개의 작은 구슬을 이용한 2인 게임이다. 플레이어는 각자 마주 보고 앉아 자신의 앞에 있는 6개의 작은 보관통과 오른쪽에 있는 창고 역할을 하는 큰 보관통 1개가 본인의 구역이다. 구슬 4개를 모든 작은 보관통에 넣는다. 게임이 시작되고 자신의 차례가 되면 자신의 작은 보관통에 든 구슬을 들어 오른쪽으로 이동하면서 떨어뜨린다. 게임이 끝났을 때 자신의 큰 보관통에 구슬이 많이 들어 있으면 승리한다.

6

9개의 주사위 속에서 튀어나온 기발한 이야기
스토리 큐브

언어 능력은 언어를 사용할 수 있는 능력을 말한다. 말과 글을 바르게 이해하고 정보나 자신의 의사를 말과 글을 이용하여 정확하게 표현할 수 있는 능력[14]이다. 초등학교 학생들에게 언어는 읽고 말하고 쓰고 들은 것을 이해하는 것이 전부일 것이다. 그렇다면 보드게임을 통해 언어 능력을 높여줄 수 있을까? 아는 단어를 조합하고 이야기를 통해 표현 능력을 향상시킬 수 있는 방법은 있을까? 언어 능력을 높여주는 것의 가장 좋은 방법은 다양한 책을 읽는 것이다. 보드게임을 통해 읽는 재미를 줄 수는 없을까?

초등학교 1학년 수업을 들어가 보면 아직 글을 읽지 못하는 아이들이 있다. 아직 한글을 읽는 것이 서툴다고 해서 아이가 언어 능력이 부족한 것은 아니다. 글씨를 쓰거나 읽지 못할 뿐이지 말도 조리 있게 잘하고, 알고 있는 단어가 많아 나도 깜짝 놀랄 때가 있다. 내가 1학년 수업에서 1학기

---

14 언어 능력. 네이버 지식백과(학생백과)

에 집중하는 것은 한글을 아는 것이 아니라 어휘력을 높여주는 것에 있다. 그런데 그보다 더 비중을 두는 것은 다른 사람 말을 할 때 잘 듣기이다. 성인이나 아이나 비슷한 상황에서 똑같은 단어를 많이 쓰게 되어 있다. 많은 단어를 알지 못해도 우리의 대화는 통하기 때문이다. 많은 어휘력을 얻기 위해서는 다양한 책을 많이 읽는 것이 중요하다. 십자말풀이도 어휘력 향상에 좋다. 직접 해보면 정말 머리에 간질간질하지만 단어가 생각이 나지 않은 경우도 많다. 마지막으로 다른 사람 말 잘 듣는 것도 어휘획득에 도움이 된다.

보드게임으로 국어 수업이 가능할까? 국어는 듣고 말하고 읽고 쓰는 모든 활동을 말한다. 이 중에서 읽고 쓰는 활동은 혼자 할 수 있다. 듣고 말하기는 말하는 사람과 듣는 사람이 있어야 한다. 이는 사람이 살아가는 데도 아주 중요하다는 것을 의미한다. 듣고 말하기에는 들은 내용에 맞게 소통을 해야 한다. 그러니, 우선 잘 듣는 것이 중요하다. 아이들은 재미있는 이야기를 좋아한다. 또한 이야기를 하는 것도 좋아한다. 이런 아이들이 좋아하는 이야기와 다른 사람 말을 잘 들어주는 활동에 딱 맞는 보드게임이 있다.

'스토리 큐브'는 나타난 그림으로 연결되는 이야기 만들기 게임이다. 승리자가 없는 게임이니 놀이에 가깝다고 해야 할까? 아직 다른 사람 말을 듣는 것에 익숙하지 않은 아이들에게 자신의 차례를 기다리며 다른 친구의 말을 들어야 하는 시간이기도 한다. 재미있는 내용은 쏙 빠져들어 듣고 있다. 또한 자신이 차례가 빨리 돌아오기를 기다린다. 그 마음이 그대로 얼굴 표정에 나타난다. 눈으로 친구에게 빨리 말하기를 재촉하지만 막상 자신의 차례가 되면 그렇게 만만하게 이야기가 흘러가지 않는다. 이런 막장 드라마가 없다. 이야기는 산으로 갔다가 바다로 갔다가 우주로 간다.

주인공이 죽었다가 살았다가 이런 막장도 없다. '이런 막장도 없다'는 건 내 의견이므로 정정해야겠다. 아이들은 진지하다. 정말 최선을 다해 이야기를 만들어 낸다.

  그림이 그려져 있는 9개의 큐브로 이야기를 만드는 게임인 스토리 큐브는 그림을 보고 이야기를 만들어 낼 수 있다면 연령에 제한이 없다. 기승전결이 구분되지 않은 내용들로 구성된다. 갑자기 급하게 마무리가 되는 엉터리 이야기가 만들어져도 아이들은 너무 즐겁다. 특히 머릿속에 수많은 상상력을 가지고 있는 어린아이들에게는 너무 좋은 큐브가 될 것이다.

구 성 물

여섯 면이 그림으로 된 주사위 9개

이 야 기 하 기 1

① 9개의 주사위를 동시에 굴린다.
② 9개의 큐브 맨 윗면 그림을 살펴보고, 그중 6개 이상 골라낸다.
③ 주사위를 순서대로 놓아두고 이야기를 들려준다.

이 야 기 하 기 2

① 9개의 주사위를 굴린다. 가정 먼저 할 사람을 정한다.
② 가장 먼저 시작하는 아이가 큐브 1개를 가져와 이야기를 시작한다. 그 다음 아이는 나머지 큐브 중에서 1개를 가져와 이야기를 이어간다(4인 게임 진행 시 두 번씩 돌아가면서 이야기를 이어간다).
③ 마지막을 끝내야 하는 학생은 이야기를 끝을 내어야 한다.
④ 이야기를 시작하는 사람이 바뀌어서 처음부터 시작을 한다.

언어생활의 대부분은 말하기와 듣기이다. 보드게임 수업에서는 게임 설명을 잘 들어야 규칙을 정확히 알고 게임을 할 수 있다. 학교에서는 선생님 말씀을 잘 듣고 거기에 따라야 한다. 그리고 자신의 의견을 정확하게 전달할 수 있어야 한다. 잘 듣고 잘 말하려면 우리가 쓰는 어휘들을 잘 알고 있어야 한다. 소통은 어떤 단어가 어떤 뜻으로 쓰이는지 알아야 하기 때문이다. 읽기와 쓰기는 모든 과목에서 중요하다. 읽기 능력은 수학을 공부하거나, 국어, 사회 같은 과목을 공부할 때 지식을 습득할 수 있도록 한다. 읽고 이해할 수 있기 위해서는 무엇보다 단어에 대한 이해력이 중요하다. 결국 다시 어휘력이다. 알아들을 수 있는 어휘들은 지식이 된다. 이제 이 지식인 어휘력을 이용해서 의사소통을 하고, 이야기를 만들고, 글을 쓴다. 아는 만큼 알아듣고 아는 만큼 다양한 이야기를 만들고 글을 쓸 수 있다.

'스토리 큐브'의 장점은 언어가 아닌 그림으로 된 큐브이다. 정확한 단어가 아닌 그림은 다양하게 해석할 수 있는 언어가 된다. '낙하산' 그림은 낙하산도 되지만, 올라간다는 뜻이 되기도 하고, 내려간다는 뜻이 되기도 한다. '화살'은 양궁이 되기도 하고, 세월이 되기도 하고, 투호가 된다. 9개의 주사위 속에 든 그림은 54개이고, 54개의 단어만 존재할 것 같지만 그 속에서 나오는 단어들은 무궁무진하다. 하지만 아쉽게도 아이들은 쓰는 단어만 쓴다. 조금 더 다양한 언어를 구사할 수 있도록 하는 건 어른들의 몫인 것 같다. 아직 부족한 어휘력에도 불구하고 아이들이 만들어 내는 이야기는 정말 흥미롭다. 가족과 함께 모여 다양한 단어로 멋진 이야기를 만들어 보기를 바란다.

다른 방법으로 놀기

• 짧은 글짓기
❶ 6개의 주사위를 굴려 나온 그림을 1개를 가져가며 한 문장의 짧은 글짓기

　예시) 알약: 나는 알약을 먹는 것이 힘들다.

❷ 다른 사람이 선택한 주사위 그림으로 짧은 글짓기
❸ 주사위에 그림을 1개 선택해서 감정을 넣어 이야기하기

• 가족 백일장
❶ 6개의 그림을 선정하여 온 가족이 글을 지어본다.(동시, 산문, 편지글 모두 좋음)
❷ 재치상, 감동상 등 이름을 정해 모두가 상을 받을 수 있도록 상장을 만들어서 준다.

♟ 다른 보드게임 소개

게임 이름	간단 게임 소개
고피쉬 (속담, 의성어, 의태어, 비슷한 말, 반대말)	학습 게임으로 유명한 고피쉬. 50장의 카드가 구성물이며 같은 카드가 2장씩 짝을 이루고 있다. 자신이 가지고 있는 카드의 짝인 카드를 찾는 게임으로 카드의 글자를 읽어야 하는 활동으로 많은 단어를 알 수 있다.
뭐야? 뭐! (motamo junior, 드제코)	두 팀으로 나눠 게임을 진행한다. 팀원 중에 1명이 카드 1장에 들어있는 총 4개의 그림을 보고 설명한다. 단 최대 3개의 단어로만 설명할 수 있다. 문제를 맞히는 것보다 내는 것이 더 어려운 게임인 것 같다.
타임즈 업	30장의 카드에 있는 단어를 자유롭게, 한 단어로, 몸짓으로 말해서 맞히는 게임이다. 30장의 카드를 3가지 버전으로 질문을 하고 맞히는 것이다. 4인이 22 팀전으로 맞히는 게임이지만, 인원이 많아도, 가족끼리 소소하게 즐길 수 있다.

7

신속 정확하게 블록을 올리면서 신체 능력도 올려 봐

비버타워

『손과 뇌』를 쓴 구보타 기소 박사에 의하면 손은 머릿속에서 만들어진 명령을 수행하는 운동기관일 뿐 아니라 뇌에 가장 많은 정보를 제공하는 감각기관이다. 철학자 칸트는 '손은 밖으로 나온 뇌'라고 말했다. 뇌의 운동신경 부위 중 약 30%가 손과 연관이 있기 때문이다. 손은 우리가 뇌의 명령을 받아 행하는 일 중에서 가장 많은 일을 처리한다. 손으로 만지면 알아낼 수 있는 눈의 역할을 하기도 하고 손짓으로 방향을 가리켜 입을 대신하기도 한다. 이렇듯 손은 뇌가 내리는 명령을 수행하는 운동기관이고, 뇌에 가장 많은 정보를 제공하는 감각기관이다. 손을 움직이거나 손으로 정보를 받아들일 때 뇌는 활성화된다.[15]

뇌의 명령을 받아 손을 움직이지만, 그 움직이면서 새로운 생각을 만들어 내기도 한다. 머릿속에서 생각만 했던 것이 직접 만들어지면서 새로운 것을 창조해 내는 것이다. 손은 뛰어난 감각기관이기 때문에 인간의 진화 과정에서도 큰 역할을 했다. 원시 유인원은 손으로 돌이나 나무 등의 사물

---

15 구보타 기소, 『손과 뇌』, 바다출판사

을 이리저리 만지면서 도구를 만들었다. 그 과정에서 뇌에 자극을 받았을 것이고, 조금 더 나은 도구를 만들 수 있는 방법을 생각해 냈을 수도 있다. 우리도 찰흙이나 블록, 레고 등으로 무언가를 만들어 가는 도중에 새로운 것이 떠오르는 적이 있었을 것이다. 머릿속으로 구상할 때는 떠오르지 않았던 것들이 만들어 가는 과정에 떠오른다. 이렇게 새로운 것을 창조해 내면서, 인류는 발전할 수 있었다.

50대 후반인 내가 어렸을 때 아이들의 대부분은 딱지치기, 공기놀이, 구슬치기, 실뜨기 등의 놀이를 했다. 요즘 아이들은 나란히 앉아 게임을 한다. 또는 컴퓨터 속에서 만나 게임을 한다. 공기놀이가 더 좋고 게임은 더 안 좋다고 말하려는 게 아니다. 손이 밖으로 나온 뇌라고 생각한다면 우리는 뇌를 사용하는 것이 줄어들었다는 것이다.

요즘도 손으로 할 수 있는 활동은 많다. 레고나 블록으로 만들기, 색종이 접기, 피아노를 치기 등 찾으려면 더 찾을 수 있다. 보드게임도 레고나 블록 만들기처럼 더 많이 손을 자극하는 활동은 없을까? 물론 있다. 보드게임 '비버타워'는 입체도형 블록들을 카드 속 그림 모양대로 쌓아야 한다. 규칙대로 가장 빨리, 요구하는 모양대로 쌓으면 점수를 받는다. 블록 놀이를 게임 형식으로 만들었다.

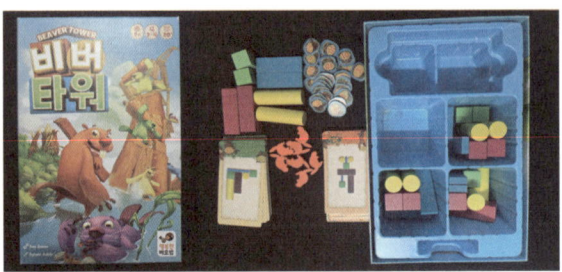

구 성 물

나무 블록 4세트, 비버 토큰 7개, 타워 카드(기본 모드와 전문가 모드 양면) 50장, 점수 토큰 1세트, 건설 규칙 카드 6장

게 임 목 표

타워 카드와 건설 규칙 카드(손 모양 카드)를 보고 가장 빠르고 정확하게 타워를 완성한다.

게 임 하 기

❶ 나무 블록을 나눠 가져간다.
❷ 타워 카드 7장을 무작위로 뽑아 앞면이 보이도록 게임 틀에 세운다.
❸ 건설 규칙 카드(손 모양 카드) 6장을 잘 섞은 후 가장 위에 손 모양을 확인한다.
❹ 하나 둘 셋을 외치고 카드 맨 앞에 있는 카드 1장을 제거한다. 공개된 카드에 나온 모양대로 자기 블록을 쌓는다.
❺ 카드와 똑같이 쌓았다면 비버 토큰을 가져와 자신의 타워에 놓는다. 비버는 한 번에 1개만 집을 수 있고, 세워서 놓아야 한다.

❻ 마지막 비버 토큰을 누군가 가져가면 즉시 라운드를 종료한다.
❼ 게임 설명서의 규칙에 따라 점수 토큰을 가져간다.
❽ 다음 라운드를 준비한다. 건설 규칙 카드 1장을 공개하여 손 모양을 확인하고, 타워 카드를 확인 후 블록을 쌓는다.
❾ 이렇게 6라운드를 진행하면 게임은 끝이 나고, 점수가 가장 높은 참가자가 승리한다.

건설 규칙 카드에는 6가지 손 모양이 나온다. 이중 아이들이 가장 어려워하는 손 모양은 두 손을 깍지 끼고 두 검지로 블록을 쌓는 것이다. 너무 작은 양손 검지에 블록이 너무 커서 자꾸 미끄러져 떨어진다. 그럼에도 아이들은 다시 모아서 잡으려고 애를 쓴다. 옆에서 지켜보면 내 손에 자꾸 힘이 들어가고, 내 입술이 꽉 물어진다. 옆에서 '제발 이번에는 돼라! 이번에는 돼라!' 나도 모르게 응원하게 된다. 그렇게 어린 플레이어들은 안간힘을 다해서 원하는 모양을 만들어 낸다. 시간은 몇 분이 걸리더라도 말이다. 몇 번을 무너져도 다시 탑을 쌓는 아이들을 보면 난 그들에게서 물러서지 않은 미래를 본다. 분명히 어떤 어려움이 닥쳐와도 자신이 원하는 것을 이뤄낼 것이다.

수업하면 가위로 어떤 모양을 잘라야 할 때, 그 가위질이 서툴러서 종이에 있는 모양대로 자르지 못하는 아이도 있다. 수업 시간에 선을 접고 침을 발라 자르는 아이도 봤다. 반대로 아주 능숙하게 자르는 아이도 있다. 이렇게 다른 이유는 단 하나이다. 안 해봐서 그렇다. 신체 활동은 많이 해봐야 능숙해지는 것 같다. 자전거를 잘 타기 위해서는 자전거를 많이 타면 된다. 달리기를 잘하려면 달리기를 많이 하면 된다. 우리는 뭐가 되었든 잘하려면 더 많은 시간을 투자하면 된다. 가만히 있어서 되는 것은 거의 없다. 공부하거나 자전거 타기나 가위 자르는 것도. 손을 많이 사용하면 손으로 하는 많은 것들을 하는 것에 익숙해진다. 깍지 끼고 작은 비버 토큰을 잡기 위해 안간힘을 쓰는 아이들, 앉아서 안 되니 서서 어떻게든 해보는 아이들은 보면서 난 그들의 미래를 보는 것 같다. 그들은 앞으로 더 많은 것들을 노력해서 얻어내리라는 것을 절대 의심하지 않는다.

♟ 다른 방법으로 놀기

• 구성품 이용하기

구성물은 원기둥과 사각기둥(직육면체, 정육면체)이다. 4인용이므로 같은 모양이 많다. 아이들에게 구성물을 주면 따로 말하지 않아도 쌓기를 하거나 모양 만들기를 한다. 이 과정을 지켜본 후에 게임을 한다.

• 주제에 맞춰 탑 쌓기

이제 똑같이 나눠 갖고, 가장 높게, 가장 멋지게, 가장 튼튼하게 등 주제를 줘서 만들어 보면 된다. 높게 쌓기 위해서는 도형들이 한 줄로 길게 올라가야 한다. 이렇게 높게 쌓기 위해서는 약한 바람에도 무너지기 때문에 집중해야 한다. 낮지만 넓게 절대 무너지지 않게 쌓는다. 가장 멋지게는 어떻게 만들거나 자신만의 이야기가 있다. 그 이야기를 들어보면 일리가 있다. 아이들의 말을 귀담아 듣고 그 중 마음에 든 것을 찾아 칭찬을 해주면 된다. 수영장이 있는 집을 만들어 엄마에게 선물을 할지도 모른다. 성을 짓기도 하고, 놀이동산을 만들어 내기도 한다. 아이들의 상상력은 어른들은 감히 따라갈 수가 없다.

다른 보드게임 소개

게임 이름	간단 게임 소개
트위스터	얇은 매트와 룰렛으로 하는 게임이다. 룰렛을 돌려 나온 지시에 따라 손과 발을 움직이는 게임이다. 손과 발을 놓아야 하는 위치가 룰렛으로 나오다 보니 이상한 포즈를 하는 모습 때문에 모두 다 같이 즐겁게 즐길 수 있다.
리듬박스	리듬박스는 게임판 회전판에 6개의 토큰을 끼우고 그 토큰에서 원하는 미션을 하는 게임이다. 손뼉을 치고, 게임 박스를 치고, 엄지를 입술에 대고 "쉿"을 외치기도 한다. 박자에 맞춰 동작이 나오지 않은 사람은 탈락이다.
숲속의 음악대	토끼 악단의 연주자들이 그려진 카드 게임이다. 카드 속 그림들은 토끼가 하프, 피아노, 바이올린, 북 등을 연주하고 있는 그림이다. 북, 가수, 지휘자, 심벌즈 카드가 나오면 규칙대로 행동을 해야 하고, 그렇지 않은 경우 아무 행동도 하지 않아야 한다. 긴장감과 함께 즐거움을 주는 파티 게임이다.

* '비버타워'에 대한 저작권은 ㈜행복한바오밥에 있습니다.

8

있는 것에서 새로운 것을 찾아내는 창의력 게임
브레인 스톰

'당신은 창의성이 있는 사람인가?'라고 물으면 대부분의 사람은 없다고 대답한다. 나도 내게는 창의성이 거의 존재하지 않는다고 생각한다. 학생 때에도 창의성을 요구하는 활동은 정말 싫어했다. 그때의 나도 나를 너무 잘 알았던 것 같다.

동물과 식물의 차이는 스스로 이동을 할 수 있느냐 없느냐에 있다. 동물은 움직일 수 있고, 움직일 수 있으면 뇌가 있다. 뇌가 있다는 것은 사고할 수 있다는 것이다. 결국 뇌는 인간에게만 있는 것은 아니라 동물에게도 있다는 것이다. 실제로 동물들도 각자의 능력대로 뇌를 사용한다. 검색이 가능한 포털에 지능이 높은 동물이라고 검색해 보니 침팬지, 돌고래 순으로 안내하고 있었다. 검색해 보지 않더라도 수천 km 떨어진 자신의 고향을 헤엄쳐 돌아가는 연어나 때가 되면 먼 거리를 날아 원하는 곳을 찾아가는 철새를 봐도 동물들이 어떤 면에서는 인간보다 뛰어난 두뇌를 가지고 있다는 것을 알겠다. 그럼에도 인류가 다른 동물의 세계보다 발달할 수 있었던 것은 새로운 것을 찾아내는 능력 때문이다. 있는 것에서 1가지를 더해 더 나은 것을 발명해 내고, 다른 사람들이 생각해 내지 않았던 것을 누군가는 생각해 낼 수 있었던 능력도 한몫했다고 생각한다. 우리는 그것을 창의성, 창의력이라고 한다.

　김경일 교수에 의하면 창의성은 타고난 능력보다는 상황이 중요하다고 했다.[16] 그의 저서 『창의성이 없는 것이 아니라 꺼내지 못하는 것입니다』에서 평범한 사람들이 어떻게 창의적으로 변하는지 자세하게 말하고 있다. 그는 평범한 초등학교의 3학년 총 4개의 반에 똑같은 물건을 가지고 들어갔다. 교실마다 30분씩 들어가서 같은 일을 되풀이했다. 모든 반 아이들은 김경일 교수의 요구대로 물건 5개를 가져왔고, 그것으로 새롭고 신기한 것을 만들었다. 각 반이 다른 것은 김경일 교수가 요구하는 말의 간격과 시간, 5개의 물건을 보여주는 순서였다. 비슷한 수준의 아이들은 이 실험을 통해 아주 다른 결과물을 만들어 냈다. 평범한 아이들이 모인 4개의 반이 지극히 평범한 아이들이 모인 반, 꽤 똘똘한 아이들이 모인 반, 우리나라에서 제일 창의적인 아이들이 모인 반, 전 세계에서 제일 창의적인 아이들이 모인 반으로 나뉘었다. 놀랍지 않은가? 말의 순서와 간격, 물건을 언제 보여주냐를 조금 달리했을 뿐인데 말이다.

　내가 아이들 상황이었다면 어땠을까 생각해 봤다. 우선 그 시간을 싫어했을 것이다. 보고 만드는 것이 아닌, 생각해 내서 만들어 낸 것은 좋아하지 않았으니 말이다. 무엇을 만들지 몰라 난감했을 것이고, 잘 만들 자신도 없었을 것이다. 그럼에도 불구하고, 무언가는 만들어 냈을 것이다. 내가 생각해 낼 수 있는 최고의 것으로. 분명 실험에 참여한 아이들도 하기

---

[16] 김경일, 『창의성이 없는 게 아니라 꺼내지 못하는 것입니다』, 샘터

싫지만 나름 최고의 무언가를 만들어 냈을 것이다. 그래서, 난 김경일 교수가 쓴 내용에 조금의 의심도 하지 않는다. 아이들은 분명히 성실하게 과제를 이행했고, 그동안 전혀 생각해 보지 않았던 것을 생각해 내고 만들었을 것이다. 김경일 교수의 말이 맞다. 상황이 주어지면 어쩔 수 없이 우리의 창의성은 발현된다.

요즘 우리가 알고 있는 나무로 둘러싼 흑연 핵을 가지고 있는 연필은 1560년경[17]에 자연과학자인 콘라트 게스너(Conrd Gesner)에 의해 영국에서 개발되었다. 지우개는 1770년에, 즉 100년이 훨씬 지난 후에야 발명되었다. 그 후로 다시 80년이 지난 1858년 3월 30일에 지우개 달린 연필이 미국 특허에 등록이 되었다고 한다. 거의 80년 동안 연필과 지우개를 쓰면서도 누구 하나 생각해 내지 못했던 연필 달린 지우개를 발명한 사람은 화가 지망생인 하이만이었다.[18] 건망증이 심했던 하이만은 지우개를 자주 잃어버렸다. 집이 가난해 생계를 위해 그림을 그려야 했던 하이만은 지우개를 잃어버리면 그림을 그릴 수가 없었다. 그림을 그려서 팔아야 돈을 벌 수 있었기 때문에 지우개를 잃어버려서 그림을 못 그린다는 것은 하이만에게는 큰일이었다. 결국 지우개를 잃어버리는 불편을 없애기 위해서 지우개 달린 연필을 만들었던 것이다. 당장 그림을 그려야 하는데 자꾸 없어지는 불편한 상황이 이 제품을 만들어 낸 것이다.

그렇다면 우리는 어떻게 아이들에게 창의성을 끄집어낼 상황을 만들어 낼 것인가? 김경일 교수는 창의는 연결하는 힘이라고 말하고 있다 '아, 내

---

17 연필과 지우개의 발명, 티스토리(우공이부)/어쩌다 어른 제작팀, 「어쩌다 어른」, 교보문고
18 지식재산이야기 4. 지우개 달린 연필, 〈단대신문〉, 2014.10.17.

가 왜 그 생각을 못 했지?'라고 말하는 것이 그것이다. 이미 알고 있는 것을 어떤 것과 접목해서 문제를 해결할 수 있는 능력. 앞으로 사회에서 큰 일을 해야 하는 아이들에게도 중요한 능력이다. 이 능력을 자라게만 할 수 있다면 얼마나 좋을까?

'브레인 스톰'은 연결하는 힘을 보여줄 수 있는 게임이다. 그림 카드만 120장이 있는 게임이다. 9장의 카드를 바닥에 그림이 보이게 놓고, 그중 2장의 그림 카드의 연결점을 찾아 새로운 것을 만들어 내야 한다. 예를 들어 '승용차'와 '동전' 2장의 카드로 '주차료'라는 단어를 말하는 것이다. 이 게임을 성인들과 같이 해보았다. 그중 누군가는 그림 2개를 연결해서 상황에 맞는 단어나 속담을 찾아냈다. 미처 생각해 내지 못했던 사람들은 '우와!'라는 감탄사가 절로 나오기도 했다. 어린이들은 어떨까? 이제 창의성을 꺼내야 할 상황이 주어졌으니, 뇌의 작용을 이용해 그림 2개를 연결해 어울릴 만한 것을 찾아낼 것이다.

구 성 물

그림 카드 120장

게 임 목 표

2개의 그림 카드를 연결해 단어, 문장 등을 찾아야 한다.

게 임 방 법

❶ 그림이 보이도록 카드를 9장을 3장씩 3줄로 놓는다.
❷ 이제 카드 9장 중에서 2장의 카드를 이용하여 단어나 문장 등을 만들어야 한다. 생각나는 것이 있다면 정답을 외치고 카드를 가져와 답을 외친다.
예를 들어 시계와 지폐의 그림을 엮어 '시간은 돈이다.' 또는 차와 집 카드를 보고 '차고' 또는 '주차장'이라고 크게 외친다.
❸ 말한 것과 카드의 그림이 관련 있다고 다른 사람들이 인정한다면, 외친 사람은 그 카드 2장을 가져간다.
❹ 빈 곳에 카드를 채우고 게임을 계속 진행한다.
❺ 다른 사람들의 인정을 받지 못했다면, 카드는 제자리에 가져다 두고 게

> 임을 진행한다.
> ❻ 카드 더미와 테이블 중앙에 놓인 카드가 모두 떨어지면 게임이 종료된다.
> ❼ 카드를 가장 많이 모은 사람이 승리한다.

    2개의 연관이 없을듯한 그림을 어떤 단어나 문장으로 만들어 내는 게임에 대해 알아보았다. 정말 기발하게 상황에 맞는 것을 말하는 사람들을 보면 부럽다. 살아오면서 많은 것을 경험하면서 미처 우리가 생각해 내지 못한 것들을 생각해 낸 사람들을 보면서 대단하다고 한다. 무에서 유를 창조하는 것도 창의적인 것이지만 있는 것에서 1가지를 덧붙이거나 빼거나 바꾸는 것도 창의적이다. 그렇다면, 지금까지 본 것보다 앞으로 볼 것이 더 많을 초등학생들에게 창의력은 자신의 경험과 연관될 수밖에 없다. 많이 경험하고 그 경험을 바탕으로 새로운 것을 개발하는 것이다. 우리, 평범한 우리의 사고는 알고 있는 것에서 시작한다. 천재의 사고는 잘 모르겠다.

♟ 다른 보드게임 소개

게임 이름	간단 게임 소개
미스터리 스케치	카드에 있는 그림이 정답이다. 정답은 그리지 않고 그 주변에 다른 것을 그려서 사라진 정답을 찾아내는 게임이다. 투명판 아래에 정답인 그림을 두고 투명판에 그림을 그린다. 그림을 다 그린 후 카드를 빼내면 투명판에 그림만 보인다. 그 그림을 보고 조금 전 카드에 있던 것이 무엇인지 알아야 한다. 자전거가 정답이라면 자전거에 앉아 페달을 밟고 있는 사람을 그리면 된다. 앵무새가 정답이라면 무엇을 그릴 것인가? 그림 솜씨도 중요하지만 정답을 이끌만한 것을 찾아 그린다는 것이 중요하다.
픽처스	그림과 관련된 게임이다. 16장의 펼쳐진 사진 중에 자신에게 선택된 사진을 표현해야 한다. 이때 참가자들에게 주어진 것은 연필과 종이가 아닌 작은 돌덩이들, 6가지 모양의 나무 블록 등이다. 주어진 재료로 자신의 사진을 표현한 다음에는 다른 플레이어가 표현한 사진을 찾아야 한다. 주어진 것이 다르기 때문에 어쩔 수 없이 만들어지는 개성 있는 표현들이 재미를 더한다.

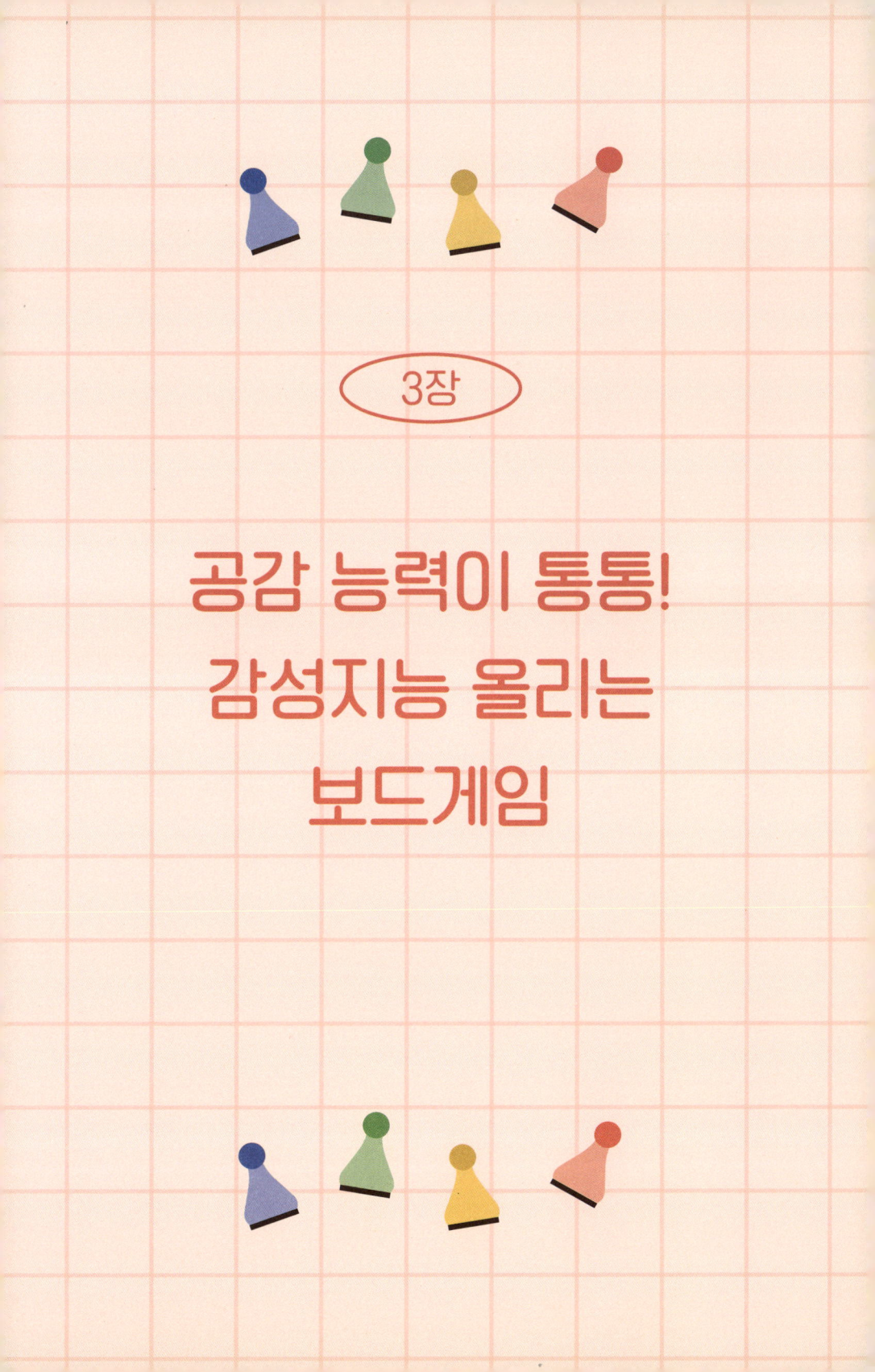

3장

공감 능력이 통통!
감성지능 올리는
보드게임

1

이럴 때 너는 어떤 기분일까?
하트하트

"히잉~~~! 선생님 나빠!" 또 나는 나쁜 선생님이 되었다. 같이 게임하는 어린이 중 1명에게 잘했다고 칭찬했다가 순식간에 나쁜 선생님이 되기도 한다. 아이가 졌는데 그 옆에서 웃다가, 다른 친구 차례일 때 하나, 둘, 셋 숫자를 세어주다가, 우는 아이 달래주지 않다가 나쁜 선생님이 된다. 게임할 카드를 나눠주었는데 안 좋은 카드가 들어와도 나쁜 선생님이 된다. 이때는 선생님 손은 똥손이라는 말까지 듣는다. 자주 나쁜 선생님이 되어서 아예 좋은 선생님이 되는 것을 포기하지만, 가끔 아이들은 나보고 착한 선생님이라는 말을 해준다. 나쁜데 착한 선생님이라니.

난 아이들 눈물에 약한 편이다. 표정은 아닌 척하지만 사실 슬슬 눈치를 본다. 나만 그런 건 아니다. "선생님. 지아 울어요." 옆에 있는 친구가 울면 웃고 떠들었던 게임 시간이 조금은 조용해진다. 아이들도 친구가 어떤 상황에 울면 조금은 그 마음을 알겠는가 보다. 이런 와중에 아주 날카로운 목소리로 "야. 이번 게임은 내가 이겼어!"라고 하거나, "빨리 해."라고 게임하기를 바라는 아이들도 있다. 우리는 가끔 그런 아이들보고 눈치 없다는 말로 표현을 하지만 아마도 아직 공감 능력이 발달하지 않은 탓일 수도 있다. 대부분의 아이들은 조금 후에 울음을 그친다. 옆에 친구가 사과를 한다거나 선생님이 관심을 보이면 울음이 들어간다. 어떤 아이는 훌쩍이면서도 내 부름에 고개를 젓고 게임을 계속한다. 그렇게 진행하다가 자신이 게임 중에 좋은 상황이 되면 조금 전 울었던 것은 잊고 입꼬리가 살짝 올라간다.

공감 능력은 상대방의 감정이나 상황을 이해하고 적절한 반응을 보이는 능력이다. 이는 상대방이 현재 무엇이 필요한지 알 수 있는 능력으로 인간관계나 소통뿐 아니라 사회적 성공에도 중요한 역할을 한다. 사람은 언제부터 상대의 마음을 이해하기 시작할까? 아이들은 누군가 다친 것 같으면 다가와서 상처에 대고 입으로 '호오 호오' 불어준다. 울면 같이 따라 운다. 어깨 아프다고 하면 고사리 같은 손으로 어깨를 주물러 준다. 엄마의 행동을 따라서 인형을 눕히고 수건을 덮어주며 토닥토닥해 주고, 머리 아프다고 누워 있으면 물이 흥건한 수건을 이마에 턱 올려준다. 아이의 행동을 가만히 들여다보면 누군가의 행동을 따라 한 행동임을 알 수 있다.

이렇게 아이들은 태어난 후 다양한 경험을 통해 사회성 인지가 발달한다. 형제들과의 놀이를 통해 사회성이 발달하고 부모의 목소리나 표정을 보고 감정을 판단한다. 부모가 나누는 대화를 통해서 그들의 현재 감정과 분위기를 알아챈다고 한다. 아이가 부모의 눈치를 보는 이유일 것이다. 인형에게 이름을 붙여주고, 안아주고, 재워주고, 담요를 덮어주며 잘 자라고 토닥이는 행동 모두 다른 사람의 마음을 인지하고 이해하며 상대의 감정을 공감해 가는 과정의 발달이라는 것이다.[19]

---

19 공감(생애 주기에 따른 관계 형성), 네이버 지식백과

타인을 인식하는 능력이 증가함에 따라 공감 능력도 높아진다. 나이를 먹으면서 다른 사람의 마음을 이해하는 능력도 발달한다는 것인데, 계속해서 발달하지 않는다. 비슷한 또래라고 같은 수준으로 가지고 있는 것도 아니다. 나이가 더 많다고 상대방의 힘든 상황을 더 잘 아는 것도 아니다. 공감 능력이 저절로 발달하는 것은 아니라는 것이다. 가끔 보이는 기사 속에서 접하는 학교 폭력 가해자들은 그저 장난이었다고 한다. 아이들을 때리는 부모들도 어린아이가 얼마나 아팠고, 어떤 두려움으로 살았을지 알지 못하고 훈육이라는 말을 하고 있으니 말이다.

누군가 내 상황을 알고 기분을 이해한 후에 내가 듣고 싶은 말을 해준다면 나는 어떤 마음일까? 딱 한 마디에 눈물을 펑펑 쏟을 수도 있고, 고민하던 것이 풀릴 수도 있고, 아니면 걱정거리가 사라지지는 않았지만 마음이 평온해질 수 있을 것이다. 그렇다면 공감을 위해 필요한 것은 무엇일까? 아마도 다른 사람의 이야기를 잘 듣는 경청일 것이다. 소크라테스는 "신은 우리에게 귀와 눈을 2개씩 주었지만, 입은 하나만 주셨다. 나는 더 많이 듣고 보고, 덜 말하고 싶다."고 했다고 한다. 하지만 이제 자라기 시작하는 어린이들에게 경청은 쉬운 활동이 아니다. 그러나 내 이야기를 잘 들어주는 친구가 필요하다면 나도 잘 들어줄 필요가 있다. 여기 경청과 공감을 경험할 수 있는 보드게임이 있다.

보드게임 '하트하트'는 정서 보드게임이라고 불린다. 이 게임을 통해 자신의 감정을 표현하고, 상대방의 감정과 마음을 이해할 수 있어야 이길 수 있다. 최대한 상대방의 입장에서 생각해 내야 하는 것이다.

게임 목표

다른 사람의 이야기를 잘 듣고, 그 사람이 느꼈을 기분을 잘 표현하는 카드를 내도록 한다. 이야기를 한 사람의 선택을 받으면 카드 1장을 획득한다.

구 성 물

아이콘 카드 111장, 상황 예시 카드 5장

게 임 하 기

참가자들은 아이콘 카드 5장씩 가져와 남에게 보이지 않도록 한다.
남은 카드는 테이블 가운데에 더미를 만들어 놓아둔다.

게임 방법 1 마이 하트

❶ 차례가 되면, 출제자가 되어 어떤 상황 하나를 이야기한다. 이때 상황 예시 카드를 참조하여 이야기해도 된다.
❷ 출제자의 왼쪽에 앉은 사람이 이번 라운드의 심판이다. 심판을 제외한

사람은 출제자가 그 상황에서 느꼈을 기분을 가장 잘 표현하는 카드 1장을 선택해서 비공개로 내려놓는다. 즉 심판만 제외하므로 출제자도 카드를 내고, 심판은 카드를 내지 않는다.
❸ 심판은 참가자들이 낸 카드를 잘 섞은 후, 1장씩 공개한다.
❹ 심판은 출제자가 냈다고 생각되는 카드 하나를 선택한다.
  – 심판이 출제자의 카드를 선택했다면, 심판과 출제자는 각각 공개된 카드 중 1장씩 가져간다.
  – 심판이 선택한 카드가 출제자의 카드가 아니라면, 그 카드를 낸 플레이어만 공개된 카드 중 1장을 가져간다.
❺ 출제자의 왼쪽 사람부터 자신이 낸 카드를 들고 왜 이 카드를 냈는지 설명한다.
❻ 심판을 제외한 모든 참가자들은 더미에서 카드를 1장씩 가져온다(즉, 참가자들은 5장의 카드를 항상 가지고 있어야 한다).
❼ 이번 라운드 심판이 다음 라운드의 출제자가 된다.
❽ 누군가 카드 5장을 먼저 획득하면 그 사람이 승리하고 게임은 끝난다. 카드 더미에 카드가 다 떨어져도 게임은 종료된다. 획득한 카드가 가장 많은 참가자가 승리한다. 동점이 있다면 동점자 모두 승리한다.

게임 방법 2 유어 하트

❶ 출제자는 어떤 상황 1가지를 이야기한다. 출제자가 심판도 같이 수행한다.
❷ 출제자를 제외한 모든 참가자는 그 상황에서 출제자의 기분을 잘 표현하는 카드를 1장 선택해 비공개로 낸다(공개하는 것으로 규칙을 바꿔도 된다).
❸ 출제자의 왼쪽 플레이어부터 1명씩 자신이 낸 카드를 공개하면서 왜

이 카드를 냈는지 이야기한다.
❹ 모든 카드의 공개가 끝나면, 출제자는 가장 마음에 드는 카드와 두 번째로 마음에 드는 카드를 선택한다.
❺ 가장 마음에 드는 카드에 선택된 참가자는 공개된 카드 중 2장을, 두 번째는 1장을 획득한다.
❻ 카드 7장을 먼저 획득한 플레이어가 승리한다.

    이 게임을 하는 동안 상대방이 말하는 것을 잘 들어야 한다. 강제적으로 상대방이 어떤 기분이었을지 생각해 보는 시간이 된다. 난 그것만으로도 훌륭한 보드게임이라고 생각한다. 상대방의 기분에 대해 말할 때 현재 자신이 가지고 있는 카드 중 1장의 그림을 활용해야 한다. 내가 하고 싶은 말을 그림에 맞게 비슷한 언어로 바꿔내야 할 수도 있다. 이런 경우 국어 시간에 배웠던 은유법이 생각난다. 내가 표현하고자 하는 언어를 그림에 빗대어 표현하기도 한다. 유령 그림을 보고 기분이 좋아서 날아다닐 수도 있고, 유령처럼 부끄러워서 사라질 수도 있다.

    가족과 함께라면 어떨까? 아이들도 자신이 감당할 만큼의 고민(부모님께 꾸중 들을까 염려되어)만 털어놓지는 않을까 생각은 든다. 그래도 서로에 대한 이야기를 나눌 수 있는 시간으로 시작이 되었다면 만족할 만하다. 이 게임을 할 때, 절대 잔소리를 하지 않기를 바란다. 그때 기분은 어땠을지 공감하는 정도로만 답해도 좋을 것 같다. 수업하면서 하트하트 게임하는 시간은 즐거운 시간이다. 아이들은 자신의 모든 것을 우선 공감받는다. 그리고 상대방을 최대한 공감해 주려고 한다. 그래서, 서로 이야기를 하고 싶어 한다. 가정에서도 이러기를 바란다.

♟ 다른 방법으로 놀기

• 위로(격려, 칭찬)의 말하기

게임 방법은 상대방이 어떤 기분을 느꼈을지를 이야기해 보는 시간이었다면, 가끔은 직접 위로의 말이나 축하의 말이나 격려의 말을 해보는 과정도 필요하다.

• 카드 여러 장을 들고 이야기 만들기

카드를 모두 펼쳐 두고 1장씩 들면서 이야기 이어 나가기, 3장이나 5장을 들고 자신만의 이야기 만들기, 따뜻한 이야기 만들기, 무서운 이야기 만들기 등

• 거꾸로 생각해 보기

부모님이 자녀들에게 일어날 어떤 상황을 만들어 말해주면 아이들이 어떤 기분이 들었을지 말해준다. 아이들 마음을 알아보고 싶은 것을 질문으로 만들어서 공감해 봐도 좋다.

예) 쉬는 날 잠을 자고 있는데, 학원에 가야 한다고 엄마가 깨운다면? 친구들과 신나게 놀고 있는데 엄마가 학원가라고, 아니면 집에 가자고 부른다면? 친구와 약속 있는 날 갑자기 가족 모임을 하자고 한다면?

♟ 다른 보드게임 소개

게임 이름	간단 게임 소개
필링스	프랑스교육청의 창의 인성 교육에 활용되는 게임이라고 한다. 일상에서 경험하고 상상하는 여러 상황에 대한 속마음을 알아보는 게임이다. 게임을 하면서 같은 팀이 되는 짝꿍의 마음 역시 잘 추리해서 맞혀야 한다.

2

내 마음을 맞혀 봐!

딕싯

    네이버 사전에 dixi는 말하다, 말해주다, 말로 드러내다 등으로 설명되어 있다. 보드게임 '딕싯'의 이름도 '말하다'라는 뜻의 라틴어에서 가져왔다고 한다. 즉 이 게임은 언어와 관련이 되어 있고, 소통과도 관련이 있는 게임이다. 게임에서 가장 중요한 구성물은 그림 카드이다. 이 그림 카드의 그림을 보고 이야기를 만들고, 카드를 찾아내고, 말을 이동하며 승리한 사람을 찾는 게임이다. 각 카드의 그림은 보는 사람에 따라 쓰이는 단어도 달라지고 내용도 달라진다. 누군가에게는 희망적인 그림이 다른 사람에게는 무섭거나 어두운 그림으로 비치기도 한다.

    이 게임에서 차례인 사람을 이야기꾼이라고 칭한다. 이야기꾼은 자신이 가지고 있는 카드 중 1장을 골라 자신의 이야기를 한다. 단어도 좋고, 문장도 좋고, 노래를 불러도 되고, 속담이나 사자성어 어느 것이라도 가능하다. 다른 사람들은 이야기꾼이 한 이야기를 듣고, 자신의 카드 중 가장 비슷한 카드를 1장 내거나, 없다면 아무거나 1장을 내야 한다. 그 후 이제 모두 섞인 카드 중 이야기꾼이 낸 카드를 찾아야 한다. 자신이 낸 카드를 제외한 카드 중 1장을 고르면 이야기꾼이 낸 카드가 될 것이다.

최대 8인까지 가능한 게임이어서 대가족이 같이 즐길 수 있는 게임이다. 수업에서는 5인이나 6인이 가장 재미있게 즐길 수 있다. 8인까지 가능하지만, 아이들은 자신의 이야기를 하고 싶어 해서 8인은 너무 오랫동안 기다려야 한다. 아이들은 언제나 자신의 이야기를 하고 싶다. 막상 자신의 차례가 되면 어떤 말을 해야 할지 한참 고민을 하지만, 자신의 차례를 손꼽아 기다린다. 그동안 말을 잘 하지 않은 아이도 그 시간만큼은 자신의 차례를 기다린다. 목소리가 작아서 잘 들리지 않게 말하던 아이도 자신의 차례를 절대 그냥 넘기지 않는다. 옆에 누군가가 그 아이의 말을 듣고 전달해 주면서 게임을 진행한다. 아이들은 자신이 이야기꾼이 되기 위해서 다른 사람의 이야기도 열심히 잘 들어줘야 한다는 규칙을 잘 지킨다. 그래야 자신의 이야기도 잘 들어줄 테니 말이다.

구 성 물

그림 카드 84장, 토끼 말 8개, 번호를 선택할 수 있는 숫자판 8개, 점수판

게 임 목 표

이야기꾼이 하는 말을 잘 듣고, 이야기꾼의 카드를 맞혀야 한다.

게 임 방 법

❶ 카드를 잘 섞어 6장씩 나눠 갖는다. 각자 색깔을 정해 해당하는 숫자판과 토끼 말을 가져온다.
❷ 토끼 말은 점수판 점수 트랙이 시작하는 곳에 놓는다.
❸ 이야기꾼을 정한다. 이야기꾼은 자기 카드 중 1장을 골라 그 카드를 보면 생각하는 단어나 문장을 말한다. (속담, 노래 제목, 이야기 제목 어느 것도 좋다) 이제 그 카드를 보이지 않게 내려놓는다.
❹ 다른 참가자들은 자신의 카드 중 이야기꾼의 이야기와 가장 비슷한 그림의 카드를 골라 그림이 보이지 않도록, 이야기꾼이 내려놓은 카드 위에 놓는다(줄 카드가 없어도 1장을 주어야 한다).
❺ 이야기꾼은 자신의 카드와 받은 카드를 모두 섞는다. 그 카드를 점수판

1번부터 무작위로 앞면으로 놓는다.
- ❻ 이야기꾼을 제외한 참가자들은 이제 이야기꾼의 카드라고 생각이 드는 번호를 숫자판에 보이도록 돌린다.
- ❼ 이야기꾼의 지시에 따라 숫자판을 모두 동시에 내려놓는다.
- ❽ 이제 이야기꾼은 자신의 카드를 공개하고 다음과 점수를 얻는다.
  - 모두 이야기꾼의 카드를 맞혔다.
    이야기꾼을 제외한 나머지 사람들은 각각 2점씩 얻는다.
  - 모두 이야기꾼의 카드를 맞히지 못했다.
    이야기꾼을 제외한 나머지 사람들은 각각 2점씩 얻는다.
  - 이야기꾼의 카드를 누군가는 맞히고, 누군가는 못 맞혔다.
    이야기꾼의 카드를 맞힌 사람과 이야기꾼은 각각 3점씩 얻는다.
    이 경우 이야기꾼이 아닌 사람의 카드를 누군가가 선택했다면 그 개수만큼 추가 점수를 얻는다.
- ❾ 다음 라운드를 시작한다. 사용한 카드를 버리고, 참가자들 모두 새 카드를 1장씩 가져와서 6장을 만든다. 이야기꾼의 왼쪽 사람이 다음 이야기꾼이 된다.
- ❿ 카드 더미에 카드가 다 떨어지면 즉시 게임이 끝나고 점수가 가장 높은 사람이 승리한다.

♟ 게임하기 전

딕싯 보드게임은 게임하기 전에 좋아하는 그림을 찾아보는 활동을 먼저 한다. 그냥 카드를 바닥에 늘어놓기만 했는데도 아이들의 손은 바빠진다. 다른 친구들이 가져갈까 봐 미리 이 카드 저 카드 모두 손에 들기부터 한다. 이미 손에 많은 카드를 가득 들고 있는 아이, 이 카드 저 카드를 들었다 놓았다 하며 마음에 드는 카드를 찾는 아이, 친구가 골라서 가져가려고 하는 순간 재빠르게 채 가는 아이도 있다.

난 그런 모습을 조금 지켜본 후에 아이들에게 가장 좋아하는 카드를 1장만 고르라고 한다. 누군가는 바로 찾아 손에 쥐고 있는데 누군가는 마지막까지 선택하지 못하고 이 카드 저 카드를 계속 만지작거린다. 결국 2장만 또는 3장만 가지고 있으면 안 되냐고 묻는다. 무조건 1장이라는 내 말에 절망 그 자체의 표정이다.

고르고 나면 이젠, 왜 그 카드가 좋았는지 답을 할 시간이다. 대부분 고양이가 귀여워서, 나비들이 예뻐서 등의 답을 금방 찾아낸다. 누군가는 왜 그 카드를 골랐는지 답을 찾는 동안 기다려 줘야 한다. 발표 순서를 마지막에 하고 싶다는 어린이는 가끔 있었지만, 발표를 하지 않은 어린이는 단 1명도 없었다. 우리들의 모든 행동에는 언제나 이유가 있기 마련이다. 카드 1장을 가져왔지만 그 카드를 가져온 이유는 분명히 있다. 그냥 그 순간 마음에 들어서 가져왔다는 것도 이유가 된다.

🎲 가족 게임으로 추천해요

보드게임 '딕싯'은 아이들의 관심사를 알 수 있는 게임이다. 초등학교 돌봄교실에서 곧 2학년이 되는 아이들과 딕싯을 해보았다. 아이들의 이야기는 정확하다. 답이 보인다. 박제된 사슴 눈에서 눈물이 흐리고 있는 그림에는 사슴이 눈물을 흘리고 있다고 표현을 한다. 카드 아랫부분에 장미꽃이 있는 그림을 보고 장미꽃이 예쁘다고 표현도 한다. 이렇게 정확하게 말해서 모두가 자신의 카드를 맞혔는데, 점수를 받지 못하는 것에 대해 아이들을 이해시키기는 쉽지 않다. 여러 번 어떻게 점수를 가져가는지 설명을 해도 여전히 아이들의 이야기는 맞히기 쉽다.

모두가 맞히면 자신이 점수를 갖지 못하는데도 아이들은 모두가 맞힐 수 있게끔 이야기를 한다. 더 재밌는 것은, 그럼에도 못 맞히는 아이들이 있다는 것이다. 안 들은 것일 수도 아니면 생각이 다른 것일 수도 있다. 덕분에 이야기꾼도 점수를 갖게 된다. 가끔은 아이들이 낸 문제를 나만 못 맞히기도 한다. "우리 사귈래?", "욕을 하는 사람"이라고 말하는데 나는 아무리 찾아도 그런 카드가 보이지 않는다. 그런데 아이들은 '아하!'라는 표정이다. "우리 사귈래?"라는 이야기에도 난 카드를 찾지 못할 것 같은데, 아이들은 키득거리며 알겠다고 한다. 결국 난 왜 그 카드가 '우리 사귈래?'인지 물어본다. 답을 듣고 나니 그런 것 같다. 난 아이들이 보는 것을 보지 못하는 모양이다.

중학생들과 딕싯 게임은 성인과도 같다. 속담도 나오고 노래 제목도 나오고 말도 안 되는 상황 이야기도 나온다. '진주 목에 고양이 목걸이'라고 거꾸로 말해도 찰떡같이 알아먹고 웃음바다를 만들기도 한다. 게임을 즐겁게 하면 옆에서 나도 따라 웃는다. 가끔 우울한 이야기를 하는 아이가 있으면 유심히 살핀다. 중학생들과의 게임에서도 나만 몰라서 답을 맞히지 못할 때가 있다. 중학생들이 쓰는 단어와 현재의 내가 쓰는 단어가 다르고, 중학생들이 아는 것을 난 모르는 게 있다는 것을 느낀다. 난 아이들에게 질문을 하면서 중학생들과 소통을 하려고 애쓰기도 한다. 그들이 쓰는 언어나 그들의 세계를 알지 못하면 난 그들이 말하는 것을 알아내지 못할 것이다.

이렇게 게임 '딕싯'은 내가 그 사람의 세계를 들여다볼 수 있도록 도움을 준다. 가끔은 같은 언어를 사용하지만 외래어처럼 서로 전달이 되지 않을 때가 있다. 그래서 난 가족들과의 딕싯 게임을 적극 추천한다. 같은 곳에 살고 있지만 다른 단어를 사용하는 자녀들과 소통이 필요하기 때문이다. 부모 중 누군가는 아이들이 낸 이야기를 잘 해석해서 아이의 카드를 찾아낼 수 있을 것이다. 하지만 또 누군가는 모를 수도 있다. 왜 그 그림에서 그런 단어가 나오는지 알아가는 과정은 즐겁기도 하지만, 가끔은 당황스러울 때도 있을 것이다. 부모이기 때문에 또는 가족이기 때문에 같은 말이지만 다른 언어인 경우를 찾을 필요도 있다. 딕싯 게임을 하면서 아이들의 숨겨진 마음을 읽어보기를 바란다.

* '딕싯'은 아스모디 그룹의 상표입니다. 해당 제품과 관련된 지식재산권은 아스모디 그룹에 있습니다.

3

너를 알게 되어 기뻐
왓츠잇투야

"선생님. 유네스코가 뭐예요?"

5학년 학생이 물었다. 유네스코? 알 것 같은데 설명할 수가 없다. 아니다. 유네스코 지정 유형문화재, 이런 말을 들었을 뿐 유네스코가 무엇인지 확실히 모른다. 그때 옆에 있던 6학년 학생이 유네스코에 대해 설명을 했다. 학교에서 배웠다고 했다. 만족도 100%의 대답은 아니었지만, 다행히 모르겠다던 아이는 고개를 끄덕였다.

보드게임으로 아이들을 만날 때 보드게임 선정 기준은 내가 생각했을 때의 기준이었다. 너무 어려울 것 같아도, 너무 쉬울 것 같아도, 너무 시끄러울 것 같아도 제외가 된다. '왓츠잇투야'는 아이들과의 수업에서는 항상 뒷전으로 밀렸다. 이 게임은 5장의 카드 속 단어를 보고 출제자의 우선순위를 1번부터 5번까지 맞혀야 하는 게임이다. 카드에 쓰인 단어들은 '균형', '의지', '유네스코' 등의 단어처럼 평소에 우리가 잘 생각해 보지 않았던 단어들도 많다. 아이들이 잘 모르는 단어들이 많을 거라는 생각이 앞섰다. 결국 아이들에게 가져가지 않았다.

그러던 어느 날 요즘의 아이들이 어떤 생각을 하는지 궁금해졌다. 어떤 계기 때문이었는지 기억에는 없지만, 이때 떠올랐던 보드게임이 '왓츠잇투야'였고, 고학년들과 게임을 진행해 보았다.

처음엔 내가 가지고 있던 부정적인 생각 때문에 게임 방법을 조금 변형했다. 카드를 모두 펼쳐 두고 자신의 차례가 되면 많은 카드 중 자신이 원하는 단어 카드를 골라 게임을 했다. 그때 한 아이가 선택한 카드의 단어가 유네스코였고, 유네스코를 모르는 아이가 있었던 것이다. 이 경우, 단어의 뜻을 알고 있는 아이가 설명하기로 했다. 게임하면서 아이들이 1순위로 고르는 단어들을 보고 놀랐다. 내가 지금까지 본 아이들이 아닌 제법 어른스럽고 진지한 모습이었다. 잘난 척하기 좋아하는 영이는 지구와 환경을 가장 중요하게 생각하는 아이였다. 노래와 춤을 좋아하는 은이는 댄스가 아닌 패션에 관심이 많았다.

나중엔 나도 게임에 합류했다. 첫 번째 내 차례에 아이들은 내가 제시한 카드 중에서 교육을 1순위로 선택했다. 하지만 사실 난 건강이 1순위였다. 다음 내 차례에서 지구 환경을 2순위로 선택했는데, 어떻게 선생님이 지구 환경이 1순위가 아니냐고 따졌다. 사람들의 생각은 다 다르고 이 게임에서 가장 중요한 것은 그 다름을 인정하는 것이라는 말로 상황을 정리했다. 그러고 보니 정말 그렇다. 실제로 내가 생각하는 중요한 것을 다른 사람은 하찮게 생각할 수도 있는 것이다. 반대로 난 별것 아니라고 생각한 것을 상대방은 매우 중요하게 생각할 수도 있다. 처음 의도한 것은 아니었지만 아이들에게 게임을 마치면서 이 점을 강조했었던 것 같다. 그렇다면, 나는 내 가족들을 잘 알고 있을까? '왓츠잇투야'를 같이 해보면 어느 정도 알고 있는지도 파악할 수 있을 것 같다.

구 성 물

양면 단어 카드 180장, 플레이어 표시 카드 6장, 토큰 30개(각 모양별 5개, 1~5까지)

게 임 목 표

펼쳐진 카드를 잘 보고, 중요도에 따라 우선순위를 매긴다. 출제자의 우선순위가 가장 많이 일치한 플레이어가 점수를 얻고 점수가 가장 많은 플레이어가 승리한다.

게 임 방 법

❶ 출제자는 카드 5장을 뽑아 한 줄로 늘어놓는다.
❷ 공개된 5장의 카드를 보고 토큰을 뒤집어 우선순위를 정해 1부터 5까지 놓는다.
❸ 다른 플레이어들도 출제자의 우선순위를 생각해 토큰을 놓는다.
❹ 모두 놓았다면 이제 출제자의 우선순위 토큰을 공개한다. 플레이어들의 토큰을 공개해 맞춘 토큰은 남겨놓고 틀린 토큰은 자기 앞으로 가져온다.

❺ 가장 많이 정답을 맞힌 플레이어가 카드 5장을 획득한다. 가장 많은 정답을 맞힌 플레이어가 여러 명일 경우, 카드 5장을 똑같이 나눠 가지고 나머지 카드는 버린다.
❻ 모든 플레이어가 두 번씩 출제자 역할을 하면 게임이 종료된다. 가장 많은 카드를 획득한 사람이 승리한다.

아이들과 첫 번째 게임에서는 규칙을 변형했다. 자신이 원하는 카드 5장을 선택해 우선순위를 정하게 했다. 플레이어들이 스스로 선택한 것이니 관심이 있어서 선택했을 것이다. 그중에서 어떤 것을 더 우선으로 하는지를 많이 맞혀야 점수가 높다. 나도 게임을 같이 하면서 직접 순위를 정했지만, 어떤 것을 더 중요하게 생각하는지 순서를 정하는 것이 어려웠다. 내가 나를 들여다보면서 순서를 정해야 했다. 그러면서, 조금 더 자신의 생각에 대해 생각해 보는 계기가 되었다. 난 교육이 우선인가? 가족이 우선인가? 건강이 우선인가? 나만 이런 생각을 할까? 어린 플레이어들도 최선의 선택을 하려고 노력을 할 것이다. 그들도 다 각자의 생각과 가치관이 있다. 다른 친구들은 또 어떻게 생각하고 있는지 들을 기회가 생겨 가치관의 변화가 생길 수도 있다. 나는 아이들이 골랐던 5개의 단어가 그들의 생각을 반영한다고 생각한다. 왜 그런 단어를 고르게 되었는지 알고 싶어졌다.

'왓츠잇투야'의 본 게임에서는 무작위로 5개의 카드가 선택된다. 이렇게 선택된 단어들은 지금까지 살아가면서 한 번도 내 삶에서 중요하다는 생각을 하지 않았던 것도 있다. 그중에서 우리는 우선순위를 정해야 한다.

내가 선택한 단어에서 '유네스코'와 '철학'이 나왔다. 난 살면서 유네스코에 대해 진지하게 생각해 본 적이 없었다. 이번 게임에서 난 이 둘 중에 1가지를 더 중요하다고 선택해야 했다. 게임을 하다 보면 이런 단어들이 많이 나온다. 그래서 어려울 것이라고 생각했던 것이다. 저학년은 카드의 단어 중 너무 어려운 것은 빼고 하면 된다. 고학년은 그냥 그대로 게임을 진행하고 혹시 모르는 단어가 나오면 사전을 찾아보는 것도 좋겠다. 난 이 게임을 하면서 나를 돌아보는 시간이 되었다. 가족끼리 이 게임을 하면 자신을 돌아보는 계기도 되고, 서로의 관심을 알아보는 시간도 될 것이다.

♟ 다른 보드게임 소개

게임 이름	간단 게임 소개
나를 맞혀 줘!	취향, 성격, 취미/여가, 학교, 상상력, 5가지 분야의 200가지 질문이 있다. 도전자는 질문지에 적힌 문제를 읽고 다른 사람들이 A, B, C 중에서 선택한 답을 맞히는 게임이다. 인원 수에 따라 정해진 만큼 답을 맞혔다면 카드를 획득할 수 있다.

* '왓츠인투야'에 대한 저작권은 ㈜행복한바오밥에 있습니다.

4

너와 나는 같은 마음이야

너도? 나도! 파티

 사람은 서로 비슷한 사람에게 호감을 느낀다. 같은 학교를 나왔는지 같은 지역인지 아니면 같은 성을 가졌는지 그리고 같은 음식을 좋아하는지 등 나와 비슷한 것이 있으면 마음의 경계가 사라진다. '너도? 나도! 파티'는 누군가 읽어주는 카드에 적힌 문장을 듣고 떠오르는 단어 6개를 쓰면서 시작한다. 이때 다른 사람들이 쓸 것 같은 단어를 쓰는 것이 중요하다. 같은 단어를 쓴 사람이 많을수록 점수가 높기 때문이다. 예를 들어 '구워 먹으면 맛있는 음식은?'이라는 질문에 삼겹살, 등심, 버섯, 마늘, 김치 등을 적었을 것이다. 이때, 삼겹살을 적은 사람들의 인원 수가 점수가 되는 방식이다. 가장 흔하게 쓴 답이 점수인 것이다. 한 문장에 6개의 연관 단어를 쓰는 것도 쉽지 않지만, 다른 사람도 공감할 만한 것을 찾아내는 것도 중요하다. 독특한 것이 아닌 다른 사람들이 생각할 만한 것을 찾아야 한다.

구 성 물

양면 주제 카드 112장, 쓸 수 있는 워크지 1개

게 임 목 표

어떤 상황의 문제에 떠오르는 단어 6개를 쓴다. 많은 사람이 쓸 것 같은 단어를 써야 한다.

게 임 방 법

❶ 양면 주제 카드 중 초록색으로 할지 빨간색으로 할지 정한다.
　초록색 주제 카드(정확모드)-정확히 같은 단어야만 점수로 인정
　빨간색 주제 카드(의미모드)- 정확하지 않아도 의미가 같으면 점수로 인정
❷ 카드가 정해졌다면 정해진 색깔이 보이지 않도록 더미를 만들어 놓는다.
❸ 진행자는 카드를 1장 들어 문장을 읽어주고, 모든 참가자는 그 문장을 듣고 떠오른 단어를 쓴다.
❹ 진행자부터 쓴 단어를 큰소리로 발표한다. 발표한 단어와 같은 단어를 쓴 사람은 손을 들고, 그 수만큼 점수를 적는다.
❺ 모든 사람이 자신이 쓴 단어를 말하면 점수의 합을 계산한다.
❻ 3라운드를 진행한 후 최종 점수가 높은 참가자가 승리한다.

너도? 나도! 파티는 3인부터 가능한 게임이다. 12인까지 가능하다고 적혀있지만 8인까지가 가장 재밌기는 하다. 수업할 때 저학년 학생들은 자기 발표 차례를 기다려야 해서 6인까지만 하는 것을 권한다. 온 가족이 하면 12인이 넘어도 괜찮을 것 같다. 난 이 게임으로 수업할 때 다양한 방법으로 진행한다. 예를 들어 여름에 관련된 보드게임을 할 때 '여름 하면 떠오르는 단어'라는 질문으로 시작한다. 어떤 주제로 질문을 하던 6개의 단어를 쓰게 했다. 물론 5개만 적어도 된다. 이 6개 단어는 쉬울 것 같지만 아이들에게는 상당히 힘든 과제이다. 결국 슬쩍 친구들이 말하는 것을 따라 적는다. 돌아가면서 자신이 쓴 단어들을 발표하는데 아이들은 그 발표 시간을 기다린다. 하고 싶은 말이 많은 어린이들이다.

♟ 다른 방법으로 놀기

• 위로(격려, 칭찬)의 말하기

이 게임의 최대 장점은 어디서든 연필과 종이만 있으면 가능하다는 것이다. '일요일 외식할 때 먹고 싶은 음식은?' 이런 주제로 게임을 진행해도 된다. 또 카드에 '어버이날에 부모님께 드리고 싶은 선물은?'이라는 주제가 주어졌다면 자녀들에게는 이렇게 쓰게 하고, 부모님들은 받고 싶은 선물을 적으면 된다. 높은 점수를 얻기 위해서 진짜 받고 싶은 것을 적지 않을 수도 있다.

• ○○ 하면 떠오르는 단어 적기

'여름' 하면 떠오르는 단어 적기, '겨울방학' 하면 떠오르는 단어 적기 등

- **이심전심**

3인부터 가능한 게임이지만 2인으로 진행해도 된다. 이때는 이심전심 게임으로 진행한다. 주제에 맞는 단어를 적은 후 확인할 때 2명이 같은 단어를 적으면 1점을 얻는다. 카드를 이용해도 좋지만 주제를 둘이서 같이 고민해서 해도 재밌다.

* '너도? 나도! 파티'에 대한 저작권은 ㈜행복한바오밥에 있습니다.

5

남을 돕는 것이 나를 돕는 것이다
꼬마마법사

'폐지 팔아 모은 돈으로 과자 박스 기부'[20]
'아이유, 1억 기부 이어 양육 시설 아이들에 아웃백 쐈다'[21]
'익명의 기부천사, 대전 동구에 평생 모은 현금 1,000만 원 기탁'[22]

　뉴스를 보다 보면 기부했다거나 누군가를 도왔다는 기사를 본다. 어쩌면 각박하다고 하는 세상 속에서 이런 이야기들이 보이면 내가 한 것도 아닌데 마음이 몽글몽글하다. 사람은 내가 누군가에게 꼭 도움이 된다는 생각을 하면 자존감이 높아진다고 한다. 나도 그랬던 것 같다. 나의 아주 작은 도움으로 누군가가 행복해할 때 별것도 아닌 일인데 괜히 뿌듯한 마음에 입꼬리가 슬쩍 올라갔다. 같이 살아가는 세상에 누군가의 도움을 받거나 누군가에게 도움을 줘야 하는 것은 너무 당연한 것인지도 모른다. 특히, 그 도움이 모두 같이 살기 위한 것이라면 우리는 꼭 서로를 도와 살아가야 한다.

20　"아저씨가 미안해" 폐지 팔아 과자박스 기부…남긴 손편지 속 사연 '뭉클', 〈헤럴드경제〉, 2025.08.16.
21　어린이날 1억 기부한 아이유, 양육시설 아이들에겐 아웃백 쐈다, 〈아시아경제〉, 2024.05.07.
22　익명의 기부천사, 대전 동구에 평생 모은 현금 1000만원 기탁, 〈서울경제〉, 2024.01.24.

여기 메모리로 진행하는 협력 보드게임이 있다. '꼬마마법사'는 서로 도와 같이 어느 목표점에 도착해야 성공하는 협력 게임이다. 협력 게임도 다양하게 진행되는데 이 게임의 특징은 어느 순간 내가 누군가를 도와줄 순간이 온다는 것이다. 그럴 기회가 생기면 자신은 어떤 선택을 하게 될지 게임을 하면서 아주 잠깐 생각해 볼 시간을 갖게 한다.

보드게임 꼬마마법사는 이야기로 시작한다. 날아다니는 빗자루, 말하는 고양이, 마법의 지팡이, 움직이는 그림까지 많은 신기한 것들이 있는 야간 마법 시장이 있다. 이상하고 위험한 물건들이 있기 때문에 성인 마법사들만 들어갈 수 있는 시장이다. 근처 마법 학교에 다니는 2학년 마법사 학생들이 시장을 구경하려고 선생님들 몰래 학교를 빠져나왔다. 학교를 지키는 유령 핍스 아저씨는 학생들이 없어진 것을 알아채고, 지금 잡으러 가는 중이다. 학생들은 이 소식을 전해 듣고 학교로 돌아가고 있다. 핍스 아저씨를 피해 학생들이 모두 학교 안으로 들어가야만 한다. 우리는 숲속의 요정들의 도움을 받아 모두 안전하게 학교로 돌아갈 수 있도록 모두 다 함께 협력해야만 한다. 잊지 말아라. 누구라도 하나 유령 핍스 아저씨에게 따라 잡히면 게임은 바로 종료가 되고 모두 패배하게 된다.

구 성 물

마법 학교, 유령 시계, 말 6개, 유령 핍스, 게임판, 나무 타일(요정 타일 16개, 유령 타일 2개), 마법의 물약 토큰 3개, 주사위 강화 토큰 3개, 주사위 3개

게 임 목 표

모든 마법사 학생들이 핍스 아저씨를 피해 마법 학교로 무사히 들어가면 모두 함께 승리한다.

게 임 준 비

1. 게임판에 나무 타일 18개(요정 16, 유령 2)를 섞어서 그림이 보이지 않도록 놓는다.
2. 마법 학교도 만들어서 제 위치에 놓아두고, 마법사 학생 말은 밝게 표현된 야간 시장에 놓아둔다.
3. 유령은 유령 모양이 그려진 곳에 놓고, 나머지 구성물은 게임판 근처에 놓는다.
4. 모든 플레이어는 각각 나무 타일 1장을 골라 어떤 타일인지 확인한다.

이 타일을 잘 기억해 둬야 한다. 이때 유령을 찾았다면 그 타일을 모두에게 보여준다. 유령 말을 1칸 움직이고 타일은 그 자리에 그림이 보이지 않도록 놓는다.
❺ 가장 먼저 시작하는 사람을 정한 후, 그 사람 앞에 유령 시계를 놓아둔다.

게임 방법

❶ 유령 시계를 가지고 있는 사람부터 차례를 진행한다. 자신의 차례가 되면
 - 주사위 3개를 한 번에 던진다.
 - 이젠 뒷면으로 놓인 나무 타일을 뒤집어서 숨은 요정을 찾는다. 뒤집어서 나온 요정이 주사위에 나온 요정과 같다면, 다른 나무 타일을 뒤집어 다른 요정을 또 찾는다.
 - 나무 타일을 뒤집었는데 주사위에 나온 요정이 아니라면, 그동안 찾은 요정의 개수만큼만 자신의 마법사 말을 앞으로 이동한다.
 - 뒤집은 나무 타일에서 유령이 나왔다면, 찾은 요정의 개수만큼 자신의 마법사 타일을 움직이고, 유령 타일도 1칸 앞으로 이동한다.
 - 주사위의 그림이 마법 물약이 나왔다면, 원하는 마법사 아무나 1칸 앞으로 움직인다.
 - 주사위에서 유령이 나왔다면, 유령이 1칸 앞으로 이동한다.
❷ 나무 타일을 모두 다시 그림이 보이지 않도록 뒤집으면, 다음 사람이 차례를 진행한다.
❸ 게임을 진행하다 유령 시계를 가진 플레이어에게 차례가 돌아오면, 시계를 가진 플레이어는 자신의 차례 이전에 유령을 움직인다. 현재 유령이 있는 칸에 그려져 있는 화살표 수만큼 앞으로 이동한다.
❹ 모든 학생이 무사히 학교 안으로 들어가면 플레이어들이 승리하고 게임은 끝난다.

❺ 게임 도중에 유령 핍스 아저씨가 마법사 학생을 지나가거나 학생이 있는 곳에 도착한다면 그 말은 유령에게 잡힌다. 게임이 끝나고, 모두 다 함께 게임에서 패배한다.

중요한 특수 토큰

유령에게 잡힐 것 같으면 언제나 특수 토큰을 사용할 수 있다. 언제 사용할지 의논하여 사용한다.
❶ 마법 물약 토큰 3개: 원하는 마법사 학생을 1칸 앞으로 움직인다. 1개의 토큰은 한 번씩만 사용한다.
❷ 주사위 강화 토큰 3개: 주사위를 다시 던진다. 한 개에 한 번씩만 사용이 가능하다.

정리하기

유령을 움직여야 할 경우
❶ 주사위에 유령이 나왔을 경우: 1칸
❷ 나무 타일에서 유령을 뒤집었을 경우: 1칸
❸ 라운드가 끝나고 다시 시계 타일을 가진 사람 차례인 경우는 바닥에 그려진 화살표 개수만큼 움직인다.

게임 방법이 조금 복잡한 것 같지만 막상 해보면 그렇지도 않다. 보드게임 꼬마마법사는 기억력 게임이다. 주사위에 나온 요정을 뒤집힌 동그란 타일에서 찾아야 한다. 찾은 개수만큼 앞으로 이동한다. 타일에서 어떤 요정이 어디에 있는지 처음은 1개씩 보고 시작한다. 즉, 1개는 꼭 기억해서 친구들에게 알려줄 의무가 있다. 게임이 진행될수록 알고 있는 요정 타일의 개수는 많아진다. 아이들의 외침 소리도 커진다. "거미줄 여기, 여기!" 적극적으로 게임에 참여하는 아이들은 요정들의 위치를 최대한 많이 외우려고 한다. 유령 타일이 어디 있는지 정확히 기억하고 절대 열지 못하도록 하는 아이도 있다. 이렇게 자신이 알고 있는 타일을 계속 말해주는 아이들은 게임에서 주도적이고 활기차다. 목소리에 힘이 들어가고, 자신감 있게 어디에 무엇이 있는지 말한다. 이번 게임의 승리에는 내 도움이 꼭 필요하다고 생각할지도 모른다.

이제 거꾸로 생각해 보자. 협동 게임의 단점. 다른 사람에게 의지해서 가는 아이들이 있다. 자신은 외우지 않아도 다른 친구들이 가르쳐 주니 앞으로 이동하는 데 불편함이 없다. 그저 주사위만 던지고 친구들이 가리키는 것만 선택한다. 그것이 틀렸는지 맞았는지도 모른다. 운이 좋아서 이번에는 3칸을 갔어도 다음에는 그렇지 않을 수도 있다. 친구들이 알려주는 대로 뒤집다가 틀리면 속상해한다. 가끔 가르쳐 준 친구 탓을 하기도 한다. 정확하게 알고 있는 아이는 친구들이 다른 곳을 말해줘도 자신이 알고 있는 곳을 선택한다. 자신의 선택이 틀릴 수도 있지만, 다른 친구들의 도움으로 앞으로 나가지는 않는다. 이 게임을 만든 작가는 이런 점을 예상했을까? 마지막 계단에서는 누구의 도움도 받지 않고 혼자 힘으로 올라가야 한다. 다른 친구의 도움 없이 혼자 주사위에 나온 요정을 찾아야 한다. 결국 학교 바로 앞 계단에서 유령에게 잡히기도 한다.

이 게임의 또 다른 묘미는 주사위에서 마법의 물약이 나오는 경우이다. 다른 것은 내 말을 움직여야 하지만 마법의 물약은 다른 친구 말을 이동할 수 있다. 그래서 대부분은 마법의 물약이 나오면 가장 늦게 가고 있는 말을 앞으로 1칸 옮겨준다. 그렇게 말을 옮기다 보면 자신의 말이 뒤쳐지기도 하지만 그런 경우 또 다른 친구가 내 말을 옮겨주기도 한다. 이런 와중에도 기어이 자기 말만 움직이는 아이도 있긴 하다. 게임을 정확하게 이해를 못 한 경우도 있지만 성향이 그렇기도 하다. 가장 늦게 가는 친구 말을 1칸 올려주자고 말해도, 자기가 1등이 아니라고 싫다고 한다. 또, 다른 친구 말이 유령에게 잡혀 모두가 패배했는데, 자기가 1등이라고 말하면서 좋아하는 아이도 있다. 1학년이니 그렇지 하고 이해하려고 한다. 다행스러운 것은 게임을 몇 번 진행하다 보면 이런 아이들도 결국 다른 친구를 챙기게 되어 있다. 게임에서 승리하고 싶기 때문이다. 아이들은 가장 뒤에 오는 아이를 끊임없이 챙기면서 간다. 이게 교육이구나 싶을 만큼 아이들은 모두 다 같이 사는 방법을 찾는다.

문제는 다른 데서 나온다. 자신의 말이 가장 뒤에 가고 있을 때, 마법의 물약이 나오면 어찌할 바를 모른다. 난 그럴 때는 자기의 말이 앞으로 이동해야 한다고 말해준다. 나를 포함한 다른 사람의 말을 옮길 수 있다고 다시 강조해 준다. 내가 잡히면 게임에서 진다. 즉, 내 말이 이동해야 할 경우에는 꼭 그렇게 해야 한다. 협동, 협력이라는 말이 나 빼고 다른 사람과 협력이 아니라 나를 포함한 협력인 것이다.

우리는 혼자 살아갈 수 없다. 사람이 만물의 영장이 된 이유가 혼자서는 살아갈 수 없어서 서로 힘을 모은 덕분이라고 하지 않았던가? 그렇다고 나를 빼고 타인만 도와주면서 살 수도 없다. 그러니 나도 살고 너도 사는 것을 찾아야 한다. 그런 것을 게임을 통해서 배울 수 있다. 아이들도 누군가를 도와줄 수 있다는 것에 만족한다. 이겼을 때 모두 다 함께 즐거운 것은 우리가 같이 했기 때문이다. 가장 뒤에 가고 있는 말을 앞으로 이동하면서 아이들은 무슨 생각을 할까? 자신의 말을 앞으로 이동할 수 있지만, 다 같이 살기 위해서 다른 사람들에게 눈을 돌리는 아이들의 모습에 내 마음은 몽글몽글하다.

폐지 팔아 모은 돈으로 과자 박스 기부한 것이나 아이유가 1억을 기부한 것 모두 똑같은 무게이다. 의사가 오지에 가서 의료 봉사하는 재능 기부나 자신의 기억력으로 친구를 앞으로 이동시켜 주는 어린아이의 재능 기부 역시 똑같은 무게이다. 기부를 하나 봉사를 하나 우리는 그것을 통해 행복을 느끼기 때문이다. 아이들이 자라면 분명히 누군가를 위해 도움이 되는 일을 할 것이다. 자신의 푼돈을 모아 기부를 할 수도 있고, 자신이 할 수 있는 일로 재능 기부를 할 수 있다. 아이들이 유령에게 잡히지 않고 마법 학교로 들어가서 함성을 지르는 모습이 떠오른다. 손을 높이 들고 활짝 웃고 있는 아이들의 모습이.

♟ 다른 방법으로 놀기

- 주사위 3개를 던져서 나온 요정을 찾을 때, 3장의 타일을 뒤집는다. 주사위에 있는 요정을 찾은 개수만큼 앞으로 이동한다.

- 처음에 요정 타일을 모두 보여준다. 잘 기억할 수 있는 방법을 같이 연구해 보는 것도 좋다. 스토리텔링 형식으로 모든 타일이 어디에 있는지 기억할 수 있도록 한다.

♟ 다른 보드게임 소개

게임 이름	간단 게임 소개
여우와 탐정	협동 추리게임이다. 플레이어들은 탐정단이 되어 고기파이를 훔쳐간 도둑여우를 잡아야 한다. 단서로 나온 물건이 도둑여우가 가지고 있는 것인지 아닌지에 따라 용의자 카드를 빼거나 그대로 두면서 도둑을 찾아가는 여정이 흥미롭다. 여우가 아지트로 도망가기 전에 도둑을 잡아야 한다.
숨은 동물 찾기 (드제코)	12동물의 얼굴 맞추기 게임이다. 3조각으로 나뉜 동물의 얼굴 타일을 맞추기 위해서는 서로 협동하여 기억해야 한다. 4마리의 동물들이 맞춰야 하는 12마리 동물 위를 한 바퀴씩 돌기 전에 모든 얼굴을 맞춰야 승리한다.
레이스투더트레저	거인보다 빨리 보물을 차지하기 위해 길을 연결해 가는 협력게임이다. 차례가 되면 길카드와 거인카드가 섞인 카드를 한 장 를 뒤집는다. 길카드가 나오면 길을 연결하고, 거인카드가 나오면 거인이 보물에 가까워진다. 아이들이 발을 동동 구르게 하는 게임이다.

6

리더가 되어 보기
컵케이크 아카데미

    고대 인도 베나레스에 있는 한 사원에는 전설이 있다. 이 사원에는 다이아몬드로 만들어진 3개의 기둥이 있고, 그 기둥 중 하나에는 가운데에 구멍이 있는 크기가 각각 다른 황금 원반 64개가 꽂혀 있다. 황금 원반은 탑처럼 쌓아져 있는데, 가장 아래쪽에 있는 황금 원반이 가장 크고 위로 갈수록 점점 작아지는 원뿔대 모양이다. 원반은 한 번에 1개씩만 옮길 수 있으며, 작은 원반 위에 그보다 큰 원반은 올 수가 없다. 즉 항상 아래에 더 큰 원반만 놓일 수 있다. 이 규칙으로 64개의 원반을 처음 놓여 있던 기둥에서 다른 기둥으로 모두 옮겨지면 세상의 종말이 온다고 한다. 이 이야기를 아이들에게 해주면, 언제 종말이 오냐고 묻는다. 언제 오냐고?

    프랑스 수학자 에두아르 뤼카(Edouard Lucas)는 1883년에 이 전설을 토대로 '하노이의 탑'이라는 퍼즐을 만들어 냈다. 3개의 나무 기둥 중 왼쪽 기둥에 아래서부터 점점 큰 원반을 꽂아 둔다. 그 원반을 규칙대로 가장 오른쪽 원반으로 옮기는 퍼즐이다. 원반이 1개이면 한 번 옮길 수 있다. 2개의 원반은 세 번 만에, 3개의 원반은 일곱 번 만에 옮길 수 있다. 4개의 원반은 조금 더 횟수가 늘어날 것이다. 이렇게 원반의 개수를 늘려가면서 하는 퍼즐이 하노이의 탑이다. 이 하노이의 탑과 비슷한 방법의 게임이 만들어졌다. 원반 대신에 컵케이크 모양을 한 컵이, 기둥 대신에 접시가 있고, 모두에게 공용으로 주어지는 1개의 접시가 추가되었다. 그리고 제시되는 카드의 모양대로 모두 만들어야 성공하는 협력 게임이다.

구 성 물

컵케이크 4세트, 개인 접시 12개, 공용 접시 1개, 주문 카드 60장, 업적 체크리스트 카드 1장, 모래시계 1개

게 임 목 표

모든 인원이 모래시계가 떨어지기 전에 미션 카드에서 제시한 대로 컵을 놓아야 한다.

게 임 방 법

❶ 개인별로 개인 접시 3개와 컵케이크 1세트를 받는다.
❷ 자기 앞에 접시 3개를 놓고, 가운데 접시에 컵케이크를 작은 것부터 놓

아 가장 큰 분홍색 컵케이크만 보이도록 놓는다.
❸ 인원 수에 맞는 카드를 준비한다. 모래시계를 뒤집고 주문 카드를 1장 앞면이 보이도록 놓는다.
❹ 이제 각 플레이어들은 자신의 앞에 있는 모양대로(자기 구역) 컵케이크가 보이도록 놓는다.
❺ 한 손만 사용하고 자기 접시나 공용 접시의 컵을 1개씩 집어 들고 내려놓을 수 있다.
❻ 컵은 작은 컵 위에 그보다 더 큰 컵으로 덮어야 하고, 각 접시마다 컵은 하나씩만 보여야 한다.
❼ 공용 접시에 컵이 없고, 주문 카드의 '자기 구역'에 맞게 컵이 놓여 있다면 주문이 완료된다.
❽ 새 주문 카드를 뒤집고 다시 시작해서, 모래시계가 다 떨어지기 전에 주문을 모두 완료하면 다 함께 승리한다.

'컵케이크 아카데미'는 2인부터 4인까지 가능한 협동 게임이다. 카드는 인원에 따라 다르지만 하는 방법은 똑같다. 자신의 앞에 있는 모양대로 컵을 놓으면 된다. 같이 하는 사람이 모두 미션을 완료해야 다음 카드로 넘어갈 수 있다. 모래시계가 다 떨어지기 전까지 정해진 개수만큼 완료하면 우리 모두 성공이다. 공용 접시가 있어서 내 컵 1개를 잠깐 놓아둘 수도 있고, 다른 사람 컵을 받을 수도, 내 컵을 다른 사람에게 줄 수도 있다. 컵을 쌓다가 내게 필요 없는 컵이 생길 때는 그 컵을 누군가 가져가 줘야 한다. 같은 컵 2개가 필요하면 그 컵이 필요 없는 사람에게서 가져와야 한다. 같이 하는 사람들끼리 서로 주거니 받거니 소통이 되어야 카드를 한 장 한 장 완성해 나가는 것이다.

내 컵케이크를 완성하는 것도 중요하지만, 다른 사람에게 도움을 줘야 할 때 적극적이어야 한다. 다른 사람의 도움이 필요할 때도 정확하게 요구해야 한다. 이렇게 모두 다 같이 컵을 옮기는 중간에 컵을 주거니 받거니 하다가 비슷하게 완료하면 다행이다. 모두 완성했는데 1명이 남은 경우에 가끔 문제가 생긴다. 그 사람에게 필요한 컵이 생겨 줘야 하거나, 필요 없는 컵이 생겨서 다른 사람이 그 컵을 받아야 하는 경우이다. 이때 중요한 것은 늦게 하는 그 사람을 탓하지 않고 모두 다 함께 그 문제를 해결해야 한다는 것이다. 이런 상황이 되면 아이들은 잠깐의 망설임이 생긴다. 이미 완료한 자신의 컵을 흩트려야 하기 때문이다. 그때 나서서 문제를 해결해 주는 사람이 꼭 생기기 마련이다. 나는 이들을 리더라고 부른다. 학년이 다른 경우 대부분 더 높은 학년이 대부분 이런 역할을 하게 된다.

나는 리더 역할을 한 번씩 해보면 좋겠다 싶었다. 수업 중에 돌아가면서 이 역할을 하길 바랐다. 난 아이들이 게임에 익숙해질 때까지 기다렸다.

웬만큼 컵을 이용할 수 있게 되면 한 모둠에서 리더를 뽑았다. 리더는 컵을 완성하다가 문제가 발생할 때 해결해야 한다. 자신이 이 게임을 잘한다는 아이들은 거침없이 손을 들었다. 한 리더의 책임하에 카드 4장을 완성해 보도록 했다. 아이들은 리더가 모든 걸 해결해야 한다는 착각을 했다. 그래서 자신이 이 게임을 잘 못한다고 생각한 아이들은 리더 역할을 두려워했다. 순서대로 돌아가면서 하다가 안 하고 싶다는 아이들은 가장 나중에 하도록 했다.

리더는 모든 것을 혼자 책임지는 사람이 아니다. 각자 자신의 역할을 잘 해내도록 도움을 주면 되었다. 자신이 잘 못하는 것이라도 잘하는 사람의 도움을 받으면 되었다. 게임에서도 마찬가지이다. 아이들이 리더 역할을 잘할 것이라는 생각으로 리더 역할을 만든 건 아니었다. 자신이 리더가 되었을 때 모둠의 게임을 책임져 보라는 의도였다. 태어나면서부터 정해진 리더는 없다고 한다. 자리가 사람을 만들고 역할이 그 사람의 크기를 정한다고 생각한다. 처음은 잘 못해도 자주 하다 보면 이것 역시 익숙해질 것이다. 내 도움이 필요한 사람에게도 적극적으로 말하고, 내가 도움이 필요할 때도 적극적으로 말하면 된다. 잘하는 사람의 도움이 필요할 때도 적극적으로 도와달라고 하면 되는 것이다.

모둠별로 앉아 게임을 진행할 때 모든 것에 적극적인 아이는 모든 게임에서 자신의 역할을 다한다. 카드 더미를 만들 때 잘 안되지만 한 장 한 장 모아서 반듯하게 모은다. 카드를 몇 장 나눠줘야 할 때도 손에 잡히지 않은 카드를 손에 다 들고 1장씩 세어 나눠주기도 한다. 이걸 하고 싶어 하는 아이들이 모둠에 2명 이상일 때는 가끔 싸운다. 서로 하겠다고 목소리를 높인다. 난 모둠에서 일어난 일은 모둠에서 해결하게 한다. 그런 경우 가장 편하고 공평한 방법을 사용한다. 자기들끼리 돌아가면서 하던지 가위바위보로 정한다. 대부분 하고 싶은 사람끼리 순서를 정해서 한다.

어느 수업에서나 참여만 하는 아이들이 있다. 나눠주는 카드로 게임을 하고, 마무리 정리할 때도 옆에서 장난을 친다. 나는 그 모습을 지켜보다가 이름을 부르면서 같이 정리하라고 한다. 자신이 썼던 교구도 정리하지 않고 옆에 친구와 이야기하다 이름이 불리기도 한다. 처음에는 정리를 하기 싫어 그런 줄 알았다. 생각을 달리 해보니 다른 사람이 하니까 자신은 하지 않아도 된다고 생각했을지도 모른다. 아니면 다른 친구들이 하니까 자신이 해야 할 몫이 없어서였는지도 모른다. 그래서 모둠장을 돌아가면서 하게 한다. 모둠장은 보드게임을 가져가고 정리된 보드게임을 가져다 놓는 역할을 한다. 모둠장이 되었어도 가끔 자신이 할 일을 잊고 옆의 친구와 이야기를 하지만, 모둠장이므로 자신의 역할을 해야 한다는 것을 알고 있다.

가정에서도 아이들에게 역할이 중요하다. 한 사람의 플레이어로서 게임 구성물이 빠지지 않도록 잘 정리해서 보관 장소에 두는 역할도 꼭 필요한 행동이다. 거기에다 이런 협동 게임을 할 때 리더의 역할을 하도록 권한다. 아이들은 자신의 역할을 잘 해낸다. 미래의 멋진 리더의 새싹이 가슴 속에 있을 테니 말이다.

♟ 다른 방법으로 놀기

- '행복한바오밥' 카페에 1인 모드로 즐길 수 있도록 활동지가 만들어져 제공된다.

• 하노이의 컵
'하노이의 탑'의 방법으로 가지고 놀기(탑 쌓기 방법으로 한다)

❶ 1개의 컵(분홍색): 개인 접시 3개를 나란히 놓고, 가장 왼쪽에 있는 접시에 컵 1개를 둔다. 그 컵을 가장 오른쪽에 있는 컵으로 옮긴다. 컵 1개는 한 번 만에 옮길 수 있다.

❷ 2개의 컵(분홍색, 연두색): 컵이 큰 순서대로 쌓아둔다. 2개의 컵으로 탑을 쌓았다. 오른쪽 접시에 이와 같은 모양이 되도록 컵을 이동한다. 컵은 아래가 더 큰 컵이 와야 한다. 몇 번 만에 옮길 수 있을까?

* '컵케이크 아카데미'에 대한 저작권은 ㈜행복한바오밥에 있습니다.

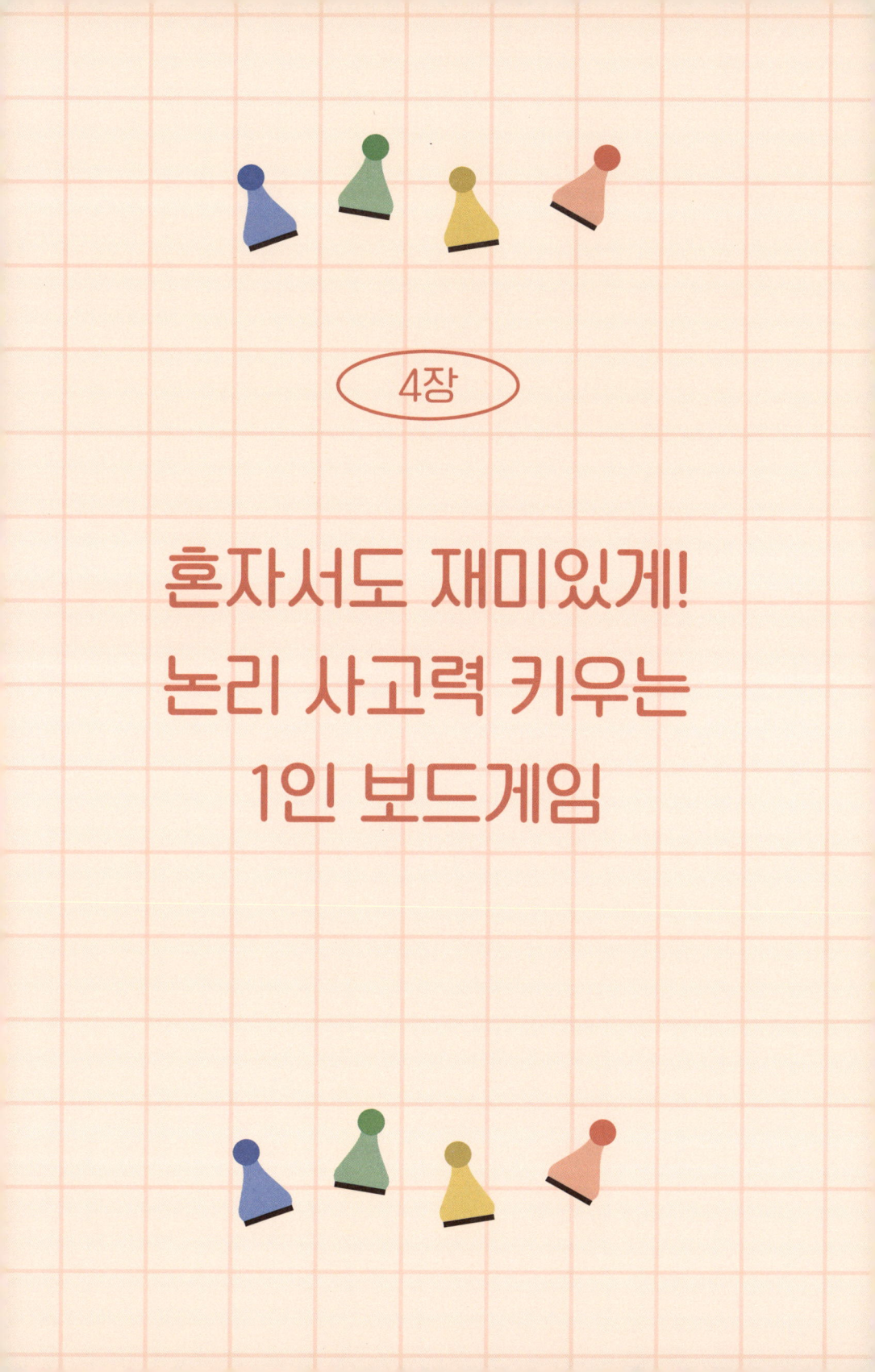

4장

혼자서도 재미있게! 논리 사고력 키우는 1인 보드게임

　1인용 퍼즐은 혼자서 하는 게임이다. 누구와도 비교하지 않고 혼자서 단계를 한 계단씩 올라가야 한다. 처음은 아주 쉽게 시작해서 점점 어려운 것을 해결해야 한다. 내가 1인용 퍼즐을 가져가는 날은 아이들이 누구와도 비교하지 말고, 자신의 능력만큼 하기를 바라는 마음에서이다. 경쟁에 대한, 그리고 다른 사람과 함께 하기 위해 다른 사람에게 맞추는 스트레스를 줄이기 위함이라고 해야 할까?

　1인용 퍼즐은 스스로 문제를 해결해야 한다. 누군가의 대결도 없고 대화를 할 상대도 없으니 어쩌면 혼자만의 즐거움을 찾아가는 것이다. 스스로 생각할 시간이 필요하다. 조금 어렵더라도 생각하고 고민하여 문제를 해결할 수 있어야 한다. 사고한다는 것은 생각하고 궁리한다는 말이다. 결국 그 과정을 통해 뇌가 활동하도록 하는 것이다.

　난 1인 퍼즐 게임에서는 절대 다른 사람과 비교하지 못하도록 한다. 같이 하는 게임도 좋지만 혼자서 스스로 문제를 해결해 가는 시간도 삶에서 중요하다고 생각하기 때문이다. 다른 사람의 속도나 성공에 조급해하지 않고 자기의 속도로 성실하게 목표를 향해 가야 하는 것이다.

　1인 게임이다 보니 조금은 조용하지 않을까 기대한다. 하지만 절대 아이들은 내가 계획한 대로 행동하지 않는다. 1인용 게임으로 수업을 해보면 아이들의 성격이 꾸밈없이 보인다. 옆에서 누가 무엇을 하든 혼자 조용히 앉아 문제를 해결해 가는 아이들이 있다. 쉬운 문제를 해결할 때는 옆에 있는 친구들에게 '이지(easy)해'라고 설레발치다가 조금 어려워지면 "안 돼요. 어려워요."라는 말을 입에 달고 선생님을 계속 찾는 아이들도 있다. 쉬운 부분은 아주 열심히 재미있게 하다가 당장 쉽게 풀리지 않으면 안 된다고 말하는 아이들을 나는 눈여겨본다. 이제부터 그 아이들은 흥미가 갑자기 떨어질 것에 대비해야 한다. 자신의 힘에 부친다 싶으면 금방 포기하기 때문이다.

쉽게 시작하는 아이들과 반대로 처음부터 힘들어하는 아이들도 있다. 여기에서도 두 부류로 나뉜다. 그냥 묵묵히 선생님이 알려준 방법대로 계속해 가는 아이와 계속 못 하겠다고 징징대는 아이들. 처음에는 잘 못했지만 묵묵히 한 단계 한 단계 문제를 해결해 가는 아이들은 뒷번호로 갈수록 빨리했던 아이들과 수준이 비슷해지기도 한다. 그들은 뒤로 갈수록 쉬워진다고 말한다. 수업이 끝날 때까지 다른 아이들보다 뒤처지는 경우도 있지만 난 그 아이들은 걱정하지 않는다. 아직 시간이 부족할 뿐이지, 계속 자신의 실력을 높이고 있기 때문이다.

옆에서 지금 몇 번 하는 중이라고 떠드는 아이를 못하게 하면 이제는 속삭인다. 남들보다 자기가 잘한다는 것을 꾸준히 말하고 싶어 하는 아이들의 입을 막는 건 정말 힘들다. 친구가 몇 번을 하든 별 관심이 없이 자기 할 일만 하는 아이들은 아무 문제가 없다. 그들은 주위의 누구든 방해할 수 없다. 자신이 해야 할 것에 집중한다. 문제는 이런 말에 조급함을 느끼는 아이들의 경우이다. 자극을 받아 빨리해서 자신도 친구들 번호만큼 하고 말겠다는 의지가 있다면 괜찮다. 그러나, 아무리 해도 빨리 문제를 풀지 못하는 아이들 중에 선생님 눈을 피해 몇 장을 넘겨버리는 경우가 있다. 아니면 대충 하는 척하고 단계를 올리는 경우이다. 이런 경우 절대 실력이 늘지 않는다. 차근차근 풀어온 게 아니라 쉬운 단계를 슬쩍 넘어가 버린 것이다. 그렇게 어려운 단계에서 하다 보면 문제를 풀 때마다 시간이 오래 걸린다. 결국 흥미를 잃게 된다.

우리는 쉬운 것을 빨리 풀었다고 해서 잘했다고 하지 않는다. 뇌도 쉬운 문제를 해결하는 경우는 거의 일을 하지 않다가, 우리가 하는 일이 막혀 버벅대기 시작할 때 이제 일을 하기 시작한다. 이 블록을 이렇게 놓아볼까? 저렇게 놓아볼까? 이렇게 놓으니 마지막 블록을 놓지 못하네. 그러면 어떻게 하지? 아마도 이런 작업들이 머릿속에서 벌어지고 있을 것이다. 이제 뇌는 해답을 찾기 위해 정보를 가져오기 시작한다. 이번에는 블록 하나만 바꾸면 바로 정답이 나오지만 뒤로 갈수록 여러 개를 바꿔야 할 수도 있다.
 이런 1인용 퍼즐의 다행스러운 점은 갑자기 문제를 해결하지 못할 정도로 갑자기 어려워지지는 않는다는 것이다. 한 개 한 개 문제를 해결하다 보면 이제 아이들은 문제를 해결하고 말겠다는 생각을 하지 않았는데 쉽게 풀린다.

논리 사고력! 이런 말은 정말 어렵다. 무엇인지 알 것 같은데 정확하게 무엇인지 말을 하기가 애매하다. 결국 이곳저곳 기웃거리며 스스로 결정을 내려 본다. 어떤 주어진 문제를 해결할 때 이렇게 하면 이치에 맞는지 혹은 모순은 없는지 따져보고 실행하는 능력이라고.
 1인 보드게임 퍼즐. 혼자 문제를 해결해 가는 게임은 우리에게 어떤 효과를 줄까? 1인 보드게임은 사고하여 문제를 해결해야 하는 것들이 많다. 어떤 주어진 문제를 해결할 때 어떻게 해야 이치에 맞는지, 이렇게 놓았더니 해결하려고 하는 것이 맞는지를 살펴 답을 찾아나가야 한다. 논리적 사고력, 추론 능력 등 다양한 능력을 올려주는 게임들이다. 혼자 하다 보니 중간에 언제든지 그만둘 수 있다. 언제든지 그만둘 수 있다는 것은 가끔은 나쁜 습관을 만들기도 한다. 문제가 잘 풀리지 않으면 그만둬 버리고 싶어지기 때문이다. 거꾸로 이겨야 하는 상대가 없어서 편하게 사고하는 시간을 가질 수 있다는 편안함도 있다. 해결이 되지 않을 때 당장 그만두고 싶은 마음을 이겨낼 수 있다면, 아니 그런 과정을 즐길 수 있다면 어떤 게임보다 재밌기도 하다. 풀릴 듯 풀릴 듯 풀리지 않는 문제를 해결하고 나면 내 몸 어디에선가 올라오는 뿌듯함은 성취감을 만들어 낸다.

A. 로렌스 로웰은 하버드 역사상 가장 위대한 총장 중 1명으로, 이런 말을 남겼다. "진정으로 한 사람을 훈련하는 방법은 단 하나뿐으로 그 사람이 스스로 자신의 두뇌를 움직이게 하는 것이다. 우리는 그를 돕거나 인도할 수 있고 힌트를 줄 수도 있다. 무엇보다 그에게 격려를 아끼지 않을 수 있다. 하지만 그 사람이 스스로 열심히 노력해 얻은 것만이 가장 가치 있으며 그가 거둔 성과는 그가 들인 노력에 비례할 수밖에 없다."[23]

1인 게임은 스스로 열심히 노력해 얻은 결과가 뚜렷한 게임이다. 쉬운 단계부터 점점 어려운 단계로 올라가다 보니 혼자서 해결할 수 있을 만큼 어렵다. 이번에 풀리지 않는다면 내일은 풀릴 수도 있다. 지금 하지 않았

---

23 하버드 공개 강의 연구회, 『하버드 감성지능 강의』 144쪽, 북아지트

다고 포기한 것은 아니다. 어른들은 그 옆에서 격려를 아끼지 않아야 한다. 하지만 결국 열심히 노력하는 것은 자기 자신인 것이다. 너무 성급하지 않게 하나씩 풀어가는 재미를 느꼈으면 한다.

이제 잠깐 아이들 이야기를 해보자. "선생님. 안돼요. 안돼요." 하면서 울상이던 아이가 갑자기 나를 보더니 소리를 지른다. "선생님. 17번 했어요!" 난 그 아이를 보면서 나도 모르게 미소를 짓고 만다. 정말 대견하다! 내 표정은 그대로 아이에게 전달이 된다. 그렇게 아이는 한 뼘 자란다. 마음도 자라고 스스로의 믿음도 자란다.

1

폴짝폴짝 뛰어넘는 개구리

호퍼스

'페그 솔리테어(Peg Solitaire)'는 혼자서 하는 고전 보드게임이다. 33개 구멍이 있는 게임판 위에 페그(나무 막대)를 끼워 넣는다. 1칸을 건너뛰어야 하는 규칙 때문에 가운데 칸 하나를 비워 둔 채로 게임이 시작된다. 이제 1개의 페그로 다른 페그를 뛰어넘는다. 방금 넘은 페그를 뺀다. 다시 페그 한 개를 들어 다른 페그를 뛰어넘는다. 더 이상 뛰어넘을 페그가 없을 때까지 같은 행동을 반복한다. 페그 솔리테어는 페그를 1개만 남기는 것이 목적이다. 여러 개의 페그가 남았다면 다시 처음부터 하면 된다. 솔리테어라고 알고 있는 이 퍼즐이 우리나라에서는 '나홀로 고누'라는 이름으로 전해지고 있다.

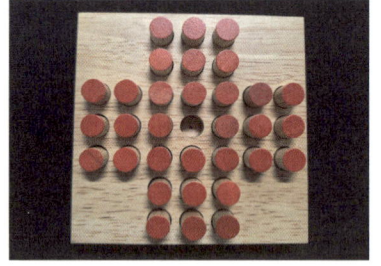

'호퍼스'는 이런 솔리테어를 아이들 수준에 맞춰 쉽게 변형해 놓았다. 33개의 구멍을 13개로, 페그 대신 개구리 모양의 말을 이용한다. 13개의 구멍이 있지만 개구리는 4개부터 시작한다. 아주 쉽게 시작한다. 1개씩 문제를 해결하는 과정에서 아이들에게 다음 문제를 풀어보고 싶은 마음이 들게 하는 게 장점이다.

구성물

게임판, 개구리 12마리, 난이도별로 있는 문제 카드

게임 목표

문제 카드 모양대로 개구리를 놓은 후 1마리의 개구리가 남도록 뛰어넘어야 한다.

게임 하기

❶ 문제 카드와 똑같이 개구리를 놓는다.
❷ 놓인 개구리 중 1마리를 들어 다른 개구리 1마리(1칸)만 뛰어넘도록 한다. 이때 개구리가 도착한 곳은 아무것도 없어야 한다.
❸ 이동한 개구리가 뛰어넘었던 개구리는 게임판에서 제거한다.
❹ 아직 개구리가 남았다면 다시 한 마리를 들어 개구리를 뛰어넘고, 뛰어

> 넘었던 개구리는 제거하는 동작을 반복한다.
> ❺ 더 이상 뛰어넘을 개구리가 없다면(개구리 1마리만 남았다) 문제를 해결한 것이다. 다음 카드의 문제를 풀어본다.

'호퍼스'는 1학년 수업에서 매년 하는 게임이다. 처음 시작할 때는 어떻게 뛰어넘어야 하는지 몰라 여러 번 설명해야 할 수도 있다. 직접 하는 방법을 보여줘야 할 수도 있다. 하지만 하는 방법이 익숙해지면 처음에는 아주 쉽게 웃으면서 할 수 있다. 10명 이상의 초등 1학년들과 수업을 진행했다. 대부분의 아이는 게임 방법을 아는 순간부터는 혼자 문제를 풀 수 있었다. 문제지 카드의 단계가 뒤로 갈수록 여러 번 다시 해봐야 할 수도 있지만 아이들은 쉽게 포기하지 않는다.

처음에는 쉽다고 하다가 조금 힘들어지면 어렵다고 계속 투덜댈 수도 있다. 이때 옆에서 조금만 격려해 주면 뒤로 갈수록 쉬워진다고 느낄지도 모른다. 익숙해진다는 것, 알아간다는 것은 쉬워진다는 것을 의미한다. 스스로 문제를 해결해야 뒤로 갈수록 잘하게 된다. 수업할 때는 아이들이 많아서 바로바로 가르쳐 줄 수 없다. 그러다 보니 아이들은 스스로 해결해 가는 과정이 더 생기는 것일까?

아니다. 한때, 아이들이 많아서 더 쉽게 가르쳐 줬었다. 빨리 푸는 방법을 알려주고 다른 아이에게 가봐야 하기 때문이다. 그게 편했다. 하지만 그런 경우 어려워지면 어려워질수록 선생님을 찾는 아이들이 더 많아졌다. 강사인 내가 퍼즐을 푸는 느낌이었다. 결국 쉬운 문제를 줬을 때 느리게 반응하는 방법을 찾았다. 아이들에게 조금 더 맡겨보는 것이다. 아이들이 스스로 해결해 가는 과정을 지켜보기로 했다. 그게 정답이었다. 아이들은 스스로 문제를 해결한 후 재밌다는 말로 자신의 심정을 말했다.

가정에서는 부모가 바로 옆에 있으니 더 쉽게 답을 찾아 줄 수도 있을 것이다. 하지만 참아야 한다. 당장 내 눈에는 보이지만 그 순간을 참아내면 아이들은 내가 미처 하지 못한 것까지 해결할 것이다. 그러니, 쉽게 가르쳐 주지 않기를 바란다. 이런 퍼즐 형식의 좋은 점은 한 번에 해결이 되지 않은 문제도 여러 번 다시 해볼 수 있다는 점이다. 당장 못 한다면 다음에 해도 된다.

♟ 다른 방법으로 놀기(바둑돌을 이용해서 게임할 수 있다)

• 별 고누

별 모양을 크게 그린다. 별의 꼭대기를 제외한 부분에 개구리를 놓는다. 호퍼스 규칙에 맞게 개구리들이 뛰어넘은 후, 개구리를 빼는 활동을 한다. 개구리가 1마리 남으면 성공한다. 성공한 경우 다시 한번 해보라고 한다. 이제 누군가에게 설명해 보라고 한다. 설명을 할 수 있다면 완벽하게 아는 것이다.

• 펭귄 솔리테어

펭귄 모양이라 '펭귄 솔리테어'라고 한다. 게임 방법은 별 고누와 똑같다. 펭귄 솔리테어에 대한 자료는 예술놀이터 사이트에서 받을 수 있다. 검색창에 '펭귄 솔리테어'라고 입력하면 찾을 수 있다.

• 페그 솔리테어(나홀로 고누)

가운데를 제외한 곳에 32개의 말을 놓아둔다. 1개를 들어 1개를 뛰어넘는 것은 호퍼스의 게임 방법과 같다. 더 이상 뛰어넘을 수 없을 때까지 한다. 1개만 남으면 승리한다. (다음 쪽에 활동지 첨부)

나홀로 고누

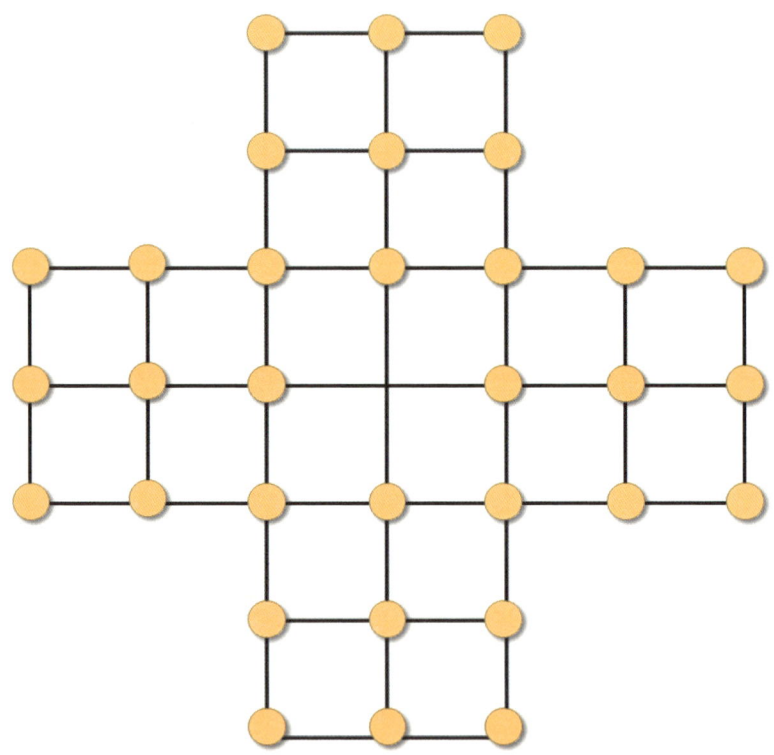

별 고누

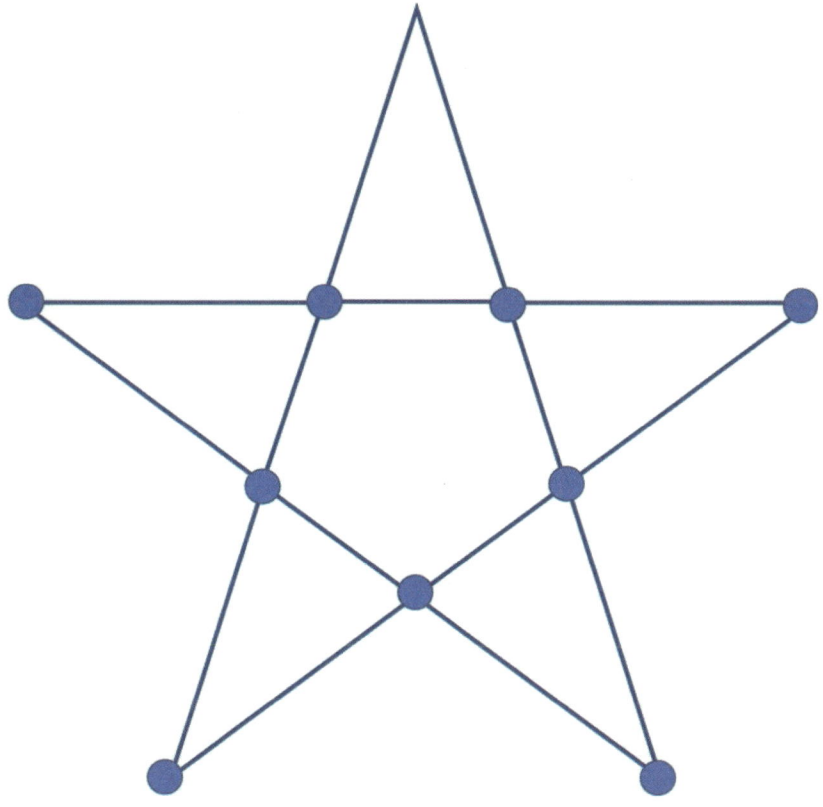

2

블록 구멍 사이로 까꿍!
코잉스

　미취학 아이들이나 저학년생들이 대상인 보드게임은 우선 예쁘거나 귀엽게 생기면, 아이들의 눈길을 끌 수 있다. 게임 방법이 같더라도 처음 보았더니 너무 귀여워서 흥미가 갔다면 아이들을 쉽게 접근시킬 수 있다. '코잉스'는 그런 면에서 탁월하다. 구성물은 테트로미노[24]의 2가지 모양으로만 만들어졌다. 블록에 구멍이 뚫렸고 그 안으로 보이는 아주 작은 캐릭터들은 아이들의 마음을 동하게 한다. 문제지에 있는 그림대로 같은 색깔의 블록들을 제자리에 놓으면, 블록의 작은 구멍 사이로 캐릭터들이 보인다. 이 게임에 나온 캐릭터는 코잉스로 흙, 바람, 비, 눈, 산과 바다 같은 우리의 자연을 지키는 착한 몬스터라는 설정이다. 9개의 블록을 제자리에 놓아야만 우리의 친구 코잉스의 도움을 받아 자연을 지킬 수 있다는 스토리의 게임이다.

24　정사각형 4개를 변과 변이 맞닿게 이어 붙여 만든 도형

구성물

양면 미션 카드 19장(38단계), 색깔 블록 9개

게임 목표

미션 카드 위에 9개의 색깔 블록을 놓을 때, 코잉스의 색과 같아야 하며 블록의 구멍 사이로 코잉스가 보여야 한다.

게임 방법

❶ 도전하고 싶은 미션 카드를 선택한다.
❷ 미션 카드에 그려진 블록이 있다면 코잉스 색깔에 맞게 똑같이 놓는다 (9개의 블록을 모두 사용, 코잉스가 회색인 경우 어떤 색의 블록이든 놓을 수 있다).
❸ 블록은 미션 카드 밖으로 나가지 않아야 하며, 블록의 구멍 사이로 코잉스가 보여야 한다.
❹ 모든 코잉스가 구멍을 통해 잘 보인다면 이번 문제는 성공, 다음 문제를 풀어본다.

코잉스 권장 연령은 만 5세 이상이다. 퍼즐을 정확하게 풀기 위해서는 7세 정도면 좋을까? 하지만 그냥 놀이처럼 접근할 거면 그 이전도 상관없겠다. 블로그를 검색해 보니 미취학 아이들도 38단계까지 무리 없이 끝내는 경우도 있다고 한다. 내가 초등 1학년들 수업을 해보니 아주 잘 푸는 아이는 차근차근 마지막 번호까지 풀어냈다. 하지만 10번이 넘지 않았음에도 힘겨워하는 아이도 있었다. 조금의 실력 차가 있지만, '코잉스'는 게임 방법이 어렵지 않아 천천히 혼자 해결해 가도록 하면 모두가 끝까지 할 수 있다. 조금 일찍 끝내고 늦게 끝내는 차이일 뿐이다. 처음부터 어려워하는 아이들을 지켜보면 블록을 뒤집고 돌리는 것에 아직 미숙하다. 이런 경우 여러 번 해보면 금방 잘한다. 도형으로 하는 모든 활동은 경험이 중요하다. 특히 돌리기 뒤집기는 수학 교과서에 나오지만 어려워하는 아이들이 많다. 직접 만져보는 경험을 많이 해보는 것이 좋겠다.

보드게임 수업 중에 계획하지 않았던 수업을 하게 된 경우가 있다. 코잉스도 그랬다. 아이들에게 각기 코잉스를 나눠주고 돌아서는데, 한 모둠에서 쌓거나 옆으로 늘어놓거나 모양을 만들고 있었다. 내가 말하지 않았어도 스스로 무언가를 하는 아이들. 만드는 게 너무 신기하기도 하고 구성물 탐구 활동도 해야 하니 다른 모둠에서도 같은 활동을 하도록 했다. 아이들은 단순한 블록으로 로봇을 만고, 자신의 이름을 쓰고, 거미를 만들고, 병원에 있는 의자(앞뒤가 붙어 있는 소파)를 만들었다. 그렇게 한참을 가지고 놀더니 이젠 카드 위에 블록을 놓아보기 시작했다. 아직 게임 방법은 설명하지 않았는데도 카드 위에 같은 색깔의 블록을 놓고 있었다. 그렇게 아이들은 무의식적으로 놀면서 퍼즐을 풀고 있었다. 거기서부터 수업이 시작되었다.

"선생님 난 몰랐는데 아이가 먼저 말하더라고요. 코잉스의 색깔과 블록의 색깔이 같다고요."

보드게임 강사 중에 한 분이 일이 바쁘던 날 코잉스를 1학년 아들에게 줬단다. 설명은 정말 대충 했단다. 그렇게 일을 하고 왔는데도 아들이 끝도 없이 맞추고 있길래 어떻게 맞추냐고 물었단다. 그랬더니, 카드의 색깔과 블록의 색깔을 같이 놓으면 된다고 했단다. 정작 강사인 본인은 미션 카드의 코잉스의 색깔과 블록의 색깔이 같아야 하는지도 몰랐다고 하면서 신기해했다.

이렇게 보면 아이들에게 처음부터 게임 방법을 설명해 주지 않아도 될 것 같다. 아이들은 미션 카드에 블록을 놓다가 색깔에 관심을 갖게 되고, 귀여운 캐릭터인 코잉스의 존재를 알게 될 것이다. 어느 순간 코잉스가 보이도록 놓게 될지도 모른다. 이렇게 가지고 놀다가 어느 순간 퍼즐과 친해질 수 있다. '아직 어려울 것 같아서~'라는 말은 어쩌면 어른들의 고정관념인지 모르겠다. 당장 퍼즐을 못 풀어도 괜찮다. 우선 가지고 놀다가 나중에 퍼즐을 풀게 되면 이제 놀이로 받아들일 것이다.

아이들은 카드 속에서 강사가 미처 발견하지 못한 그림을 찾아내고, 강사는 몰랐던 부분도 찾아내기도 한다. 우리가 아이들에게 바라는 것이 이것이 아닐까? 가르쳐 주지도 않았는데 스스로 터득한다는 것, 이런 것에서 아이들은 즐거움을 느끼고 있을 테니 말이다. 자 이제 게임을 조금 자유롭게 접근해 보자. 아직 아이가 어리다면 문제지의 코잉스가 블록의 구멍으로 꼭 보여야 할 필요가 있을까? 그냥 색깔에 맞게 블록이 들어가면 그만이다. 언젠가는 코잉스가 보이도록 스스로 블록을 놓고 있을지도 모른다.

* '코잉스'에 대한 저작권은 ㈜행복한바오밥에 있습니다.

3

전 세계 2%만 풀 수 있는 문제의 시작
클럽2프로(Club2%)

  우리나라에 아인슈타인 퍼즐이라고 알려진 퍼즐이 있다. 그 유명한 아인슈타인이 만들어서 또는 풀어서 아인슈타인 퍼즐이라고 한단다. 너무 어려워서 세계인의 2%만이 풀 수 있다는 뜻으로 2% 퍼즐이라고도 한단다.
  '벽지 색깔이 다른 집 5채, 국적이 다른 사람 5명, 5명은 각기 다른 음료를 마시고, 담배를 피우고 동물을 기른다.' 어떤 사람이 어떤 집에서 어떤 음료를 마시고 어떤 담배를 피우고 어떤 동물을 기르는지 알아내기 위해 문제가 주어진다.
  '영국인의 가족은 빨간 집에 살고, 스웨덴 사람은 개를 기른다.'
  실제로 아인슈타인과는 관련이 없는 문제이고, 종이와 펜만 가지면 문제를 풀 수 있으니 2%도 아니라고 한다. 내겐 아인슈타인이나 2%는 중요한 것이 아니다. 이런 퍼즐의 종류는 아이들의 뇌를 자극하기에 좋다는 것이 중요하다.

  어떤 문제가 주어졌을 때, 아니면 문제 상황이 되었을 때 우리는 가장 적정한 방법으로 문제를 해결하려고 한다. 가장 적정한 방법, 최선의 방법을 찾기 위해서 우리는 자신이 알고 있는 모든 지식이나 경험을 끄집어낸다. 이렇게 이미 내가 가지고 있는 정보를 근거로 삼아 결론을 도출해 내야 한다. 어떤 문제에 대한 개념이나 논점을 정확히 인식해서 객관적으로 문제를 분석하고 합리적인 해결 방안을 찾아 가장 최선의 결론을 도출해 내야 한다. 이러한 과정이 논리적 사고, 비판적 사고이다. 논리적 사고는 우리가 살아가면서 만나는 무수한 문제를 해결하기 위해 가장 기본이 되는 사고 과정일 것이다.

다음은 초등학생들의 창의 사고력 문제집에서 자주 보이는 문제이다.

> 3명(하나, 두리, 세희)의 어린이가 회전목마를 타기 위해 줄을 서서 기다리고 있습니다. 다음을 읽고, 앞에 서 있는 어린이부터 차례로 이름을 쓰세요.
> - 하나는 두리보다 앞에 서 있습니다.
> - 세희 바로 뒤에 하나가 서 있습니다.
>   (세희, 하나, 두리)

위 문제는 누가 앞에 있는지 말해주지 않고, 주어진 정보를 가지고 답을 찾아내야 한다. 학년이 올라갈수록 이런 문제들은 더 복잡해진다. 파란 대문 집과 빨간 대문집이 나오고 이웃해 살기도 하고 같은 집에 살기도 하고, 같은 집에 살지 않는다는 조건이 생긴다.

'클럽2프로(Club2%)'는 아인슈타인 퍼즐처럼 만들어 낸 문제이다. 제시한 조건을 토대로 사람과 동물이 어떤 집에 살고 있는지 찾아내는 퍼즐이다. 가끔은 누가 어느 집에 살고 있는지 가르쳐 주기도 하고, 그 집에 절대 살지 않는다고 말해주기도 한다. 주어진 조건이 기호로 표현되어 글을 읽지 못하는 아이들도 퍼즐을 풀어볼 수 있게 되어 있다.

구성물

플라스틱 집 모양 게임판 5개, 사람 피규어 5개, 동물 피규어 5개, 문제 카드 84장

게임 목표

주어진 단서를 보고 사람과 동물이 어디에 사는지 찾아낸다.

게임 방법

❶ 문제 카드는 난이도에 따라 낮은 단계(집 3개 이용), 중간 단계(집 4개 이용), 높은 단계(집 5개 이용)로 나뉘어져 있다.
❷ 수준에 맞는 카드를 선택해서 게임하지만, 처음은 낮은 단계로 시작하도록 한다.

❸ 게임하기 전, 카드의 구성을 확인해 보고, 카드 상단의 기호와 카드에 주어진 단서들의 기호를 보면서 어떤 뜻일까를 이야기해 본다.
❹ 설명서를 보고 기호의 의미에 대해 같이 이야기를 나눠본다. 틀린 것도 맞은 것도 있겠지만, 이후 설명서에 제시된 대로 말해준다.
❺ 문제 카드를 제시한다. 주어진 조건대로 집을 연결한다(3개, 4개, 5개).
❻ 상단에 기호를 확인하고 필요한 사람과 동물을 가져온다.
❼ 7개의 단서를 보고 사람과 동물의 집을 찾아 피규어를 놓는다.
❽ 모두 놓았고, 맞다고 생각이 들면 정답을 확인한다.
❾ 다음 문제를 제시한다.

　클럽2프로(Club2%)는 기호로 문제를 제시했다. 처음부터 어떤 기호가 어떤 뜻인지 말해주지 않고 유추해 보도록 한다. 그러기 전에 '이웃하다'는 말이 '서로 옆집에 산다'는 의미를 알려줄 필요가 있다. 기호로 제시된 문제이기에 기호는 언어이다. 수학기호와 같다. 여기에 나온 이 기호는 이런 뜻으로 하기로 한 우리의 약속이다. 기호를 언어로 바꿔 생각해야 하는 것. 글을 못 읽는 아이들을 위한 것이지만, 비밀문자처럼 재밌게 와닿기도 한다.
　글을 못 읽는 아이들도 하기 쉽게 기호로 조건을 말했다는 것은 문제도 쉽다는 뜻일 텐데, 생각보다 문제가 그렇게 쉽지는 않다. 문제 카드도 84장이나 된다. 쉬운 단계 문제는 어린아이들도 풀 수 있지만, 뒤로 갈수록 고학년들도 어렵게 해결하거나 그렇지 못하는 경우도 있다. 시작은 아이들이 시작해도 나중에는 온 가족이 앉아 머리를 맞대야 할 것이다. 결국 온 가족이 즐겨야 하는 퍼즐이 된 셈이다.

🎲 다른 보드게임 소개

게임 이름	간단 게임 소개
캣크라임	귀엽지만 말썽쟁이 고양이 6마리 중에서 말썽을 일으킨 고양이를 찾는 퍼즐 게임이다. 언어로 조건을 설명하고 있고, 그 조건에 맞게 해당하는 고양이를 놓아야만 말썽을 일으킨 고양이를 찾아낼 수 있다.
스마트쿠키	3가지 색깔과 3가지 도형 모양으로 만들어진 쿠키. 퍼즐북에 나온 힌트를 보고 9개의 쿠키를 3x3 게임판 격자무늬 안 정확한 위치에 놓아야 한다.

* '클럽2프로(Club2%)'의 지식재산권 및 저작권은 Lemada에 있습니다.

4

같은 색끼리 연결, 또 연결!
파이프워크

　사고력 수학, 창의력 수학 문제집에 자주 나오는 선 잇기 문제가 있다. 같은 색이나 모양 또는 동물끼리 연결하는 문제이다. 연결하는데 모든 칸을 지나야 하고, 선끼리 겹치지 않고 교차하지 않게 연결해야 한다. 이 선 잇기 문제가 2~4인 보드게임으로 제작되었다.

　파이프 공사를 테마로 하는 2~4인용 보드게임 '파이프워크'이다. 플레이어들은 세계를 돌아다니며 필요한 곳에 파이프를 연결해야 하는 대형 공사기관의 대표가 되어 게임한다. 송수관, 송전관, 송유관, 가스관을 남들보다 빠르게 연결해야 한다. 연결하면 순서대로 점수 카드를 선택해서 가져올 수 있는데, 이 카드에는 사람, 지구(환경), 돈이 표시되어 있다. 게임이 종료된 후 사람, 지구, 돈 중에 2가지의 합이 가장 높은 사람이 승리한다. 점수 카드에 있는 3가지는 파이프를 연결한 이유가 사람을 위한 일인지, 환경을 위한 일인지 아니면 돈을 벌기 위한 일인지에 관한 내용이다. 게임이 끝났을 때 이 중 2가지의 합이 높은 사람이 승리한다. 실제로 대표의 마인드가 되어 아이들과 잠깐 생각을 나눠볼 수 있는 시간이 되기도 한다. 난 물이 부족한 나라에 멀리 떨어진 곳에서 송수관을 연결했던

'리비아 대수로'[25]에 대한 이야기로 게임을 시작한다.

> 구 성 물

게임판과 덮개 4개씩, 파이프 88개(22개씩 4색), 문제 카드 50장, 점수 카드 32장, 1부터 4까지 스패너 카드 4장, 색깔 마커 32개(8개씩 4색)

> 게 임 목 표

주어진 문제 카드에 그려진 대로 색깔 마커를 놓은 후에 같은 마커끼리 파이프로 연결한다.

---

25 리비아 대수로, 나무위키

게임 방법

① 각자 원하는 색깔의 파이프 한 세트와 게임판, 덮개를 가져온다.
② 덮개에 자신의 색깔 마커 8개와 파이프를 정리해 둔다.
③ 선 플레이어는 모두에게 문제 카드를 1장씩 나눠주고, 스패너 카드를 인원 수만큼 펼쳐놓는다. 점수 카드 4장도 펼쳐놓는다.
④ 선 플레이어는 문제 카드의 숫자 1단계부터 4단계 중 하나를 선택해 외친다.
⑤ 플레이어들은 모두 선 플레이어가 외친 단계의 문제 카드를 보고 색깔 마커를 놓는다. 자신의 파이프로 같은 색깔의 마커끼리 연결한다. 이때 게임판에 빈칸이 없어야 한다.
⑥ 빈칸 없이 모두 연결을 했다면 1부터 차례차례 놓인 스패너를 맞힌 순서대로 가져간다.
⑦ 모두 스패너 카드를 가져갔다면, 스패너 번호 순서대로 원하는 점수 카드를 가져간다.
⑧ 모두 자신의 게임판에 있던 마커와 파이프를 덮개에 다시 놓아두고 다음 라운드를 시작한다.
⑨ 8라운드(조정 가능)를 진행한 후 점수가 가장 높은 사람이 승리한다.

1인 퍼즐을 소개하는 자리지만 4인 게임도 이야기하려 한다. 4명이 앉아서 게임을 즐길 수도 있지만 이렇게 1인 퍼즐로 활용할 수도 있기 때문이다. 즉, 혼자 문제를 풀어보는 재미와 같이 게임을 즐기는 것 모두 가능하다. 카드도 1장에 4단계까지 있어 다양한 문제를 풀어볼 수 있다. 3, 4단계는 1, 2단계가 수월해지면 즐기는 것을 추천한다.

　문제 풀이로 연필로 선을 연결하는 것과 파이프를 연결하는 것의 차이는 도구의 부족이다. 파이프워크에서는 원하는 파이프가 부족할 수 있다. 선으로 그리면 연결할 수 있는데 '파이프워크'에서는 원하는 종류의 파이프가 없어서 다시 해야 하는 경우도 생긴다. 미취학 아이들에게는 다른 색의 파이프도 사용할 수 있도록 해서 그런 경우를 미리 방지하는 것도 좋겠다.

♟ 다른 보드게임 소개(4인 보드게임을 퍼즐로 활용)

게임 이름	간단 게임 소개
우봉고	12개의 블록 중에 정해진 블록으로 게임판의 하얀색 부분을 빈틈없이 채워야 한다. 주사위를 굴려 나온 모양의 블록을 이용한다.
예티스낵	3x3 형식의 얼음 틀에 음식 토큰 4개를 카드의 모양대로 놓는다. 얼음 틀을 접어서 예티 카드의 지시대로 얼음 토큰을 이동시켜 만들면 된다.
쿠키박스	쿠키가 양면으로 그려진 토큰 9개를 3x3 형식으로 놓는다. 주문서(카드)에 그려진 대로 쿠키를 놓으면 된다. 모든 쿠키를 주문서에 맞게 가장 빨리 놓아야만 이길 수 있는 순발력 게임이다.

5

밀고 당기고 아이스크림 차 빼내기
러시아워 주니어

'러시아워(Rush-Hour)'는 출퇴근, 통학 등으로 도로나 교통이 몹시 혼잡한 시간을 말한다. 이 단어를 들으면 차들이 꽉 막힌 도로가 생각이 난다. 게임 방법은 이름과 연관이 있다. '러시아워'는 혼잡하게 주차된 주차장에서 어떤 지정된 차를 빼내는 퍼즐이다. 나는 지금은 절판된 『창의력해법수학』이라는 교재에서 처음 '러시아워'를 풀어보았다. 수학 강사였을 때 아이들에게 풀리던 문제집이었다. 책을 풀리면서 다양한 퍼즐 형식의 문제 때문에 정말 대단한 교재라는 생각을 했었다. 보드게임이 흔하지 않던 시절 그렇게나마 아이들이 다양한 문제들을 풀어볼 수 있어서 다행이었다고 난 생각한다.

여기에서는 전통 러시아워 게임보다 조금 더 쉽게 아이들에게 접근할 수 있는 '러시아워 주니어'를 소개한다. 난 가끔 러시아워라는 이름 대신 다른 이름을 짓는다면 무엇이라고 지을 수 있을까 생각한다. 아직 이 단어를 잘 모르는 아이들은 이 게임 이름을 어떻게 지을까? 이 게임을 해본 후 아이들에게 게임의 이름을 다시 지어보라고 하면 어떨까 생각을 자주 하지만, 한 번도 물어보지 못했다. 혹시 가능하다면 집에서 게임 후 이름 지어보기를 해보길 바란다. 어떤 멋진 이름을 생각해 낼지 기대가 된다.

구 성 물

게임판 1개, 자동차 16개, 문제 카드 40장

게 임 목 표

카드의 그림대로 자동차들을 배치하고, 길을 막은 자동차들을 움직여서 아이스크림 트럭을 주차장 밖으로 빼내야 한다.

게 임 방 법

① 문제 카드를 1장 골라서, 게임판 카드꽂이에 꽂는다. 그려진 대로 자동차와 아이스크림 트럭을 놓는다.
② 길을 막은 자동차를 치워서 아이스크림 트럭이 출입구로 나올 수 있어야 한다.
③ 자동차를 움직일 때 가로막은 차를 뛰어넘을 수 없고, 앞뒤 방향으로만 움직일 수 있다.
④ 아이스크림 트럭이 주차장 밖으로 나오면 성공이다.
⑤ 다음 문제를 푼다.

♟ 중간에 다시 하는 건 안돼요!

　대부분의 퍼즐은 문제를 잘못 풀었을 때 다시 처음부터 놓아야 한다. '코잉스'도 그렇고, '호퍼스'도 그렇다. 하지만 '러시아워'는 중간에 처음부터 다시 진행하지 않아도 된다. 난 문제가 풀리지 않는다고 처음부터 다시 하려고 하는 것을 막는 편이다. 차를 빼내는 것이 아니라 움직이는 것이기 때문에 그 상태에서 계속 문제를 해결해 나갈 수 있다. 차들이 얽혀 빼내는 게 어렵겠다 싶으면 아이들은 문제 카드에 있는 처음 모양대로 다시 시작하겠다고 한다. 그렇게 하는 것이 더 쉽게 문제가 해결될 것처럼 보이기 때문이다.

　난 아이들이 처음의 모양에서 다시 하고 싶다면 차를 움직여 처음의 모양을 만들라고 한다. 길을 잘못 들어 처음 시작하는 곳에서 다시 길을 찾고 싶다면 그곳으로 다시 되돌아가는 것과 같다. 러시아워를 이렇게 진행해서 빼내야 할 차를 빼면 머릿속에서 쥐가 날 것 같기도 하다. 어떻게 해도 절대 못 할 것 같다. 방법을 찾았다 싶으면 다른 차가 앞을 가로막는다. 다른 방법을 찾으면 또 다른 차 때문에 문제가 풀리지 않는다. 하지만 언제나 답은 있다.

　이 게임을 하면서, 아니면 아이들이 하는 모습을 보면서 우리의 인생 같다고 생각한다. 살아간다는 것은 우리에게 생기는 문제를 풀어야 하는 숙제의 연속이다. 문제를 해결하려고 하는데 일들이 더 꼬이기도 한다. 이런 경우 가끔 처음부터 다시 하고 싶어진다. 길을 가다가 잘못 들어서면 출발한 곳에서 다시 출발할 수 있다. 그렇게 출발점으로 돌아가고 싶다면 우리는 다시 시간을 들여 그 자리로 돌아가야 한다. 갑자기 시간이 되돌려져 그 시간으로 돌아간 게 아니다. 그나마 그 자리에서 다시 시작할 수 있는 것이면 다행이다. 모든 일이 출발한 곳으로 되돌릴 수 있는 것은 아니다.

　자, 이제 아이들 게임으로 돌아와 보자. 차를 움직이는 도중에 차가 얽히게 되면, 차를 빼내고 다시 처음부터 하고 싶어진다. 어른인 나도 그렇다. 그런데 자주 그럴 경우, 조금만 얽혀도 다시 처음부터 시작하게 된다. 풀리지 않을 것 같은 지금 상황을 버티지 못하는 것이다. 방법을 바꿔 다시 하고 싶으면 차를 움직여 처음 모양대로 돌아가라고 말한다. 이때 아이들은 시간이 더 오래 걸린다고 투덜거린다. 투덜거려도 된다. 그렇지만, 차를 번쩍 들어 문제 카드를 보고 다시 놓는 행동은 안된다. 이렇게 방법을 바꾸니 침착하게 다시 시작하거나 그 상태에서 차가 빠져나오는 방법을 찾았다. 내가 생각하는 러시아워 게임에서 가장 중요한 것은 문제가 풀려서 다음 단계로 넘어가기 전까지는 차를 절대 들어서는 안 된다는 것이다. 새롭게 시작하고 싶다면 지금의 문제를 해결해야 한다. 보드게임으로 풀리지 않은 해답을 찾아가는 과정은 인내와 끈기를 배우는 과정으로 생각하기를 바란다.

6

종이접기 퍼즐 본 적 있니?
매니폴드, 폴드-잇, 컬러폴드

"선생님 이것 보세요."

보드게임 가방을 들고 가니 아이들이 색종이로 접은 개구리를 놓고 팔짝 뛰는 모습을 보여주었다. 아마도 내 표정은 '우와, 정말 잘했어'라는 표정이었을 것이다. 형형색색의 개구리들이 각자의 책상 위에서 아니면 친구의 책상 위에서 폴짝폴짝 뛰었다. 아이들이 만든 색종이 개구리를 보고 놀란 내 표정은 진심이다. 실제로 난 '점프하는 개구리'를 접은 아이들이 대단하다고 생각한다. 비행기나 배 접는 것보다 훨씬 더 많은 과정과 세밀한 작업이 필요하기 때문이다.

아이들이 집에서 아주 쉽게 할 수 있는 놀이 중 하나가 색종이 접기다. 내가 어렸을 때는 종이가 귀했다. 요즘은 모든 것이 흔하다. 그중에 색종이는 더 흔하다. 여기저기 색종이가 돌아다니고, 한 번 쓴 색종이는 절대 다시 쓸 생각이 없는 아이들 덕분에 색종이 모아놓은 상자는 가득 찬다. 결국 종이 쓰레기로 버려지기도 한다. 그럼에도 당장 큰 지출 없이 아이들이 즐겁게 놀 수 있었던 것이 색종이 접기다.

아이들이 클 때는 색종이 접기가 소근육 발달에만 좋다고 생각했다. 지금은 도안을 보고 만들 수 있으니 인지, 대칭 등의 기하학의 개념, 상상력, 집중력, 공간 감각에 도움이 되었겠다 싶다. 특히 지금 보이지 않은 반대쪽 상황이 어떻게 있을지 사고하는 과정도 있지 않은가? 여전히 난 아이들이 그 작은 손으로 꼭꼭 눌러 개구리를 만들어서 보여주면 참 신기해한다. 특히 색종이 접기 교재를 보면서 아주 미세한 것까지 접고 있는 것을 보면 옆에서 한참을 보고 있기도 한다.

이런 색종이 접기를 이용한 보드게임이 있다. 가장 먼저 소개할 것은 '매니폴드'이다. '매니폴드'는 보드게임이 아니라 혼자서 즐길 수 있는 퍼즐이다. 〈문제적 남자〉에서 뇌 풀기 게임으로 나왔다고 한다. 구성품은 약

9cm인 정사각형 모양의 종이 100장이 전부이다. 종이접기 방법도 아주 간단하다. 종이를 접어서 앞뒷면이 검은색과 흰색만 나오면 된다. 이것으로 설명도 끝이지만, 막상 해보면 쉽지만은 않다. 항상 잘 접었던 것도 검은색과 흰색을 맞추려다 보니 내 머릿속에서 정리가 안 되는 것 같다. 종이접기도 한 번 접으면 접은 부분 때문에 다시 쓰기 힘든 것처럼 '매니폴드' 역시 여러 번 할 수 없다. 권장 연령이 만 10세 이상이지만 초등 1학년들도 잘 접는다. 번호가 올라갈수록 난이도도 올라가고 복잡해져 끝까지는 못 할 수도 있다.

두 번째 소개할 것은 접는 보드게임 '폴드-잇'이다. 세계 최초의 손수건 접기 게임인 '폴드-잇'은 손수건 4장이 가장 중요하다. 그 외 게임할 때 필

요한 주문서 카드 42장 있는데, 그중에 쉬운 카드 22장, 어려운 카드 20장이 있다. 별 토큰 15개, 플라스틱 토큰 3개가 구성물이다. 정사각형 모양의 손수건에 16칸이 나뉘어 있고, 그 안에 요리 그림이 16가지 그려져 있다. 그 요리 그림은 앞뒤 같은 그림이다. 게임은 주문서 카드 1장이 공개되면서 시작된다. 이제 모두 손수건을 접어 주문서 카드에 있는 요리만 위에서 보이면 된다. 손수건의 그림은 양

면이 같다는 것을 이용하면 쉽게 주문서를 완성할 수 있다. 손수건을 접을 때 가로나 세로로 그려진 선으로만 따라서 접어야 한다. 대각선에는 선이 없기 때문에 접을 수 없다. 선과 선 사이를 접을 수 없다.

다음은 논리 퍼즐 '컬러폴드'이다. '폴드-잇'이 4장의 손수건이 들어 있다면 컬러폴드는 1인용으로 1개의 손수건이 들어 있고 40장의 문제 카드가 들어 있다. 컬러폴드는 대각선에 선이 그려져 있어 대각선으로도 접을 수 있

다. 문제 카드를 보고 손수건을 접어 카드의 그림과 같은 구성이 되면 성공이다. 즉 위치가 다르더라도 문제 카드에 있는 같은 그림만 보이면 성공인 것이다. 매우 간단하지만 내겐 지금까지 소개한 것 중에 가장 어려웠다.

색종이 접기를 퍼즐로 만들어 내고, 손수건처럼 접는 보드게임을 만들어 냈다는 것은 정말 대단한 일인 것 같다. 〈문제적 남자〉에서는 뇌 풀기 게임으로 진행했던 '매니폴드'를 난 보드게임 마무리 시간에 이용했다. 게임을 먼저 끝낸 아이들에게 게임 정리 후 떠들지 않고 집중할 거리를 준 것이다. 마무리 시간을 조금 조용하게 보내고 싶었다고 할까? 그러나 생각보다 빨리 접기를 끝낸 아이들은 쉽다고, 어떤 아이들은 어렵다고 해서 조용히 보내지는 못한다.

'폴드-잇' 게임은 처음 나왔을 때 정말 감격이었다. 세상에 이런 게임이 있다니, 수건을 개는 놀이인데, 음식이 소재이다. 당연히 작가가 외국 작가일 거라고 생각했는데, 우리나라 작가의 작품이었다. 게임 소개에는 세계 최초 손수건 접기 게임이라고 되어 있는 '폴드-잇'. 아이들과 '폴드-잇' 수업을 할 때 나는 이점에 주목한다. 작가가 어떻게 이 게임을 만들어 냈는지 이야기한다. 작가의 군대 복무 시절. 걸레로 테이블을 닦다가 아래 밑부분이 더러워져서 깨끗한 면으로 닦으려고 접었는데, 그 순간 이걸 이용해 게임을 만들면 좋겠다고 생각했단다. 항상 테이블을 닦는 주부인 나와 달리 군인이었던 작가가 이 행동을 게임으로 발전시킬 수 있었던 이유는 무엇일까? 그는 보드게임 작가이기 때문에 세상 모든 것들이 보드게임을 만들 재료이고, 온통 보드게임 만들 생각뿐이었을 것이다. 머리에 번뜩이는 그 느낌은 준비된 사람에게 기회가 되는 것 같다. 머릿속에 스치는 아이디어를 잡아내고, 무언가 형태가 있는 것을 만들어 낼 수 있는 능력. 그것은 날마다 어떻게 보드게임을 만들까만 생각했던 작가가 스스로 찾아냈다고 해도 맞겠다.

나는 종이가 귀했던 시절에 신문이나 지나간 달력으로 종이접기를 하고 비행기와 모자를 만들고 딱지를 만들었다. 그냥 놀이라고 생각했던 것들이었다. 지금처럼 다양한 놀잇감도 없던 시절에 요즘처럼 뇌를 활성화하는 일이 없었을 것 같은 시절. 그런데 그 시절에도 이와 비슷하게 종이로 접기를 하면서 뇌를 발달시켰다는 생각이 든다. 그때 누구도 딱지 접기를 하면서 좌뇌와 우뇌를 골고루 발달시킨다는 생각은 절대 할 수 없었다. 현재 아이들도 그저 재미있고 좋아하는 게임을 하고 놀이를 할 뿐이다. 뇌는 그 활동 속에서 알아서 큰다. 부디 아이들이 열심히 놀고 튼튼하게 자라기를 바란다.

* '폴드-잇'에 대한 저작권은 ㈜행복한바오밥에 있습니다.

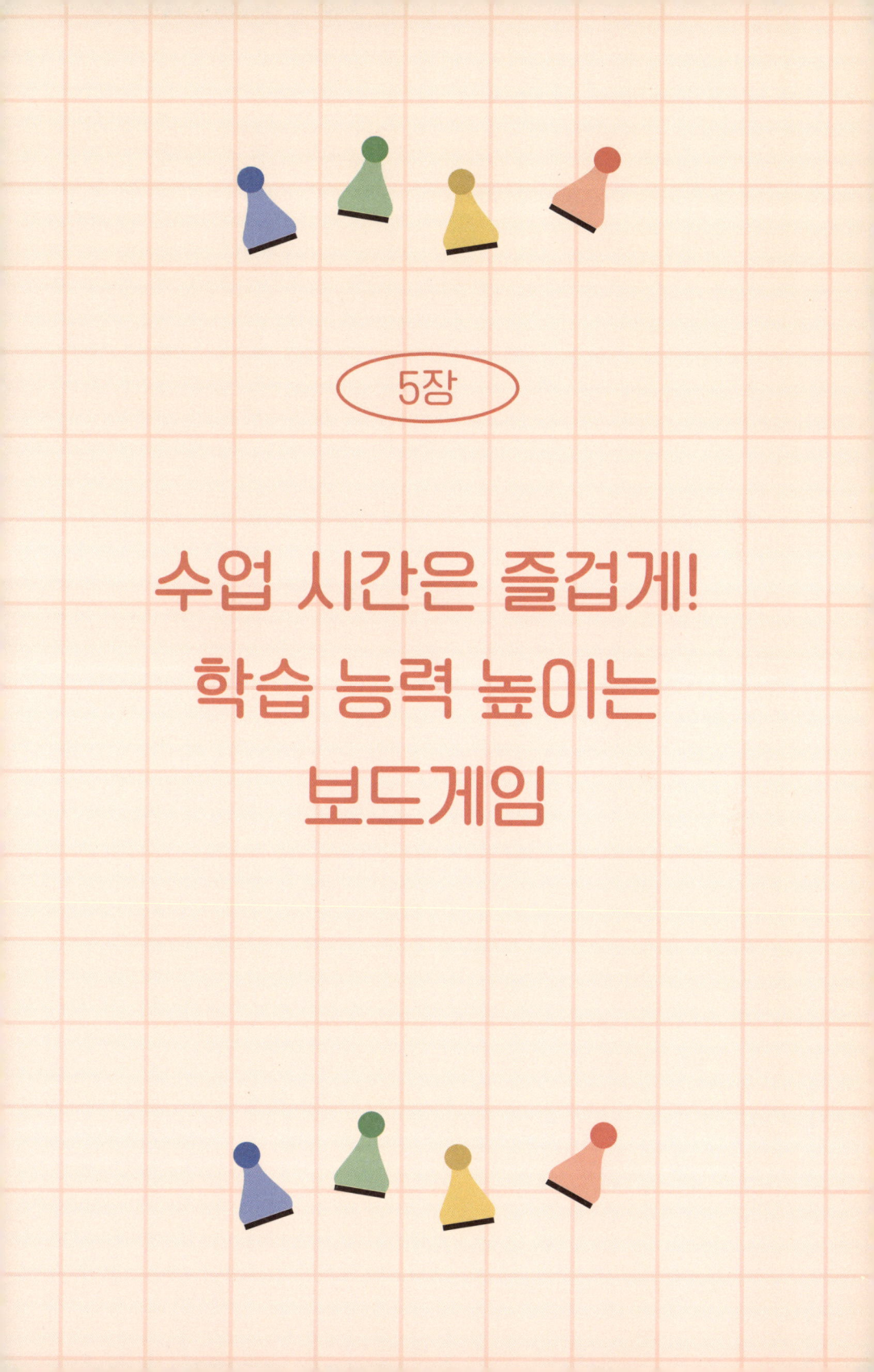

1

국어 시간 어휘력과 이해력 상승을 위하여
테마틱

"선생님 승객이 뭐예요?"

3학년 학생이 내게 물었다. '버스에 승객이 15명 타고 있었습니다. 다음 정거장에서 10명 타고 2명이 내렸습니다.' 이런 부류의 문제였는데 승객이 무엇인지 몰랐던 것이다. '채송화'가 무엇이냐고 묻는 5학년도 있었다. 옆에서 듣고 있던 중학생이 "짱구 선생님!"이라고 했다. 잠깐 무슨 말인가 싶었는데, 만화 〈짱구〉에 나오는 유치원 선생님 이름이라는 게 기억났다. "오빠도 모르잖아요." 5학년이 웃으면서 내게 고자질했다. 꽃밭의 4분의 1에 심은 꽃이 짱구 유치원 선생님은 아닐 것이다. 학생들은 승객이나 채송화가 무엇인지 몰라도 문제는 풀었을 것이다. 문맥상 무엇인지 알 테니 말이다.

하지만 가끔은 문제를 이해하지 못한 경우도 있다. 이때는 이해하기 쉽게 풀어서 설명해줘야 한다. 언어와 가장 연관이 없을 것 같은 수학에서도 국어 즉 어휘력이나 이해력이 부족해서 문제를 못 풀기도 한다. 국어를 못하는 아이는 수학에서 제시한 문제를 해결하지 못할 수도 있다. 무슨 말인지 모르겠다는 학생의 질문에 내가 옆에서 문제를 읽어주기만 했는데 알겠다고 말할 때도 있다. 문제가 이해되지 않으면, 몇 번을 더 읽어 보면 된다. 당장 이해되지 않아도 여러 번 읽어보았다면 다음에는 쉽게 문제를 풀 수 있을 것이다.

〈졸업〉이라는 학원 드라마를 우연히 보게 되었다. 거기에서 내 귀를 확 당기는 대화가 있었다. 국어 과목 강사들이 학생을 가르치는 방법을 두고 이야기를 나누는 것 같았다. 한 강사가 자신 있게 말했다. 읽는 방법을 가르치겠다고, 국어 과목은 근본 중의 근본으로 텍스트랑 일대일로 맞짱 뜰 수 있는 근육을 키워낼 거라고 했다. '텍스트랑 맞짱 뜰 수 있는 근육'이라는 말이 정말 마음에 들었다. 지문을 읽고 무슨 내용인지 알아야 하고, 거기에서 숨은 뜻까지 찾아야 하는 국어 실력은 오랜 기간 노력해야 한다.

학원에서 근무하던 국어 강사가 국어 가르치기가 어렵다고 말했다. 아이에게 틀린 문제를 다시 풀어주는데, 아이가 왜 이게 답이냐고 물었단다. 지문에 답이 있는데 왜냐고 물으니 할 말이 없었다고. 우리에게는 우리의 말이, 우리의 글이 모든 것의 근본이 된다. 그 말을 못 알아들으면 모든 과목에서 문제 풀이가 어려워진다고 봐도 된다.

국어 공부는 말할 줄 알고 글을 읽을 줄 알면 잘해지는 것이 아니다. 평생 쓰고 익혀야 하는 언어인 만큼 계속 배워야 한다. 국어 능력이 떨어지면 사고력과 의사소통 능력이 떨어진다. 또 읽어서 이해해야 하고, 들어서 이해해야 하므로 판단력이나 논리력 등에 문제가 생기고, 문제 해결력 역시 떨어진다. 과학이나 수학에서도 국어는 기본이 된다. 여기서 말하는 국어력이란 띄어쓰기나 문법이 완벽한 국어를 말하는 것은 아니다. 읽고 듣고 이해할 수 있고, 그다음의 행동을 할 수 있는 능력을 말하는 것이다. 국어력을 높이는 데 책 읽기나 글쓰기가 가장 좋다. 난 보드게임이 국어력

높이는 데 탁월하다고 말할 생각은 없다. 단지 책을 읽거나 글쓰기를 좋아하지 않은 아이들과 즐겁게 게임할 거리를 소개해 보려고 한다.

구 성 물

한글 카드 14장, 점수 카드 20장(1부터 4까지 각각 적힌 카드 5세트), 테마 카드 18장

게 임 목 표

주제어를 확인하고 바닥에 깔린 카드에 제시된 자음으로 시작하는 알맞은 단어를 외친다. 게임 종료 후 가장 높은 점수를 받은 사람이 승리한다.

게 임 방 법

❶ 점수 카드 20장을 가로 1, 2, 3, 4 순서대로 5줄을 만들어 4x5 형태로 테이블 가운데 펼쳐놓는다.
❷ 한글 카드는 잘 섞은 후 5장을 뽑아 1점 점수 카드 옆에 1장씩 놓는다.
❸ 차례인 사람은 테마 카드를 1장 골라 카드에 적힌 1번부터 8번까지의

주제어 중 1개를 골라 해당 주제어를 크게 외친다.
❹ 이제 모두가 동시에 게임을 진행한다.
제시된 한글 카드의 자음으로 시작하는 단어를 말하고 점수 카드를 가져온다. 가장 빨리 정답을 외친 사람은 해당 자음 카드 줄에서 4점 카드를, 그다음에 외친 사람은 3점 등으로 5줄 모두 동시에 진행한다.
❺ 이때 누군가가 말한 단어가 주제에 맞지 않다고 생각하는 사람은 즉시 "주제에 맞지 않는다"고 말할 수 있다. 이런 경우 게임하는 사람의 과반수 이상이 주제에 맞다는 동의가 있어야만 점수 카드를 가져갈 수 있다.
❻ 라운드 종료는 2~4명이 게임을 할 경우 자음 1가지의 점수 카드가 모두 없어지면 종료된다. 5~10명인 경우 2줄이 없어지면 라운드가 종료된다.
❼ 빈 종이에 모두의 점수를 적은 후 다음 라운드를 진행한다.

추 천

❶ 어린아이들과 게임을 진행할 때 아이들에게 쉬운 주제로 선택할 수 있도록 한다.
❷ 먼저 그림책을 몇 권 읽은 후에 게임을 진행한다면 책을 읽으면서 보았던 단어들도 주제가 될 수 있다.

'테마틱'은 초성 게임이다. 초성으로 시작하는 단어를 빨리 말해야 하고 누가 빨리 말하느냐에 따라 점수를 준다. 영어 시험 볼 때 단어의 뜻이 무엇인지 몰라서 이해를 못 하는 것처럼 국어도 마찬가지이다. 어떤 과목이든 시작은 어휘력이다. 수학의 최소공배수가 무엇인지 알아야, 과학의 공전이 무엇인지 알아야만 공부가 시작된다. 실생활에 쓰는 단어는 매우 한정적이고 이렇게 일부러 단어를 찾아봐야 하는 활동을 통해 우리는 더 많은 단어를 알아내고 생각해 내게 된다.

'테마틱'은 빨리, 정확하게 초성으로 된 단어를 말할 수 있어야 한다. 게임을 해보면 다른 사람들이 말하는 단어를 들으면서 해당 초성에 이렇게 많은 단어가 있었는지 놀란다. 아이들도 혼자 생각을 할 때보다 훨씬 많은 단어를 스스로 배워갈 것이다. 자신이 전혀 생각하지 못했던 단어들까지 말이다. 모르는 단어가 있으면 같이 사전을 찾아보는 것도 좋다. 요즘은 바로 단어를 입력만 해도 단어의 뜻을 알 수 있다 보니 국어사전을 찾아볼 기회가 많지 않다.

어휘력 게임 중에 '띠빙고'도 있다. 8개의 단어를 써야 하는 게임이다. 주제를 제시해도 되고, 초성을 줘도 된다. 당장 'ㅁ'으로 시작하는 단어를 써 보면 생각이 나지 않는다. '만세, 모양, 모자, 만국기'라고 쉽게 쓴 후에는 겨우겨우 생각해서 8개를 채운다. 한 주제에 8개의 단어는 쉽지 않다. 글자를 제법 알기 시작하는 1학년 2학기에는 이 게임이 유용하다. 세계지도를 놓고 게임을 했을 때는 나라 이름을 쓰게 하고, 동물이 있는 게임을 했을 때는 다리가 4개인 동물이라든가 날개가 있는 동물 같은 주제를 준다. 가끔은 남은 시간을 활용해서 '가'로 시작하는 말을 쓰게 하는 등의 활동도 한다. 쉽게 쓰는 아이들도 있지만 8개를 채우기 위해 무진장 애를 쓰는 아이들도 있다. 가끔 어휘력이 풍부한 아이들이 있어 놀라기도 한다. '가계', '가나', '가물치'라는 단어를 쓴 1학년 아이가 있어 진심으로 감동했다. 아이들은 손으로는 종이를 가리고 소리 내어 말하면서 쓰기도 한다. 다른 아이들은 그 소리를 듣고 쓴다. 다른 아이들을 통해 자신의 어휘력을 넓혀가는 것이다. 그러고 보니 초성 게임은 꼭 보드게임이 없어도 가능하기는 하겠다. 단 테마틱은 빠른 답변을 하면 점수를 받는다. 이 때문에 빠르게 생각을 끌어낼 수 있다는 장점이 있다. 가끔은 시원한 곳에 앉아 간단하게 즐길 수도 있으니 좋다.

♟ 다른 방법으로 놀기

● 띠빙고

① A4용지 1장을 긴 쪽으로 4등분해서 자른다.
② 4등분한 종이를 긴 쪽으로 여러 번 접어서 8등분을 한다.
③ 8등분 된 공간에 어떤 주제, 아니면 초성으로 시작하는 단어를 쓰게 한다('가'로 시작하는 단어, 'ㄱ'으로 시작하는 세 글자 단어, '여름'과 관련된 단어 등).
④ 모두 작성했다면 돌아가면서 단어를 부른다. 그 단어가 종이 양쪽 끝에 있다면 그 끝을 찢어서 놓는다. 그 단어가 중간에 있다면 찢을 수 없다.
⑤ 모든 단어를 8등분으로 찢은 사람이 있다면 그 사람이 승리한다. 여러 사람이라면 순서가 나중인 사람이 승리한다.

- **쁘띠바크(petit bac)**

TV 프로그램 〈문제적 남자〉에서 소개한 프랑스 국민 게임이다. 지정된 자음으로 시작하는 단어를 7개의 주제에 맞게 적으면 된다. 주제는 아이들 수준에 맞게 정하면 된다. 동물, 식물, 음식 이름, 직업, 운동, 나라 이름, 인물 정도가 아이들과 같이 하기에 좋다. 예를 들어 'ㄱ'이라는 초성이 주어지면 '고양이, 국화, 김치찌개, 교수, 검도, 가봉, 가우디'라고 쓰면 된다. 원하는 라운드만큼(5라운드 정도) 게임한 후 높은 점수의 사람이 승리한다. 정확한 게임 방법은 아래에 제시하지만, 아이들 수준에 맞춰 점수 받는 방식을 조정해도 된다.

❶ 진행자가 자음을 제시한다.
❷ 제시한 자음으로 시작하는 단어를 주제에 맞게 적어 나간다. 7개를 가장 먼저 적은 사람은 '정답'이라고 외친다.
❸ 나머지 사람들도 펜을 내려놓는다. 더 이상 적을 수 없다.
❹ 정답을 외친 사람(앞으로 쁘띠바크라고 말함)은 순서대로 자신이 적은 단어를 읽어 나간다.
❺ 쁘띠바크와 같은 단어를 적은 사람은 1점을 획득하고, 쁘띠바크는 0점이다.
❻ 쁘띠바크와 같은 단어를 적은 사람이 없으면 쁘띠바크가 점수 1점을 획득한다.
❼ 쁘띠바크가 틀린 단어를 말했다면 이전에 불렀던 단어까지 모두 무효가 되고 게임은 처음부터 다시 시작한다.

다른 보드게임 소개

게임 이름	간단 게임 소개
라온	연필로 글자를 쓰듯 타일로 글자를 만드는 게임도 있다. 자신에게 주어진 낱자 타일들을 이용해서 글자를 만드는 놀이에 가까운 게임이다. 자음과 모음을 똑같이 나눠 가진 후 글자를 길게 많이 만들어야 한다.
워드서클	카테고리(주제)와 초성을 같이 활용하는 게임이다. 카드 앞면에는 카테고리가, 뒷면에는 3개의 자음이 주어져 있다. 카드 더미에서 카드 1장을 뒤집으면 한쪽은 3개의 자음(각 다른 색깔)이 보이고 다른 쪽은 카테고리가 보인다. 카테고리에 있는 색깔과 일치하는 자음으로 시작하는 단어를 가장 빨리 외쳐야 한다. 동물, 식물, 유명인, 직업 등 다양한 카테고리가 있다.
폭탄돌리기	째깍째깍 폭탄 소리가 나는 폭탄 모양의 구성물이 재미를 더해준다. 폭탄이 터지기 전에 주제와 연관된 단어를 말하고 다음 사람에게 폭탄을 넘기는 게임이다.

* '테마틱'에 대한 저작권은 ㈜행복한바오밥에 있습니다.

2

수학 시간 수 연산부터 확률까지
구십구, 피라미스

　수학이란 무엇일까? 국어사전을 찾아보니 '수량 및 공간의 성질에 관하여 연구하는 학문. 대수학, 기하학, 해석학 및 이를 응용하는 학문을 통틀어 이르는 말이다'라고 적혀있다. 아무리 봐도 이런 사전적 내용은 어려운 것 같다. 어렵지만 수량, 즉 수와 양을 연구하는 학문임에는 틀림이 없다. 내 주위의 많은 사람들이 수학은 어렵다고 하지만 그 어려운 수학도 처음 시작된 순간이 있다. 방정식, 함수, 확률, 집합 등 깊이 파고들면 어렵겠지만 처음에는 아주 단순한 셈으로 출발했다.

　이제 막 입학한 아이들에게 수학은 그저 덧셈과 뺄셈이다. 실제로 이때는 단순한 연산만 잘해도 자신이 수학을 굉장히 잘한다고 말한다. 수학이 제일 재밌고 쉽다고 한다. 학년이 올라갈수록 아이들은 수학에 대한 자신감이 사라진다. 연산을 잘한다고 모두 수학을 잘하는 것은 아니지만, 연산을 잘하면 수학을 공부하는 데 도움이 되긴 한다. 연산은 반복이 중요하다. 수학에 대한 흥미를 잃지 않으면서 수학을 하기 위해 거쳐야 하는 연산을 쉽게 넘어가는 방법은 무엇이 있을까? 연산을 재미있게 하는 방법에서는 보드게임이 가장 좋은 것 같다.

'구십구'는 연산 게임이다. 차례인 사람은 자신의 카드 중 1장을 내고, 이전 숫자의 합에 자신의 숫자를 더해 새로운 수를 외쳐야 한다. 이때 말한 수의 합이 99가 넘으면 그 사람은 탈락한다. 생명 칩을 가지고 시작하고 11의 배수를 말하면 생명 칩을 잃는 방식의 '로보77'과 비슷하다. 하지만, 규칙이 단순하고 숫자 카드도 1부터 10까지만 있어 구십구 게임이 좀 더 쉬운 것 같다. 이제 막 덧셈을 시작한 아이들도 즐겁게 즐길 수 있다.

구 성 물

카드 100장

게임 목표

카드 1장을 바닥에 내려놓으면서 계속 합을 더해 나간다. 합이 99 이하인 수를 말해야 하고 최후까지 살아남아야 승리한다.

게임 방법

1. 카드를 5장씩 나눠서 가져간다. 나머지 카드는 카드 더미를 만들어 뒷면이 보이도록 테이블 중앙에 놓는다.
2. 카드 더미에서 바닥에 카드 1장을 보이도록 내려놓는다(낸 카드 더미). 내면서 말한 카드의 합을 바닥 숫자라고 한다.
3. 선 플레이어는 카드 1장을 앞면이 보이도록 내려놓으면서, 바닥에 놓인 카드에 자신이 낸 카드의 합을 말한다. 바닥 숫자가 바뀐다. 카드 1장을 보충하고 차례를 마친다.
4. 플레이어들은 자신의 차례가 되면 카드 1장을 앞면이 보이도록 내려 카드 더미에 올린다. 바닥 숫자에 자신이 내려놓은 숫자를 더해 말한다.
5. 합은 99까지만 가능하다. 99를 넘어가면 탈락한다.
6. 탈락한 사람이 있으면 그 바닥 숫자는 그대로 유지되고 다음 사람이 이어받아 게임을 이어간다.
7. 모두 탈락하고 한 사람이 남으면 그 사람이 승리한다.

숫자 카드 외 특수 카드   각 카드에 정해진 규칙을 적용한다.

JOKER(조커) 카드, ±9 카드, ±10 카드, ⁀0 카드

카드를 보충하지 못하는 경우

1. 자기 차례에 카드를 보충하는 것을 깜빡한 경우 중간에 카드 보충이 안 된다.
2. 바닥 숫자, 즉 합을 잘못 말한 경우.
3. 바닥 숫자를 부르지 않은 경우.

(쉽게 즐기기: 게임이 숙달될 때까지는 적용하지 않는다.)

> **변형 방법**
> ❶ 구성물 5까지의 숫자 카드와 JOKER(조커) 카드, ±10 카드, ⌒0 카드 제외하고 숫자 카드로만 진행한다.
> ❷ 게임 방법은 동일하고 탈락의 수가 50, 60 등으로 조정한다.

　연산은 반복 학습이 필요하다. 한두 번 해서 금방 익힐 수 있는 과정은 아니다. 연산 학습지가 있는 이유이다. 덧셈이 가장 우선이다. 덧셈이 잘돼야 뺄셈, 곱셈, 나눗셈이 쉬워진다. 그래서, 이 구십구 게임을 추천한다.
　수업을 해보면 연산을 잘하는 아이는 즉각 합을 말하지만 그렇지 못하는 아이는 잠깐 멈춤의 순간을 갖는다. 손가락으로 계산하는 아이도 있지만 조용히 생각하는 아이도 있다. 그 아이의 머릿속에서는 구슬이 움직이는지 손가락이 움직이는지 모르지만 결국 답을 말한다. 옆에서 계산이 빠른 아이가 답답함에 답을 알려주지만 아랑곳하지 않는다. 어쩌면 들리지 않을 수도 있다. 이 기다림의 시간은 게임을 진행하다 보면 점점 줄어든다.
　난 친구가 도와달라는 말을 하기 전에는 답을 먼저 말해주지 않도록 가르친다. 기다려 주는 것도 공부라고 한다. 누구든 잘 못하는 것이 있어도 여러 번 하다 보면 잘하게 된다는 말도 잊지 않는다. 아이가 아직 어리다면 옆에 쌓기나무나 구슬 같은 구체물을 놓아두고 직접 더하면서 진행해도 괜찮다.
　게임으로 하는 연산은 일반 학습지와 다르다. 정해진 문제가 있는 것이 아니라, 즉 27에 3을 더하는 것처럼 정확한 것이 아니라, 27에 3을 더할지 5를 더할지 정해야 한다. 이기기 위해 어떤 카드는 지금 사용하고, 어떤 카드는 아껴둬야 한다. 이렇게, 내가 가진 카드 중 어떤 카드를 내야 하는지 선택해야 하는 과정이 더 들어간다. 그냥 연산만 하는 것은 아니라 사고하는 과정이 들어가는 것이다.

구십구 게임은 합을 잘못 말하면 카드를 보충할 수 없다는 규칙이 있다. 아직 덧셈에 익숙하지 않은 아이는 아직 합이 정확하지 않은 경우가 많다. 그런 경우 정확한 합만 말해주고 카드에 대한 벌칙은 적용하지 않고 게임을 진행한다. 아이는 덧셈하면서 엄청난 노력을 한다. 하지만, 덧셈을 못한다고 게임에 지는 것은 아니다. 그러니까 못해도 즐겁다. 그렇게 잠깐 멈춤의 순간이 많아도 게임이 끝나면 또 하고 싶어 한다. 이렇게 아이들은 게임을 통해 연산을 배워간다.

♟ 다른 방법으로 놀기

• 10의 배수 만들기

준비물은 작은 캐릭터 인형이다. 자신의 카드를 1장 내려놓을 때마다 합을 말한다. 10의 배수가 되면 인형을 가져온다. 100이 되거나 100이 넘으면 게임이 종료되고, 그때 인형을 가지고 있는 사람이 승리한다.

익숙해지면 11의 배수 만들기를 한다. 99가 되거나 넘으면 게임을 종료하고, 그때 인형을 가지고 있는 사람이 승리한다.

• 저학년 맞춤형 놀기

저학년들은 숫자 카드를 5까지만 사용해서 50 만들기를 한다.

현재 5학년 때 「가능성」을 배운다. 예전에 '경우의 수와 확률'이라고 배운 부분이다. 1개의 주사위에서 1이 나올 경우의 수는 1이고, 확률은 $\frac{1}{6}$이다. 하지만 요즘은 무조건 일어난다면 1, 무조건 일어나지 않는다면 0, 반반인 경우는 $\frac{1}{2}$의 개념으로 배운다.

주사위 3개로 합이 7이 넘어가면 아웃인 게임이 있다. 첫 번째 주사위가 1이면 두 번째 주사위는 안전하게 던질 수 있다. 첫 번째 주사위가 5라면 두 번째 주사위는 1과 2가 나와야만 아웃이 되지 않는다. 아이들은 확률을 정확히 알지 못하지만 이럴 때 두 번째 주사위를 던지는 것이 위험하다는 것을 안다. 그래서 말한다. 운에 맡기겠다고. 이렇게 아이들은 게임하면서 몸으로 직접 확률을 배운다. 정확하게 경우의 수와 확률이라고 배우지 않지만 일어날 가능성이 반반인지, 0인지, 1인지는 알게 된다. 다음에 내가 원하는 것이 나올 가능성이 높은지 낮은지 알게 되는 것이다.

보드게임 '피라미스'는 확률 게임이다. 정확하게 숫자로만 나타내지 않았을 뿐이다. 게임은 빨강, 주황, 파랑, 초록, 노랑 보석을 주머니에 넣고 게임을 시작한다. 차례가 되면 보석을 얼마든지 꺼낼 수 있지만 보석 카드에 표시된 조건을 넘지 않아야 한다. 넘으면 잘못 꺼낸 보석과 그 전에 꺼내 두었던 보석을 1개 더 주머니에 넣어야 한다. 게임을 하다 보면 사람들의 성격을 알 수 있다. 언제나 안전을 추구하는 사람과 위험 요소가 있지만 그래도 한 번 더 꺼내보는 사람. 누가 더 옳다고 할 수 없다.

구 성 물

말, 카드(점수 카드, 보석 카드, 리셋 카드), 점수판 1, 주머니, 보석 큐브 80개, 건설 게임판

게 임 목 표

보석 카드에 제시된 규칙을 잘 지켜 보석을 꺼내고, 그 보석으로 피라미드를 건설 후 꺼낸 점수와 건설 점수를 받아 말을 이동한다. 게임이 끝났을 때 가장 멀리 간 사람이 승리한다.

게 임 방 법

❶ 테이블 중앙에 건설 게임판을 올리고, 보석 카드 3장을 앞면으로 놓는다.
❷ 보석 큐브는 모두 주머니에 넣는다.
❸ 각자 리셋 카드 2장과 점수 카드, 게임 말을 색에 맞게 가져간다.
❹ ❶에 놓은 3장의 보석 카드 중 1가지 보석 카드를 선택하여 가져온다.
❺ 선택된 보석 카드에 주어진 조건에 맞춰 주머니에서 보석 큐브를 꺼낸다. 큐브는 자신이 원하는 만큼 꺼낼 수 있다. 단 보석 카드에 적힌 조건보다 적거나 같아야 한다.

> ❻ 보석 큐브를 잘못 꺼냈다면(조건보다 많게) 잘못 꺼낸 큐브와 자신이 가지고 있던 보석 큐브를 하나 더 주머니에 넣는다.
> ❼ 꺼내 놓은 보석 큐브를 이용해서 피라미드를 건설한다. 꺼낸 보석은 피라미드 건설하기에 모두 사용해야 한다.
> ❽ 규칙에 맞게 꺼낸 보석 점수와 건설 점수를 받고 말을 이동한다. 주머니에 꺼낼 보석 큐브가 없다면 그 플레이어까지 진행 후 게임이 종료된다.

보석 큐브를 꺼낼 때 자신의 보석 카드를 보고, 언제 그만 꺼내야 할지 우리는 대충 짐작한다. 노랑 큐브 3개, 빨강, 파랑, 초록은 세 색깔을 합쳐 3개까지만 꺼내야 할 경우에, 현재 노랑 2개, 파랑 1개를 꺼냈다면 우리는 다음에 무엇이 주머니에서 나오든 안전하다는 것을 안다. 다음에 노랑을 또 꺼냈다면, 계속 보석 꺼내기를 해야 하는지 아니면 멈춰야 하는지 고민해야 한다. 다행히 빨강이나 초록이면 좋겠지만 노랑이 나올 경우도 있기 때문이다. 계속 보석 꺼내기를 할 것인지 아니면 그만둘 것인지는 자신의 선택에 있고, 그 선택에 대한 결과는 주머니에서 손을 빼는 순간 확실해진다.

고학년생들은 지금 어떤 행동을 해야 하는지 잘 아는 편이다. 위험하지만 약간의 행운을 빌면서 한 번 더 보석을 꺼내기로 한다. 아니면 옆의 친구들의 부추김에 넘어가는 경우도 있다. 너무 안전하게만 해도 점수가 좋지 않지만, 너무 행운만 바라고 행동해도 좋지는 않다. 어린 친구들은 아무 생각 없이 할 것 같지만 그렇지도 않다. 게임이 진행될수록 아이들도 필요한 구슬이 나올지 아니며 다른 구슬이 나올지 정확히는 모르지만, 확률이 어느 정도인지는 몸으로 스스로 체득한다. 다음에 혹시 다시 돌려나야 할 수도 있지만 이번은 도전해 볼 필요가 있는지 없는지도 스스로 결정하게 된다.

다른 보드게임 소개

게임 이름	간단 게임 소개
마헤	가능성의 개념을 알 수 있고, 덧셈과 곱셈을 같이 이용할 수 있는 게임이다. 주사위 3개를 1개씩 굴리면서 7이 넘어가지 않도록 해야 한다. 7이 넘으면 탈락하지만 1개의 주사위로 6을 만드는 것보다 3개의 주사위로 6을 만들면 더 멀리 갈 수 있다. (주사위 개수) × (주사위 눈 수의 합)이 이동 수이다. 즉 1개로 6을 만들면 6칸을 이동하지만, 3개로 6을 만들면 3×6을 해서 18칸을 이동할 수 있다.
오키도키원정대	미취학 아이들도 즐길 수 있는 게임이다. 반짝반짝 빛나는 보석과 보물 상자를 열쇠로 열어야 하는 설정 때문에 모두가 좋아한다. 자신의 차례에 주사위 3개를 굴린 후 숫자 주사위 1개를 골라 그 수만큼 이동한다. 이때 잠(초승달 모양과 ZZZ의 그림)이 든 주사위는 더 이상 사용할 수 없다. 주사위 3개가 모두 잠이 든다면 더 이상 이동할 수 없다.

3

사회과 탐구 기차 여행과 함께 지리 여행
티켓 투 라이드

　나는 아이들이 자라면서 육아서나 또래 엄마들의 이야기를 통해 정보를 얻었다. 책이나 교구를 파는 영업 사원의 말에 금방 귀가 솔깃해지기도 했다. 아이들을 훌륭한 인재로 키우고 싶은 마음이 가득했던 시기였다. 6살까지의 독서가 평생을 좌우한다든지, 이때의 아이는 뇌가 스펀지여서 지금 해주지 않으면 평생을 후회한다 등의 내용이었다. 내 아이들이 엄마인 나처럼 평범한 사람이 아닌 똑똑하고 유명한 사람이 되기를 바랐다. 감언이설에 넘어가 책을 전집으로 들여놓았고, 아직 읽지도 못할 백과사전이 거실로 들어왔다. 책을 읽어보고 여기저기 귀동냥으로 얻은 지식으로 집에는 세계지도와 지구본이 있어야 한다고 해서 샀다. 뭐든 알아야 꿈도 꾸는 법. 미국이라는 나라가 있는 줄 알아야 미국에 가보고 싶다는 생각도 할 것이다. 이왕 하는 것 큰 것을 하자는 생각에 아이들 방 한쪽 벽면 아래쪽을 세계지도가 차지했다. 바닥에서 아이들의 눈높이보다 높은 위치만큼 커다란 세계지도를 붙여놓았다.

　하지만 거기까지였다. 아이와 같이 세계지도를 보면서 이야기 나눌 정도의 지식도 없었고, 알기 위한 노력도 하지 않았다. 엄마가 큰 뜻을 품고

사긴 했지만, 어떻게 활용할지는 몰랐다. 엄마의 이런 행동에 아이들도 가끔 들여다볼 뿐 별 관심이 없었다. 그렇게 세계지도는 우리 집의 비싼 벽지가 되었다. 아이들이 자라고, 우리가 이사를 가면서 벽지였던 세계지도는 사라졌다. 하지만 난 무슨 이유에서인지 교습소를 운영하면서 우리나라 지도와 세계지도를 대형으로 다시 들여놓았다.

여전히 세계지도에 대해 많은 관심은 없지만 학생들에게 가끔 지도 속 나라를 찾아보게 한다. 보드게임 수업을 하면서 말이다. 보드게임 중에 세계의 도시가 모티브가 된 게임들이 있다. 게임 이름이 도시나 지역 이름인 경우도 있다. 어떻게 해서 게임으로 탄생했는지 궁금했다. 그 지역의 특산물을 이용한 게임도 있고, 지역의 모습이 보드게임판에 펼쳐지기도 했다. 아니면 여러 도시를 여행하는 게임도 있다. 이런 경우 당연히 우리는 지도와 함께 수업을 연결해야 했다. 지도를 찾아보고 게임에 얽힌 스토리를 찾아 아이들과 이야기를 나누기 시작했다.

마라케시는 모로코의 도시이다. 시장에서 양탄자가 많이 거래되며, 붉은색 흙벽으로 유명한 도시이다. 보드게임 '마라케시'는 양탄자를 바닥에 놓는 게임으로 모로코의 전통 신발인 바부쉬가 그려진 주사위, 디르함이라는 동전을 사용한다. 보드게임을 하기 전에 잘 모르는 도시에 대해 알아보고 그 나라의 문화에 대해서도 맛보게 된다. 이렇게 한 나라 어느 지역과 연관된 게임도 있지만, 유럽에 있는 도시를 여행하는 보드게임도 있다. 유럽의 나라를 알아볼 좋은 기회이기도 하다. 가만히 앉아서 정말 많은 나라를 여행해 보는 재미도 있을 것이다.

기차 여행을 테마로 하는 '티켓 투 라이드'를 소개한다. '티켓 투 라이드'

는 쥘 베른 작가의 소설 『80일간의 세계 일주』의 이야기를 가져와 스토리로 연결했다. 그 소설의 주인공들이 19세기 말에 다시 만나 철도 교통의 발전에 대해 이야기하며 '미국 전역을 철도로 얼마나 빠르게 여행하는 것이 가능한가?' 하는 내기를 한다는 이야기로 시작한다. 이렇게 첫 번째 '티켓 투 라이드'는 미국의 도시를 여행하고 기차 카드를 모아서 길을 연결하는 게임이다. '티켓 투 라이드 유럽'은 게임의 무대를 유럽 전역으로 옮기고 기본 방법과 조금 달라진 부분도 있지만, 대부분 첫 번째 게임의 큰 틀은 벗어나지 않았다. 조금 더 변형해서 '티켓 투 라이드 노르딕'은 게임 무대를 북유럽으로 옮겼고, 아시아를 무대로 한 지도 맵도 있다. 2025년에는 한국 맵도 나와 한국을 무대로 게임을 진행할 수 있다. 한국 맵과 아시아 맵은 게임에 필요한 카드와 맵만 있을 뿐이어서 기본 게임 즉 유럽이나 미국이 있어야 게임이 가능하다. 보드게임판과 기차 수를 줄이고 게임 시간을 줄인, 샌프란시스코, 뉴욕, 파리도 있다. 여기에서는 유럽 여행을 테마로 '티켓 투 라이드 유럽'을 소개한다.

구 성 물

유럽 지도가 그려진 게임판 1개, 5가지 색깔의 기차 240개와 마커 5개, 기차역 15개, 기차 카드, 목적지 카드, 가장 긴 노선 보너스 카드 1장, 기차 점수표 1장

게 임 목 표

목적지까지 기차를 연결하여 많은 점수를 얻어야 한다.

게 임 방 법

❶ 게임판은 테이블 중앙에 둔다. 각 플레이어는 같은 색으로 된 45개의 기차 한 세트, 기차역 3개, 점수 마커를 가져가 게임판 시작 위치에 놓는다.

❷ 기차 카드는 잘 섞어 각 플레이어가 4장씩 가져가고, 남은 기차 카드는 더미를 만들어 게임판 근처에 둔다. 기차 카드 5장은 열어 앞면이 보이게 놓는다.

❸ 장거리 목적지 카드 1장, 단거리 목적지 카드 3장씩 플레이어들에게 나누어 준다. 목적지 카드를 받은 플레이어들은 4장 중에서 2장 이상 선

택하고 나머지는 비공개로 상자에 돌려놓는다. 이제 나눠주고 남은 장거리 목적지 카드와 일반 목적지 카드는 나누어 게임판 근처에 더미를 만들어 놓아둔다.

❹ 자기 차례가 되면 다음 4가지 행동 중 1가지를 선택해서 한다.

4-1 기차 카드를 가져온다.

4-2 노선을 연결한다. 인접한 두 도시 사이 노선의 길이만큼, 노선의 색과 같은 기차 카드를 한 번에 내야 연결할 수 있다. 기차 카드를 내고 노선에 자신의 기차를 칸에 맞게 놓는다. 자신의 차례에 1개의 노선만 연결이 가능하다.

4-3 목적지 카드를 뽑는다. 목적지 카드 맨 위의 3장을 가져와서 최소 1장 이상 선택한다.

4-4 기차역을 건설한다. 기차역이 없는 도시 중 한 곳에 기차역을 건설할 수 있다. 자신의 첫 번째 기차역은 1장의 기차 카드를, 두 번째 기차역은 2장의 기차 카드를, 세 번째는 3장을 내면 건설할 수 있다. 이때 내는 기차 카드는 어떤 색이든 상관이 없다.

❺ 노선을 연결할 때 연결된 기차의 수에 따라 점수가 다르다. 기차 점수표에 따라 즉시 점수를 얻고 점수 마커를 이동한다.

❻ 누군가 자신의 차례를 마칠 때 가지고 있는 플라스틱 기차의 수가 2개 이하가 되면 그 플레이어를 포함해 모든 플레이어가 한 번씩 자기 차례를 진행하고 게임을 종료한다.

❼ 규칙에 맞게 점수를 얻고 가장 많은 점수를 얻은 사람이 승리한다.

지도가 벽에 붙어 있으면 있는 대로 게임 후에 지도 속에 보이는 낯익은 단어가 반갑다. 지도가 없으면 없는 대로 우리는 게임 속에서 유럽의 도시와 가까워진다.

2025년에 기차를 연결할 수 있는 게임판에 우리나라 맵이 생겼다. 그동안 유럽 여행과 미국 여행만 열심히 다녔는데, 이제 우리나라 기차 여행이 가장 먼저이다. 익숙한 우리나라 도시 이름이 게임의 재미를 더해준다.

'티켓 투 라이드 유럽'을 들고 수업에 들어가면 난 게임하기 전 학생들에게 다른 나라 도시 이름을 물어본다. 아이들이 말하는 도시 이름은 흔한 도시 5개를 넘기지 못한다. 게임을 진행한 후 다시 도시 이름을 물어본다. 가끔 이름이 틀리기는 하지만 아는 도시들이 많아졌다. 자주 하다 보면 파리 근처에 어떤 도시들이 있는지도 기억한다. 내가 일부러 보여주지 않아도 게임을 하면서 지도를 보는 효과가 있었다. 여기에서는 게임을 통해 아이들과 세계 지리에 대해 흥미를 느낄 만한 것을 소개해 보겠다.

♟ 다른 보드게임 소개

게임 이름	간단 게임 소개
마라케시	아프리카에 있는 모로코의 도시인 마라케시에서 영감을 받은 게임이다. 주사위를 굴려 나온 수만큼 말을 이동하여 정해진 방법대로 양탄자를 깔아야 한다. 말이 도착한 위치에 다른 사람의 양탄자가 깔려 있다면 정해진 돈을 지불해야 하고, 마지막에 이렇게 번 돈과 차지한 땅을 점수로 가장 많은 점수를 얻으면 승리한다.
라 보카	아르헨티나의 수도 부에노스아이레스 라 보카 지구를 말한다. 라 보카 지역의 집들은 원색으로 화려하게 색칠되어 있는데 그 모습을 본떠 만든 보드게임이다. 원목으로 만들어진 다양한 색깔의 도형으로 카드에 그려진 앞모습만 보고 모든 도형을 쌓아야 하는 2인 협력 게임. 앞에서 본 모습을 제대로 연습할 수 있어 수학 보드게임으로 손색이 없다.
마헤[26]	세이셸의 수도 빅토리아가 있는 마헤 섬에서 이름을 따왔다. 이곳에 200년 이상 산다는 자이언트 거북이가 산다고 한다. 마헤 섬 모양이 그려진 게임판이 있고 3개의 주사위를 굴려 나온 수의 합이 7을 넘지 않아야 한다. 덧셈과 곱셈을 이용한 연산 게임이지만, 변형하여 주사위 1개로도 즐길 수 있다.
산토리니	그리스 에게 해의 섬 산토리니에 영감을 받은 게임이다. 산토리니 섬은 파란 돔과 하얀 건물로 유명한데, 보드게임에서도 이 파란 돔의 건물을 만들어 간다. 자신의 차례 때 가져온 말 중 1개를 이동시켜 인접한 칸에 건물을 짓는다. 누군가 자신의 말을 2층에서 3층으로 이동시켰다면 즉시 승리한다. 신 카드를 이용하면 다양한 게임을 즐길 수 있다.

* '티켓 투 라이드'는 아스모디 그룹의 상표입니다. 해당 제품과 관련된 지식재산권은 아스모디 그룹에 있습니다.

---

26 「수학 시간 수 연산부터 확률까지 - 구십구, 피라미스」에도 소개된 보드게임

4

과학 시간 동물에 대한 관심부터

플라잉 피그

    방과 후 학교에 '과학 탐구' 과목이 있다. 돌봄교실 수업에 가면 아이들은 어떤 날은 나무로 만든 자동차를, 어떤 날은 물레방아, 씨앗이 든 투명한 통을 들고 내게 자랑한다. 그것을 보면서 과학 탐구 과목은 학생들에게 인기가 있겠다고 생각했다. 이렇게 배우는 과학은 정말 재밌을 것 같다. 이런저런 활동을 하면서 에너지에 대해서도 배우고, 생물에 대해서도 배우는 학생들이 너무 부러웠다. 내가 어렸을 때랑 비교하면 천지 차이이지 않은가? 보드게임은 분명 학생들에게 인기가 있지만 학습과 연관 지어 생각하지는 않는다. 어쩌면 그런 점이 보드게임의 단점일 수도 있지만 장점일 수도 있다. 학생들은 보드게임으로 학습해도 놀고 있다고 생각하기 때문이다. 학습을 목적으로 만들어진 게임조차도 아이들이 즐기는 이유이다.

    '플라잉 피그'는 동물에 대한 특징을 알아볼 수 있는 게임이다. 다리가 2개인지 4개인지, 날개가 있는지 없는지, 털이 있는지 비늘이 있는지, 야행성인지 아프리카에서 사는 동물인지 아이들은 게임하면서 알아간다. 게임을 통해 정확한 지식을 알게 된다는 것보다 아이들의 호기심을 자극할 수 있는 게임인 것이다. 여기에서 더 동물에 대한 궁금증을 갖게 된다면 누군가는 분명 더 깊이 알아보기 위해 검색을 하거나 책을 읽을 것이라는 생각한다.

구 성 물

동물 카드 60장, 동물 특성 카드 24장, 돼지 모형 게임용 말 4개, 게임용 칩 16개, 점수판, 정답 노트

게 임 목 표

60종류의 동물들과 그 특성을 빨리 찾아 높은 점수를 얻어야 한다.

게 임 방 법

① 점수판은 테이블 중앙, 동물 카드는 뒷면으로 게임판 옆에 쌓아둔다.
② 점수판과 동물 카드를 가운데 두고 원형으로 특성 카드의 그림이 보이도록 24장을 펼쳐놓는다.
③ 플레이어들은 돼지 모형의 게임 말과 칩을 가져오고, 게임판 같은 색깔 칸에 말을 내려놓는다.

❹ 게임을 시작하면 동물 카드를 1장 뒤집어 이번에 탐구할 동물을 정한다.
❺ 참가자들은 동물 카드가 공개되면, 바로 동물 특성에 해당하는 카드 위에 자신의 칩을 놓는다.
❻ 특성 카드에는 1개의 칩만 놓일 수 있다. 즉 누군가가 칩을 놓은 카드 위에는 다른 사람이 놓을 수 없다.
❼ 정답 노트에서 답을 확인한다. 맞는 카드 위에 있는 칩은 1개에 1칸씩 앞으로 이동하고, 정답이 아닌 카드 위에 놓은 칩은 1개에 1칸씩 뒤로 이동한다.
❽ 다시 동물 카드 1개를 앞이 보이도록 펼치고 게임을 시작한다.
❾ 이렇게 다섯 번을 진행한 후, 게임 말이 가장 앞에 놓인 플레이어가 승리한다.

이 게임은 정답 책을 보면서 진행한다. 흔하게 알고 있는 것 외에도 다른 특성을 가지고 있는 동물도 있다. 학생들과 게임을 진행하다 보면 1학년들은 동물 사진을 보면서 답을 찾는다. 수업할 때는 사진을 빼고 내가 앞에서 동물 이름을 말해주는 방법으로 게임을 진행하기도 한다. 각자 정답을 찾느라 시간이 지체되는 것을 줄이는 방법인데, 이때도 아이들은 동물 사진을 보여달라고 한다. 다리가 2개인지 4개인지, 털이 있는지 없는지 사진을 봐야 한다나?

♟ 다른 방법으로 놀기(동물 카드와 특성 카드만 활용)

① 종이와 연필을 준비한다.
② 동물 특성 카드 24장을 6x4 형식으로 놓고, 그 위에 숫자 칩을 놓거나 번호를 만들어 놓는다. 즉 특성 카드 각각에 번호가 부여된다.
③ 이젠 어떤 동물 카드가 공개가 되면, 준비된 종이에 특성에 해당하는 번호를 적는다.
④ 모두 적었다면 답을 공개한다. 맞은 것은 +1점, 틀린 것은 −1점을 준다. 정답을 모두 맞혔다면 보너스 점수로 5점을 추가해 준다.
⑤ 9라운드를 진행한 후 점수가 가장 높은 사람이 승리한다.

♟ 다른 보드게임 소개

게임 이름	간단 게임 소개
콘셉트 키즈 (동물편)	만 4세 이상부터 즐길 수 있다고 소개된 협력 게임이다. 다양한 아이콘을 이용해 12종의 동물을 묘사하고 어떤 동물인지 맞히는 게임이다. 참가자 중 한 사람은 답을 맞히고, 나머지 사람들은 협력해서 문제를 내는 역할로 나눠 게임을 진행한다. 동물의 특성을 알 수 있는 게임이다.
음냠냠	먹이사슬의 구조를 한눈에 파악하기 쉽게 만들어진 눈치 게임이다. 15개의 주사위를 굴려 나온 동물을 게임판 그림에 맞춰 올려놓은 후, 들고 있는 카드 중 1장을 내려놓는다. 이 카드로 자신이 먹이를 다 먹을 수도 있고 다른 플레이어와 나눠 먹을 수도 있지만 자신의 카드가 먹이가 될 수 있으므로 선택을 잘해야 한다.

5

미술과 음악 시간 배경지식 익히기
디스크 커버, 스톨른 페인팅

　난 정말 그림을 못 그렸다. 잘 그리고 싶은 마음은 가득했지만 항상 마음뿐이었다. 못 그리면 못 그린대로 마음 편하게 그리면 좋았을 것을 그러지 못하고 두려워했다. 성인이 된 후에야 알았다. 난 그림을 못 그리는 게 너무 당연했다. 사람에게는 환경이 중요한데, 나는 그림을 잘 그릴 수 있는 환경에서 자라지 못했다. 그림에 재능이 없고, 아직 그림을 그려보지 않았던 내가 그나마 그림을 잘 그리려면 누군가의 그림을 많이 보았어야 했다. 그것도 가능하지 않았다. 그러니 내가 그림을 못 그린 것은 너무나 당연했다. 그럼에도 불구하고 그림을 잘 그리고 싶었다면 그림 그리기를 그냥 좋아해서 시도 때도 없이 그림을 그렸어야 했다. 이것도 아니었다. 어느 것 하나 하지도 갖지도 않았던 내가 혹시 그림을 잘 그렸다면 그건 재능이었을 것이다.

　대신 난 음악을 잘한다고 생각했다. 사실 음악을 잘했던 게 아니라 음표 읽기를 잘했고, 계이름을 잘 외웠다. 그건 그냥 내 노력으로 가능한 것이었다. 잘한다고 생각하니 음악 시간이 좋았다. 음악책에 나온 모든 곡을 리코더로 연주해야 했을 때도, 다른 친구들보다 빠르게 완료했다. 리코더로 연습하는 시간이 정말 즐겁기까지 했다. 어쩌면, 리코더로 책 1권의 노래를 다 연습한 것처럼 수채화 그리기를 연습했다면 난 수채화도 잘 그렸을지 모른다. 미술책에는 유명한 그림들이 있었고, 학교 게시판에는 잘 그린 그림들이 전시되어 있었다. 그 그림들을 교과서 삼아 잘할 때까지 연습했다면 분명 잘 그렸을 것이다.

아무것도 없는 것에서 창작은 아주 힘들다. 하지만 비슷한 것을 본 후에 나오는 나만의 창작은 조금 더 쉬워진다. 좋은 그림을 잘 그리기 위해서는 많은 그림을 봐야 한다. 좋은 노래를 작곡하기 위해서는 많은 곡들을 들어보거나 연주해 봐야 한다. 그래서 주위의 환경이 중요하다. 좋은 그림을 보고 들을 수 있도록 하는 환경. 이번에는 음악 감상과 그림 감상에 관련된 보드게임을 소개하려고 한다.

'디스크 커버'는 음악 감상형 보드게임으로 음악을 들으면서 음악과 어울리는 커버를 찾는 게임이다. 음악이 중심이지만 디스크에 그려진 그림 또한 감상해도 될 만큼 창의적이라 감탄이 절로 나온다. 실제로 시중에 출시된 디스크 커버와 그 음반에 실린 노래를 활용해 게임을 해봤다. 실제 음악을 듣고 맞는 디스크 커버를 찾는 경우도 있었지만, 대부분 다른 커버를 찾았다. 이때 본 시중에 나온 커버들도 멋졌지만 게임 속 커버들도 그에 못지않다.

100장의 디스크 커버에 그려진 그림들은 73명의 아티스트들이 참여했다고 한다. 그림들은 예쁘기도 하지만 다양한 풍의 그림들이어서 보는 재미도 넉넉하다. 이런 작업을 하는 것을 진로로 정한 학생들이나, 음악을 만들려는 사람들에게는 거꾸로 영감을 주지 않을까라는 생각을 해보기도 했다. 무엇보다도 음악을 들으면서 할 수 있는 게임이고 협력으로도 가능하고, 경쟁 게임으로도 가능해서 온 가족이 즐기기에도 너무 좋은 게임이라고 적극 추천하고 싶다.

구 성 물

커버 카드 100장, 선택 디스크 8개(8인 가능), 점수 토큰, 음반 카드 4장, 시작 플레이어 토큰 1개, 아티스트 소개 책자 1권

게 임 목 표

모두 한 팀이 되어, 각 음악에 가장 적합한 커버를 찾을 때, 가장 많은 플레이어가 고른 커버를 뽑은 인원이 점수가 된다.

게 임 방 법

❶ 음반 카드 4장을 번호 순서대로 한 줄로 놓는다.
❷ 커버 카드는 잘 섞어 뒷면으로 더미를 만들어 둔다.
❸ 각 플레이어들은 각각 선택 디스크 1개씩 받고, 점수 토큰은 한쪽으로 모아 둔다.

❹ 음악을 랜덤으로 재생할 수 있는 플레이리스트를 준비한다.
❺ 게임은 협력 모드와 경쟁 모드 2가지 방식으로 즐길 수 있다(협력모드로 소개한다).
❻ 라운드를 시작하면 랜덤으로 한 곡을 재생한다. 앨범 카드 4장을 각 음반 카드 아래에 1장씩 펼친다.
❼ 각 플레이어는 앨범 카드 4장 중 지금 들리는 음악과 가장 어울린다고 생각하는 앨범 카드를 골라 선택 디스크에 번호를 맞추고 내려놓는다.
❽ 모두 선택을 마쳤다면 선택 디스크를 동시에 공개한다. 가장 많은 선택을 받은 앨범 카드를 확인하고, 선택한 플레이어 수만큼 점수를 가져와 앨범 카드 위에 올려놓는다.
❾ 선택되지 않은 앨범 카드는 상자로 되돌린 뒤 다음 라운드를 시작한다. 9라운드까지 한다(선택된 앨범 카드를 3x3 형식으로 놓는다).
❿ 앨범 커버 카드에 올려놓은 점수를 더하여 우리 팀 최종 점수를 계산한다. 최종 점수에 따른 평가를 확인한다(규칙서에서 확인).

음악 감상형 보드게임을 보았다면, 이젠 널리 알려진 명화를 감상하는 게임인 '스톨른 페인팅'을 소개하려 한다. 서양 미술에서 볼 수 있는 작품들이 거의 모인 200장의 카드가 있는 게임. 현대 미술은 제외되었다고 한다. 카탈로그에는 그림의 제목, 작가, 연도가 기록되어 있다. 이 게임을 할 때마다 한국화가 없다는 것이 아쉽다. 신윤복이나 김홍도 그림도 같이 있으면 좋았겠다는 욕심이 생기는 게임이다.

"서울에 세계에서 가장 크게 그림 전시회가 열렸어요. 유명한 그림들이 다 모였는데 그중에 많은 명화가 도난당했어요. 몇 년 후 이 명화들이 경매장에 나왔다는 소문이 돌았어요. 여러분이 시민 탐정단이 되어 경매장에 들어온 그림 중에 도난당한 명화를 찾아내야 해요. 가장 많은 그림을 찾아낸 사람이 훌륭한 탐정이 될 것입니다."

게임으로 들어가기 전 우리는 탐정단이 된다는 설정으로 시작한다. 드라마에서 하나의 역할을 맡은 것처럼, 이렇게 게임을 시작하면 아이들이 게임에 더욱 몰입할 수 있다.

구 성 물

그림 카드 200장, 숫자 토큰 12개, 점수표, 모래시계, 그림 카탈로그

게 임 목 표

도둑이 훔친 카드를 기억해서 잘 찾아내야 한다.

게 임 방 법

❶ 모든 그림 카드를 뒷면으로 테이블 가운데 더미를 만들어 쌓는다.
❷ 펜과 점수 기록지를 모두 나눠 갖는다.
❸ 참가자 중 1명이 도둑 역할을 맡으면, 나머지 참가자들은 탐정이 된다.
❹ 도둑은 24장의 그림 카드를 배열하고, 탐정들은 제한 시간 동안 이 그림들을 기억한다.
❺ 탐정들은 눈을 감고, 도둑은 전시된 그림 카드 중 1~3장을 훔친다. 도둑은 자신이 훔친 그림이 무엇인지 정확하게 기억해야 한다. 나머지 카드들은 잘 정리하여 한쪽에 놓아둔다.
❻ 도둑은 카드 더미에서 새롭게 카드를 추가해서, 훔친 카드를 포함해서 8장의 카드를 모두가 볼 수 있도록 배치한다(숫자 토큰으로 번호 붙여

주기).
❼ 탐정들은 8장의 그림 중에 어떤 그림이 도난당한 그림인지 번호를 적는다.
❽ 도둑은 정답을 공개하고, 규칙에 맞게 점수를 기록한다. 탐정은 맞힌 개수에 따라, 도둑은 탐정이 추리에 실패한 만큼의 점수를 받는다.
❾ 이번에 사용된 모든 카드는 상자에 넣는다. 현재 도둑 왼쪽에 앉은 사람이 다음 도둑이 되어 게임을 시작한다.
❿ 게임이 끝났을 때 점수가 가장 높은 사람이 승리한다.

  이 게임에서는 2가지의 역할을 돌아가면서 한다. 도둑과 탐정들이다. 딕싯에서 이야기꾼이 게임을 주도적으로 이끈다면 이 게임에서는 도둑이 그런 역할을 한다. 도둑은 카드 24장을 펼치고 그중 1~3장의 카드를 가져와 다른 카드와 섞어 8장을 만든다. 그 8장의 카드를 테이블 중앙에 펼쳐 놓는다. 탐정들은 펼쳐진 8장 카드 중에서 조금 전 24장 속에 있던 카드를 찾아내는 것이다. 탐정들은 도둑이 가져간 그림을 찾아내야 한다.
  게임 방법은 간단하지만 그렇게 호락호락하지 않다. 가끔 도둑이 자신이 어떤 카드를 훔쳤는지 기억 못 하는 경우가 생긴다. 그래서, 훔친 그림 아래에 적힌 번호를 자신의 점수표에 적어두게 한다.

♟ 다른 방법으로 놀기

- 쉽게 즐기고 싶다면 그림을 배열할 때 15장, 16장 정도로 줄이고, 훔치는 개수를 2장이나 1장으로 한정해도 된다.
- 몇 가지의 그림은 비슷하거나, 같은 장소를 여러 번 그린 것도 있어서 뭐가 달라졌는지 찾아보는 것도 다른 재미를 준다.
- 그림 카드가 너무 많아서 귀찮을 수도 있지만 같은 작가의 그림을 모아 두고, 다른 작가 그림을 1장을 넣어 찾게 하는 방법도 미술 공부에 도움이 된다.

♟ 다른 보드게임 소개

게임 이름	간단 게임 소개
스테레오 마인드	음악을 듣고 같은 단어 혹은 그림을 선택하는 것이 목적이다. 구성물이 모두 작은 카드로 되어 있고, 음악은 스마트폰으로 QR코드를 스캔하면 나온다.
도우도우 메모리	48장의 명화를 패러디한 그림을 보는 것만으로도 즐겁다. 게임을 즐긴 후 원작을 찾아보고 이야기를 나눠보는 재미도 있고, 원작으로 다른 모양을 만들어 보는 활동으로도 즐거운 시간이 될 수 있다.
모던아트	마네, 세잔, 고흐, 뭉크, 클림트 5인의 거장의 작품들로 구성되어 있는 경매 게임이다. 실제 경매장처럼 경매 봉과 동전이 들어 있어 그림을 사고팔아야 한다.
모던아트 카드 게임	참가자들은 명품 수집가가 되어 가장 가치 있는 컬렉션을 만들어야 하는 카드 게임이다. 명화가 아닌 특별한 그림들을 감상하면서 즐길 수 있는 게임이다.

* '디스크 커버'에 대한 저작권은 ㈜행복한바오밥에 있습니다.

6

보드게임으로 하는 언플러그 코딩 교육
티키토플

'코딩'이라는 단어가 갑자기 세상에 나오기 시작했다. 나오자마자 급물살이 몰아치듯 교육과 연계해서 어느 곳에서나 코딩이라는 단어를 쓰기 시작했다. '코딩'은 어떤 명령을 컴퓨터가 읽을 수 있는 형태의 언어인 코드로 입력하는 것을 말한다. 스마트폰, 컴퓨터 등과 같은 기기에는 기기를 작동시키는 프로그램이 탑재되어 있다. 이 프로그램이 작동하기 위해서 기계가 이해할 수 있는 언어로 바꿔 명령을 해야 하는데, 이때 쓴 언어가 컴퓨터 언어인 '코드'인 것이다. 우리가 원하는 결과를 얻기 위해 이 코드로 컴퓨터에 명령을 해야 한다. 이렇게 인간의 명령을 컴퓨터가 이해할 수 있게 프로그램을 만드는 과정을 코딩이라고 하는 것이다.

스티브 잡스는 모든 사람은 컴퓨터 프로그래밍을 배워야 한다고 했다. 왜 그런지 궁금해서 이것저것 뒤지다 보니 유튜브 영상이 있어 자세히 들어보았다.[27] 컴퓨터 운영체제인 윈도우를 만들어 낸 빌 게이츠도, 마크 저커버그도 프로그래밍을 배웠다. 처음부터 대단한 것을 만들기 위해 배운

---

27 유튜브 〈왜 코딩을 배워야 할까요? 스티브 잡스. 빌 게이츠. 마크 저커버그. 마크 큐번. 일론 머스크 | 심플리런〉

것은 아니었다. 빌 게이츠가 가장 처음 만든 프로그램은 틱택토였다. 마크 저커버그도 여동생이 좋아할 만한 무언가를 만들고 싶어서 프로그래밍을 시작했다. 그는 사소한 프로그램을 작성하고 나서 조금씩 수정했고, 새로운 것을 배울 필요가 생기면 책이나 인터넷을 찾아보고 새로운 것을 추가해 나갔다.

처음부터 원하는 것을 얻기는 쉽지 않다. 처음부터 의도한 대로 잘되는 것은 어렵다. 그럴 때 틀린 곳을 찾고 수정하고 다시 해보고, 또 찾고, 막혔을 경우 더 좋은 방법은 없는지 생각하는 이런 일련의 작업의 시간이 필요했을 터였다. 아마도 스티브 잡스가 컴퓨터 프로그래밍을 배워야 한다고 했던 이유는 이것 때문이었을 것이다.

코딩의 기본 개념에 순차, 반복, 조건의 3가지 개념이 있다. 순차는 코딩에서 가장 기본이 되는 개념으로 입력된 명령어를 순서대로 실행하는 것을 뜻한다. 반복은 일정한 패턴을 반복하는 것이다. 조건은 주어진 조건을 만족할 때와 그렇지 않을 때 각각 그에 따른 명령어를 실행하게 한다. 원하는 결과를 얻기 위해서 어떤 순서대로 명령을 해야 하는지 생각해야 한다. 같은 행동을 반복하는 것은 최대한 적게 하고, 만족할 만한 것을 얻기 위한 조건을 잘 제시해야 한다.

보드게임 '티키토플'은 똑같은 내용의 카드 7장을 가지고, 그 카드의 명령에 따라 조각상을 제거하거나, 내리거나, 올려서 자신이 원하는 결과를 만들어야 하는 게임이다. 각자 가지고 있는 카드는 같은 구성을 가지고 있다. 그렇다는 것은 타인도 언젠가는 내가 썼던 카드를 쓸 거라고 예상해서 게임을 실행해야 한다. 매 순간 나는 선택을 하면서 카드를 낸다. 그럼 컴퓨터가 명령을 받고 작동을 하듯이 카드대로 명령이 실행된다. 즉 내가 내린 카드의 명령대로, 마지막에 있는 티키상이 제거되기도 하고, 티키상이 위로 올라가기도 한다. 내 명령의 결과는 게임의 승리나 패배로 이어진다. 상대방의 명령에 따라 결과가 달라지기도 한다. 필요한 결과를 만들어 내기 위한 과정처럼 우리는 필요한 승리로 가기 위해 조금씩 명령을 수정해 나간다. 지난번에 그 방법으로 이겼다면 이번에도 같은 방법을 실행해 보기도 한다.

구성물

비밀 티키 카드 27장, 액션 카드 28장(7가지 종류 4가지 색), 티키 조작상 9개, 게임 말 4개, 게임 보드

게임 목표

자신이 가진 비밀 카드에 있는 티키상의 색 순서가 되도록 해야 한다.

게임 방법

① 게임 보드에 티키상을 바닥에 그려진 무늬대로 모아서 한 줄로 놓는다.
② 참가자들은 명령어가 그려진 액션 카드를 원하는 색깔로 가져간다.
② 게임은 라운드로 진행하고, 인원과 같은 라운드를 진행하면 된다. 단 2인은 4라운드를 진행한다.
③ 라운드가 시작되면 모두 1장의 티키상의 색상이 순서대로 그려진 비밀 카드를 1장 받는다.
④ 차례가 되면 액션 카드 중 1장을 버리고, 카드에 표시된 대로 티키상을 움직인다.
⑤ 게임 보드 위에 티키상이 3개가 남았을 때, 또는 모든 사람들이 가지고 있던 액션 카드를 모두 사용하면 종료된다.
⑥ 점수 내기 비밀 카드를 공개하고 가장 위에 있는 티키상 3개를 기준으로 점수를 계산한다.
⑦ 받은 점수만큼 게임 말을 이동하고, 새로운 액션 카드를 모두 다시 가져와 새로운 게임(라운드)을 시작한다.
⑧ 2인이나 4인일 경우 4라운드, 3인일 경우 3라운드를 진행하면 게임이 종료된다. 가장 높은 점수가 승리한다.

'티키토플'은 내가 낸 액션 카드에 표시된 대로 티키상을 제거하거나, 위로 올리거나, 가장 아래로 내린다. 정성껏 티키상들을 내가 원하는 위치에 놓아두지만, 상대방도 나와 같은 카드를 가지고 있다. 상대방도 자신이 바라는 것을 찾아 티키상을 옮길 것이다. 게임이 시작되고 바로 자신이 원하는 순서대로 놓였다고 좋아하면 안된다. 가장 아래에 있는 티키가 제거되는데, 제거되지 않으려면 가장 아래쪽에 있으면 안 된다. 처음에는 잘 모르고 했지만, 게임 횟수가 늘어나면 사람들에게 어떤 카드가 남았는지 기억하기가 쉬워진다.

♟ 재미있는 이야기: 게임하기 전

티키는 남태평양 폴리네시아 신화에서 인간을 창조한 신의 이름이다. 폴리네시아 문화에서 티키는 조상숭배를 상징하는 인간 형태의 나무 또는 돌 조각으로 많이 있고, 예배의 대상이 되어왔다. 우리나라 장승과 비슷한 느낌인 것 같다. 영화 〈모아나〉가 폴리네시아 지역의 문화와 전설을 바탕을 만들어졌다고 한다. 영화를 먼저 보고 게임을 하는 것도 추천한다. 남태평양에 있는 섬도 찾아보고, 한국인에게는 너무 낯선 폴리네시아에 대해서 같이 알아가는 것도 즐거울 것이다.

♟ 다른 보드게임 소개

게임 이름	간단 게임 소개
스택버거	7가지 재료를 이용하여 햄버거를 만드는 메모리 게임이다. 햄버거를 만들기를 위해서는 아래서부터 차례대로 재료를 놓아야 한다. 재료 타일이 4세트가 있어서 2세트나 3세트로 난이도 조절이 가능하다. 햄버거 카드도 낮은 단계부터 진행하면 쉽게 접근할 수 있다.
포션폭발	재료(구슬) 분배기에서 자신이 필요한 재료를 잘 가져와 많은 물약을 만들어야 한다. 이때 가져온 후에 같은 색 구슬이 2개 이상 연결되면 폭발이 일어나 그 구슬을 모두 가져올 수 있다. 어디에서 폭발이 일어날 수 있는지 끊임없이 생각해야 한다. 완성된 물약에 있는 기능을 잘 활용하면 더 많은 물약을 만들 수 있다.
마이크로 로봇	주사위 2개로 목표 지점을 정한 후, 로봇을 목표 지점에 보내기 위한 방법을 찾는다. 가장 적은 횟수로 이동하고 어떻게 이동했는지 보여주면 칩을 가져갈 수 있다.
로보터틀	베테랑 프로그래머가 프로그래밍 기술을 자기 아이들에게 전수하기 위해 만들어 낸 게임이다. 자기 로봇을 같은 색깔의 보석까지 데려가는 것이 목표이다. 이 게임은 터틀 마스터(어린이)와 터틀 운전자(성인)가 필요하다. 터틀 마스터가 카드로 명령을 내리면 터틀 운전자는 터틀을 움직이면 된다.

* '티키토플'에 대한 지식재산권은 Gamewright에 있습니다.

7

필요한 정보를 얻는 기억력을 높여라
치킨차차

 우리는 자신에게 일어난 모든 일을 기억하지 못한다. 친구들과 같은 곳에 있다가 왔어도 같은 것을 기억하는 것은 아니다. 그러다가 무언가 눈에 들어오면 같이 간 사람들을 부른다. '저것 좀 봐!'라는 말이 서로 같은 것을 보고 같이 기억하자는 의미이기도 하다. 이렇게 우리는 일상생활에서조차 모든 것이 아닌 기억하고자 하는 것을 기억한다. 내게 역사는 재밌지만 어렵다. 이야기를 좋아하는 나는 이야기를 기억한다. 어떻게 흘러가는 것인가에는 관심이 많지만 세세한 연도, 세세한 인물은 별 관심이 없어 기억을 잘 못하기 때문에 역사가 어렵다.

 기억력이 기억할 수 있는 능력이라면 노력을 해야 하는 것은 당연하다. 필요한 정보를 얻을 수 있기 위해서 기억력은 매우 중요하기 때문이다. 우리의 뇌에는 기억을 보관하는 장소가 두 곳이 있다. 짧은 기억을 보관하는 '단기 기억' 장소와 오랫동안 보관할 수 있는 '장기 기억' 장소이다. 단기 기억은 빠르게 기억했다가 빠르게 잊힌다. 장기 기억은 오랫동안 기억해야 할 것을 모아 둔다. 우리가 쓰는 일상 단어나 친구들의 얼굴은 장기 기억에 들어 있어야 할 것이다. 학습에서는 영어 단어나 수학 공식이나 과학에서 중요한 증명 등은 모두 장기 기억에 들어 있어야 할 것이다.

뇌는 모든 것을 기억하지 않고, 스스로 중요한 것만 기억하려고 한다. 꼭 기억해야 할 것이 있다면, 먼저 주의를 기울여야 한다. 우리는 모든 것을 기억할 필요도 없고, 그래서 항상 주의를 기울일 필요도 없다. 그래서 매일 일어나는 일 중에서 대부분 흘려보내고 몇 개의 중요한 자극만 의식 안으로 가지고 들어온다. 이마엽(전두엽)은 기억력, 사고력 등을 주관한다. 뇌에서 해마는 이마엽과 함께 들어오는 정보를 분석해서 그것이 기억할 만한 가치가 있는지를 판단하는 책임을 맡는다. 가치가 있다고 판단된 것은 장기 기억의 일부가 된다.[28] 뇌세포는 함께 일하면서도 스스로 각기 다른 종류의 정보 처리에 전문화된 그룹을 형성한다. 하나의 뇌세포가 다른 뇌세포에 신호를 보내면 두 뇌세포 간의 시냅스가 강화된다. 뇌세포들은 더 많은 신호를 주고받을수록 연결은 더 강해지고, 뇌는 물리적 구조를 조금씩 다르게 재구성한다. 학생들은 새로운 것을 학습하고 경험하면, 뇌에서는 새로운 연결이 생기고 재구성된다. 이렇게 연결되는 것들은 사용할수록 강화되고, 학생들이 이 정보를 배우고 연습하면 복잡한 지식 회로와 기억이 뇌 안에 자리를 잡는다.

'치킨차차' 게임은 기억력 게임이다. 아주 오래된 게임이다. 닭과 연관된 그림이 12가지가 있고, 팔각형 타일 12개에는 각각 1개씩, 달걀 모양 타일에는 각각의 그림이 2개씩 있다. 12개의 팔각 타일에 어떤 그림이 있는지 기억하면 된다. 팔각형 타일은 뒤집어져서 찾아야 하는 타일, 달걀 모양 타일은 보이게 놓여 있고, 닭들이 달려야 하는 타일이다. 달걀 모양 타

---

28 테리 도일, 『뇌과학과 학습혁명』 p254~, 돋을새김

일에 그려진 그림을 팔각 타일에서 찾아야 하는 것이다. '치킨차차'는 게임을 통해 기억하기 위한 주의력을 향상시킨다. 게임하는 동안 어떤 그림이 어디에 있는지 계속 기억하고 있어야 한다. 내게는 뒤집어진 타일 12개의 그림을 기억하는 능력이 없다. 수업을 하다 보면 초등학교 1~2학년 중에도 그런 능력을 가진 학생들이 많다는 것을 알게 된다. 24개의 달걀 모양 타일을 한 바퀴 돌아 모든 닭의 꽁지를 가져가는 모습을 보면 경이롭기까지 한다. 이 아이들은 말한다. 자신들은 기억력이 좋다고. 난 무조건 인정한다.

구성물

팔각형 꼬꼬마당 타일(이하 팔각 타일) 12개, 달걀 모양 운동장 타일(이하 운동장 타일) 24개, 닭 모양 말 4개, 꽁지 4개

게임 목표

뒤집어진 타일의 위치를 잘 기억해서 다른 닭들의 꽁지를 모두 가져와야 한다.

게임 방법

❶ 12개의 팔각 타일 12개를 잘 섞어 테이블 가운데에 뒷면으로, 운동장 타일 24개도 잘 섞어 테이블 중앙에 동그랗게 그림이 보이게 놓는다. 이때 같은 그림은 적당히 떨어지도록 놓는다.

❷ 각자 닭 모양의 게임 말을 하나씩 고르고, 꽁지를 끼운다.

❸ 닭 모양의 말을 운동장 타일 위에 올려놓는다. 게임 말 사이의 거리가 최대한 같게 되도록 놓는다. 3인은 말 사이에 7개의 타일이, 4인은 5개의 타일이 놓이면 된다.

❹ 게임 진행은 왼쪽, 시곗바늘 방향으로 한다.

❺ 차례가 되면 자신의 말 앞에 놓인 운동장 타일 그림을 확인하고, 중앙에 놓인 팔각 타일에서 같은 그림을 찾아 그림이 보이도록 뒤집는다.

❻ 그림을 맞게 찾았다면 1칸 앞으로 이동하고, 다시 차례를 진행한다. 틀리게 찾을 때까지 진행한다.

❼ 틀리게 찾았다면 팔각 타일을 그림이 보이지 않게 두고 차례를 마친다.

❽ 자신의 말이 다른 말 바로 뒤에 도착했다면, 그 다른 말 앞에 있는 운동장 타일의 그림을 찾아야 이동할 수 있다. 맞게 찾았다면 상대방 게임 말을 뛰어넘어 이동하고, 그 게임 말의 꽁지를 뽑아 자신의 게임 말에 끼운다(꽁지가 2개인 닭).

❾ 누군가가 꽁지를 모두 모으면 게임이 종료도 되고, 그 사람이 승리한다.

♟ 다른 방법으로 놀기

• **메모리 게임**

구성물: 운동장 타일 24개(아이들 수준에 맞춰 개수를 조절할 수 있다)

❶ 타일 24개를 잘 섞어서 뒷면이 보이도록 4×6 형식으로 놓는다.
❷ 자신의 차례가 되면 타일을 1개씩 두 번 뒤집는다. 타일은 그 자리에서 뒤집는다.
❸ 2장이 같은 그림이면 타일을 모두 가져오고 한 번 더 진행한다.
❹ 다른 그림이며 처음 상태로 뒷면이 보이도록 놓는다.
❺ 모든 타일이 사라지면 게임이 종료되고 타일이 많은 사람이 승리한다.

• **쉽게 '치킨차차' 하기**

팔각 타일과 운동장 타일의 개수를 줄여 게임을 진행할 수 있다. 2인이 게임할 경우 6세트를 준비하여 해도 된다.

   기억력 게임은 집중력과 주의력이 우선시되어야 한다. 내가 또는 친구가 뒤집어서 보여지는 타일을 어디에 있는지 머릿속에 잘 저장해 둬야 한다. 즉 기억하려고 노력해야 한다. 12개의 타일을 모두 기억할 수 있다는 것을 그만큼의 노력이 필요하다. 게임이라고 하지만 이기기 위해서는 우리는 자신이 가지고 있는 능력을 발휘해야 한다는 것이다.

🎲 다른 보드게임 소개

게임 이름	간단 게임 소개
펭글루	12개의 펭귄이 감추고 있는 알의 색깔을 맞춰 가져오는 게임이다. 2개의 주사위를 굴려 나온 색깔의 펭귄알을 찾아야 한다.
지하실 아래 용이 숨긴 보물	같은 그림을 2장 찾았던 지금과는 다르게 조금 더 진화한 기억력 게임이다. 카드에 그려진 점의 개수만큼 같은 그림을 찾아야 한다. 거미와 용을 찾았을 때 적용되는 규칙까지 더해져서 더 흥미진진하게 게임을 진행할 수 있다.
마법의 미로	눈에 보이지 않도록 게임판 아래에 만들어 놓은 미로의 벽을 피해서 자신이 원하는 심볼을 획득해야 한다. 자석인 말과 쇠로 된 구슬이 붙어 있다가 이동하는 중에 벽에 부딪히면 구슬이 떨어진다. 원하는 심볼을 얻기 위해서는 어디에 벽이 있는지, 가는 길을 기억해야 한다.

8

공부하기 전에 꼭 챙겨야 하는 집중력
도블, 피카독, 피카픽

"아빠. 오늘 선생님 수업을 잘 들어야 할 것 같아요. 수학 시간에 잘 들었더니 모든 게 이해가 되었어요." 중학생인 딸이 자신에게 이렇게 말했다며 동생이 내게 전했다. "그럼, 그동안 수업에 집중을 안 한 거야?" 너무 당연한 것을 말하는 동생에게 내가 어이없다는 듯 물었다. 그 아이가 집중을 못 했던 이유가 따로 있었지만, 수업에 집중하지 않는다면 그날 배운 내용을 모르는 것은 당연하다. 즉, 집중은 공부를 잘하기 위한 조건으로 중요하다고 할 수 있다.

집중력은 크게 수동적 집중력과 적극적 집중력으로 구분이 된다고 한다. 수동적 집중력은 노력 없이 가능한 집중력으로 즉각적인 호기심을 충족시킬 때 자연스럽게 나타난다. 이것은 새롭고 신기한 자극이나 강렬한 자극을 접할 때면 누구나 발휘할 수 있다. 컴퓨터 게임은 새로운 시각과 청각 자극으로 이루어져 있기 때문에 수동적 집중력이 기능을 발휘한다. 적극적 집중력은 의식하고 노력해서 얻어지는 집중력이다. 공부와 같이 다소 지루하고 반복적이거나 어려운 과제를 할 때 발휘되는 집중력이다. 적극적 집중력이 높은 아이는 의식적으로 자신의 감정과 동기를 조절할 수 있다. 그런 아이는 공부가 재미없고 지루한 상황에서도 인내심과 끈기를 가지고 공부에 집중한다. 모든 학습자들이 적극적 집중력이 높다면 좋겠지만 그렇지 않다. 그래서 좋은 강사는 끊임없이 학습자들을 집중하게 하는 힘을 가진 사람인 것이다. 결국 집중할 수 있게 하려면 재밌어야 한다는 것인가? 우리가 바라는 것은 적극적 집중력을 바라고 있다.

보드게임은 아이들의 집중력을 높여줄까? 보드게임은 처음에는 소극적 집중력으로 시작을 한다. 새롭고 신기하고 재미있다. 타일 12개의 위치만 기억해도 게임에서 이길 수 있다(치킨차차). 꼬리만 보이는 상어가 다리를 부수며 쫓아오고 있고, 플레이어들은 빠르게 안전한 곳들로 피해야 한다(상어아일랜드). 아이들은 발을 동동 구르면서 '빨리빨리'를 외친다. 이런 게임들은 누구나 좋아한다. 아주 유치한 게임이라고 어린아이들만 좋아하는 것은 아니다. 규칙대로 놓여져 있는 타일의 숫자를 맞추는 게임인 다빈치 코드 같은 경우는 상대방 타일의 숫자를 맞추기 위해 꽤 많은 집중력을 필요로 한다. 게임에 이기기 위해서는 계속 집중을 해야 한다는 것이다. 물론 대충 감으로 맞추는 아이도 있지만 말이다.

그렇다면 적극적 집중력은 어떨까? 아주 열심히 해야 하는 게임이 있다. 즐겁게 게임만 하면 되는 것이 아니라 집중해서 무언가를 맞추거나 기억해서 대답해야 하거나 만들어야 하는 경우, 아이들은 하기 싫다고 한다. 다른 게임 없냐고 묻는다. 어렵다는 말을 하지만 사실은 '이런 게임은 머리 아파요'라는 말이 더 맞을 것이다. 분명 게임 도중에 포기하고 대충 하고 만다. 그런 중에도 열심히 하는 아이가 있다. 당장은 잘되지 않지만 노력하는 아이. 지금 우리가 가려고 하는 목표를 향해 어려움을 이겨내고, 하기 싫은 마음도 이겨내고, 어려워서 포기하고 싶은 마음도 이겨내고 집중하는 것이 적극적인 집중력이라면 보드게임은 역시 좋은 교구이다. 이제 우리는 그것이 중요하다. 집중력이 그건 줄 알겠어. 난 집중력이 부족해. 그렇다면 집중력을 향상시킬 수 있냐는 것이다.

많은 집중력을 올리는 게임 중에 여기에서는 눈으로 보는 게임을 소개해 보려고 한다. 같은 그림 찾기인 '도블'을 소개한다. '도블'은 55장의 카드로만 이루어진 게임이다. 각 카드에는 8개의 그림이 그려져 있다. 어떤 카드이든지 2장을 펼쳐 비교하면 똑같은 그림이 1개씩 있다. 그 하나의 그림을 찾아 외쳐야 한다.

구 성 물

카드 55장

게 임 목 표

자신의 카드와 비교 카드를 보고 같은 그림을 찾아 카드를 많이 모으거나, 빨리 버려야 한다. 5가지 게임 방법이 있다.

게 임 방 법

미니게임 1 탑 쌓기(자신의 카드가 많아야 이긴다)

❶ 카드를 1장씩 가져가고, 나머지 카드는 중앙에 더미를 만들어 놓는다. 게임은 모두 다 함께 동시에 시작한다.

❷ 자신의 손에 있는 카드와 중앙에 있는 카드를 비교하여 같은 그림을 찾아 이름을 말하고 중앙에 있는 카드를 가져온다.

❸ 가져온 카드는 자신이 가지고 있는 카드 위에 놓는다. 이젠 자신의 바뀐 맨 위 카드와 중앙에 있는 카드를 비교하여 같은 그림을 찾는다.

❹ 중앙에 있는 카드 더미가 떨어지면 게임이 종료되고, 카드가 가장 많은 사람이 승리한다.

> **홀로 도블하기**
> ❶ 20장 찾아보고 시간 재기–여러 번 진행하여 시간 줄이는 성취감 느끼기
> ❷ 1분 시간을 두고 찾아보기–장수를 늘려보기
>
> **추 천**
> ❶ 도블은 5가지 방법을 제공하고 있다. 우물 파기, 뜨거운 감자, 독이 든 선물, 세쌍둥이라는 제목의 미니게임으로 더 즐거운 시간을 보낼 수 있다.
> ❷ 처음부터 게임을 진행하면 같은 그림이 잘 보이지 않은 아이들은 집중력을 높인다기보다는 빨리 포기하기 쉽다. 혼자 할 수 있는 시간을 충분히 주고 시작해야 한다.

* '도블'은 아스모디 그룹의 상표입니다. 해당 제품과 관련된 지식재산권은 아스모디 그룹에 있습니다.

다음은 같거나 1가지만 다른 그림을 찾아야 하는 또 다른 집중력 게임 '피키독', '피카픽'을 소개한다. 같은 게임인데 카드의 그림이 강아지와 돼지인 게 다르다. 각 카드의 그림이 조금씩 다르다. 색깔이 진하거나 연하게, 팔이 2개이거나 1개, 검은 선글라스가 있거나 없거나, 팝콘이 있거나 없거나, 크기가 크거나 작거나의 경우이다. 같은 그림은 3개씩 있다. '피카독', '피카픽' 게임은 현재 자신이 가진 기준 카드와 그림이 같거나 한 가지만 다른 카드를 찾아 가져오는 게임이다.

게임 목표

자신이 가진 카드와 똑같은 그림이거나 그림이 하나만 다른 카드를 가져와야 한다.

구성물

카드 96장(서로 다른 그림 32장의 그림 3세트)

게임 방법

① 30장의 카드를 5장씩 6줄을 앞면이 보이게 놓는다.
② 플레이어들은 나머지 카드 중 한 장씩 뒷면으로 가져와 손바닥 위에 놓는다. 이 카드를 캡틴 카드라고 한다.
③ 모두 동시에 '피카독!'이라고 외치고 손바닥에 있는 캡틴 카드를 그림이 보이도록 뒤집는다.
④ 게임은 모두 동시에 진행한다.
⑤ 캡틴 카드의 그림과 완전히 같거나, 1가지만 다른 카드를 가져와 자신의 캡틴 카드 위에 그림이 보이게 놓는다. 방금 가져온 카드가 새로운 캡틴 카드가 된다.

❻ 다시 캡틴 카드의 바닥에 놓인 카드 중 그림이 같거나 1가지만 다른 카드가 있다면 가져온다.
❼ 더 이상 가져올 카드가 없다면 '피카독!'이라고 외친다. 나머지 사람들도 카드 가져오기를 멈춘다.
❽ '피카독!'이라고 외친 사람부터 카드를 확인한다. 먼저 바닥에 놓인 카드에서 가져올 카드가 없는지 모두 다 함께 확인한다. 만약에 잘못 외쳤다면 가져온 카드는 모두 반납한다. 맞게 외쳤다면 카드 더미에서 보너스로 카드를 한 장 가져간다.
❾ 다시 '피카독!'이라고 외친 사람부터 가져온 카드가 맞는지 확인한다.
❿ 1장이라도 잘못 가져왔다면 카드는 모두 반납해서 0점이 된다.
⓫ 몇 라운드를 진행할 경우 제대로 가져온 카드는 따로 모아서 보관한 후 게임이 종료한 후 세어 카드가 가장 많은 사람이 승리한다.

추천

모두 똑같거나 1가지만 다른 경우를 찾는 것은 생각만큼 쉽지가 않다. 처음부터 게임으로 진행하지 않고 부모와 같이 한 팀으로 가져가기를 해보는 것을 권한다.

보드게임 '피카독'과 피카픽'은 쉬운 듯 어려운 게임이다. 가져온 카드 중에 1개라도 잘못 가져오면 모두 잃게 된다. 게임 초반에는 많이 가져오는 것이 아니라 규칙에 맞게 가져오는 것을 목표로 해야 한다. 성인들만의 게임에서도 빨리 가져와야 한다는 부담감 때문에 틀리게 가져온 경우가 생각보다 많다. '피카픽', '피카독'은 주의력이 많이 요구되는 게임이다.

♟ 다른 방법으로 놀기

• 5개 가져와서 기차 만들기

바닥에 놓인 30개의 타일 중에서 5개를 규칙에 맞게 가져와서 옆으로 길게 늘어놓는다(시간 안에 가져온 모든 사람에게 점수를 준다). 잘되면 10개 가져오기로 바꿔서 진행한다.

• 5개 가져오기(손바닥에 쌓기)

위와 방법은 같지만 손바닥에 올려놓는다.

우리가 흔히 알고 있는 숨은그림찾기, 달라진 곳 찾기, 없어진 수 찾기 등도 집중력에 좋다. '도블'과 '피카독', '피카픽'은 숨은그림찾기, 달라진 곳 찾기와 같은 놀이이다. 플레이타임도 짧고 게임 박스도 작아서 언제든지 할 수 있다. 가족끼리 아주 잠깐 즐거운 시간을 보낸 후에 각자 자신의 할 일을 하는 것도 좋을 것 같다. 물론 한 번만 하고 그만하기는 힘들 것이지만 말이다.

6장

우리 아이는 보드게임으로 자란다

1
역경이 최고의 배움임을 알게 하라

보드게임 '만칼라'는 먼 옛날 아프리카 대륙에서 만들어졌다고 전해진다.[29] 언제부터 이 게임은 생겨났는지는 알 수는 없지만 에티오피아에서 1300년 전에 만들어진 게임판이 발굴되었다고 하니 아마도 그 전일 거라 추정할 뿐이다. '만칼라'는 보이지 않는 카드나 주사위를 이용한 운에 따르는 요소가 전혀 없다. 이기기 위해서는 전략적 사고와 계획이 필요하며 모든 순간 플레이어의 판단력이 중요하다. 이런 점 때문인지 아프리카에서는 부족을 이끌어갈 추장을 뽑기 위해 만칼라 게임을 했다고 전해진다.

'만칼라'는 전략 게임이지만 시간이 오래 걸리지 않고 게임 방법도 간단하다. 옛날에는 구덩이를 파고 씨앗이나 돌멩이를 이용하여 게임을 즐겼을 것이다. 현대에는 플라스틱이나 나무로 만들어진 판과 구슬이 있다. 게임판에는 총 14개의 보관통이 있는데 그중 12개는 6개씩 2줄로 나란히 놓여 있다. 6개의 보관통 앞으로 한 사람씩 앉으면 바로 앞 보관통 6개가 자신의 구역이다. 이 6개의 보관통 양옆으로 1개씩 조금 더 넓은 보관통이

---

29 「게임시스템 이야기-만칼라」, 코리아보드게임즈 블로그, 보드게임 이야기

있는데 각각 오른쪽의 보관통이 자신의 창고라고 생각하면 된다. 자신의 앞 6개의 보관통에는 각각 4개씩 구슬을 놓으면 게임은 준비가 된다. 보관통에 있던 구슬을 규칙대로 이동해서 자신의 창고에 많이 모은 사람이 승리하는 게임이다.

나는 대부분의 수업에 '만칼라'를 넣는다. 수업할 때 첫 번째 게임은 아이들이 게임 규칙을 정확하게 인지하지 못한 상태에서 시작한다. 이런 이유로 첫 게임은 2:2 팀전으로 진행하는 편이다. 아이들은 아직 자신이 어떻게 움직여야 하는지, 상대방이 어떤 수를 둘지 잘 모른다.

초등 1학년들과 게임을 하던 어느 날이었다. 그날도 첫 게임은 2명씩 한 팀으로 게임을 진행했다. 혼자 하는 것보다는 2명이 머리를 맞대면 더 나은 수를 둘 것이라는 믿음도 있었고 아이들도 팀으로 하는 게임을 좋아하기 때문이다. 그렇게 2:2로 첫 게임이 시작되었다.

사이가 좋은 훈이와 연희가 한 팀이었다. 게임이 중간으로 접어들 무렵 누가 나를 급하게 불렀다. 가보니 훈이 입을 꽉 다문 채 고개를 숙이고 있었다. 앞에 놓인 게임판을 보니 훈이 팀이 상대방 팀보다 창고에 들어가 있는 구슬이 적었다. 훈이가 생각하기에 질 것 같았나 보다. 아직 게임이 끝나려면 멀었음에도 훈이는 게임을 포기하려고 했다. 내가 아직 누가 질지 모르니 게임을 계속하자고 했다. 훈이는 싫다고 하면서 큰소리고 말했다.

"처음부터 다시 하면 되잖아요."

난 다시 아직 누가 이길 줄 모른다고 훈을 달랬다. 이미 시작한 게임은 끝날 때까지 해야 한다고 했다. 여기서 기권하면 진 거라고도 했다. 훈은 그건 싫고 다시 하자고만 했고 난 안 된다고 했다. 4명이서 시작했고, 이렇게 하기로 약속해서 시작한 게임이다. 온라인 게임에서도 게임 도중 나가버리는 행동은 예의가 없는 행동이라고 한다. 페널티를 줘야 한다는 말들도 많다. 보드게임도 마찬가지다. 같이 게임을 하던 다른 친구들은 훈이를 지켜보며 기다리고 있었고 어떻게든 결정을 내려야 했다.

다시 처음부터 하는 건 아닌 것 같았다. 훈이 팀인 연희에게 혼자 할 수 있겠냐고 물었다. 연희는 고개를 끄덕였다. 상대 팀에도 이렇게 계속 게임을 할 거냐고 물었더니 그렇게 하겠다고 했다. 게임은 이어졌고, 훈이는 그냥 옆에서 지켜보기로 했다.

이날 대부분의 아이들은 만칼라 게임을 처음 해보았다. 이겨도 얼떨결에 이긴 것이다. 아직 규칙도 정확하게 체득하지 못한 상태에서 누가 이긴들 그게 실력은 아닌 상황이었다. 다시 처음부터 했다고 해도 훈이가 이겼을지 아니면 졌을지 아무도 모른다. 다른 친구들이 이의를 제기하지 않아서 다시 시작해서 훈이 팀이 이겼다고 해도 그건 정당한 승리인지도 잘 모르겠다. 만약에 중간에 지고 있다면 또다시 처음부터 하자고 했을 수도 있다. 아니면 아이들이 잘하는 말 "ㅇㅇ는 아까 그렇게 했잖아요."라는 말을 하면서 다시 하자고 했을 수도 있다. 이번 게임으로 중간에 질 것 같아도 끝까지 해야 한다는 규칙이 세워졌다. 아이들은 유치원생이 아닌 초등학생이 되었기 때문에 투정 부린다고 모든 게 받아들여지지 않는다. 난 이렇게 말한다. 이젠 초등학생이라고. 이젠 초등학생이라는 이 말은 묘하게 아이들에게 설득력이 있었다.

훈이가 빠진 게임에서 연희가 승리했다. 훈이와 같은 팀이 이긴 것이다. 난 연희를 칭찬했고, 상대방 두 친구들도 칭찬했다. 내내 뾰로통한 표정으로 있던 훈이의 얼굴에서 화색이 돌았다. 아이들에게 한 칭찬은 승리에 대한 칭찬이 아니었다. 끝까지 자신이 해야 할 것을 한 것에 대한 칭찬이었다. 연이는 혼자였지만 끝까지 했다. 어쩌면 선생님이 하라고 하니까 했는지도 모른다. 그래도 했다는 것이 중요하다. 난 연희가 졌다고 해도 이 점에 대해서는 칭찬을 했을 것이다.

그날 다른 반에서 유민이도 만칼라 게임을 처음 했다. 원래 게임을 잘하는 아이라 그날도 이길 것이라고 나는 예상했다. 첫 게임에 유민이 팀이 졌다. 다음에 개인전이다. 유민의 상대는 만칼라를 여러 번 해 봤다는 아이였다. 이번에도 유민이가 졌다. 이제 상대를 바꿔 게임을 진행해야 하는데, 다른 팀이 게임이 끝나지 않아 바꾸지 못하고 다시 게임을 했다. 또 유민이가 졌다. 수업이 끝나고 아이들이 게임을 정리하는 중이었다. 게임에서 이긴 아이가 유민이에게 자신이 두 번이나 이겼다고 말했다. 바로 유민이가 말했다.

"몇 번 더 했으면 내가 이겼을 거야!"

그 말을 옆에서 들었던 난 해야 할 말은 못 하고 조용히 웃고 말았다. 분명히 그랬을 것이다. 이 아이는 언젠가는 이겼을 것이다. 다음이 아니었다면 그다음에라도 이겼을 것이다. 연달아 세 번을 지고도 저렇게 말할 수 있는 아이라면 분명히 이길 것이라고 생각했다.

심리학자 마틴 셀리그먼(Martin Seligman)은 세 집단으로 나누어진 개를 대상으로 전기 충격을 주는 실험을 했다. 1그룹의 개들은 담이 너무 높아 아무리 해도 그 담을 뛰어넘을 수가 없었다. 도망갈 수 없었던 개들은 전기 충격을 그대로 받고 있어야 했다. 2그룹은 담이 낮아 쉽게 담을 뛰어넘어 전기 충격에서 벗어날 수 있었다. 3그룹은 단계적으로 담을 높여 노력을 하면 담을 뛰어넘을 수 있도록 했다. 3그룹의 개들은 자신의 노력으로 충격에서 벗어날 수 있었다.

이제 이 실험 개들을 담이 아주 높은 셔틀 박스에 집어넣었다. 개들은 어떻게든 뛰어넘을 수 없어서 전기 충격을 피할 수 없었다. 이 상황에서 1그룹은 담이 높아 노력해봤자 충격을 벗어날 수 없다는 것을 학습한 개들로, 처음부터 아무것도 하지 않았다. 2그룹은 그동안 낮은 담만 쉽게 넘었던 기억 때문에 높은 담에 여러 번 시도해 보았다. 하지만, 성공하지 못했고 결국 전기 충격을 그대로 받게 되었다. 3그룹의 개들은 그동안의 자신들의 노력으로 담을 넘어왔기 때문에 계속 칸막이를 뛰어넘는 시도를 했다.[30]

이 내용을 읽는 순간 아이들은 경험이 얼마나 중요한 건지 다시 깨달았다. 어떤 경험을 했는지도 중요하다. 너무 쉬운 것만 했는지, 너무 어려워서 처음부터 포기하게 했는지, 아니면 조금씩 높이는 과제가 주어졌는지 말이다. 아이들은 경험하면서 배우고, 배운 것을 학습한다. 보드게임 시간에 활동과 행동은 그대로 경험이 된다. 그냥 그 시간만의 일은 아니다. 같은 상황에서 훈이는 질 거라는 예상을 하고 쉽게 포기를 했다. 그리고 앞에 있는 일을 없었던 일로 만들고 다시 시작하기를 바랐다. 연희는 그 순간에도 최선을 다했고, 유민이는 여러 번 졌음에도 불구하고 다음에는 내가 이겼을 거라는 말을 했다. 무엇이 유민이가 여러 번 졌음에도 불구하고 몇 번 더 하면 자신이 이겼을 거라는 말을 하게 했을까? 무엇이 훈이처럼 게임이 끝나지 않았는데도 중간에 포기하게 한 걸까?

지는 순간에 포기하고 다시 시작하는 것은 어쩌면 가장 쉬운 선택일 수

---

30 김영훈, 『아이의 공부두뇌』, 베가북스

있다. 다시 시작해서 이기면 되니까 말이다. 하지만 살아가는 동안 다시 처음부터 시작할 수 있는 것은 얼마나 될까? 다시 과거로 돌아가서 다시 선택할 수 있다면 우리는 정말 정답을 찾아갈 수 있는 것일까? 그럴 수 있다면 그래도 되지만, 그러지 못하는 경우도 많다. 결국 지금 이 상태에서 노력하면서 좋아지도록 해야 하는 것이다. 자신이 잘못하고 있다면 잘할 수 있는 방법을 찾아가면 되는 것이다. 지고 있는 순간에도 어떻게 하면 이길 수 있을지 생각한다는 것은, 이 담을 어떻게 뛰어넘을까 생각하는 것과 같지 않을까? 그런 경험들, 지는 순간에도 최선을 다했더니 역전을 할 수 있다는 것을 여러 번 겪은 아이들은 절대 중간에 포기하지 않을 것이다. 열심히 해서 원하는 것을 얻지 못했어도 그 경험에서 우리는 무언가를 분명 배운다.

공부도 마찬가지다. 열심히 공부했는데도 모르는 것투성일 수 있다. 시험을 망칠 수 있다. 어차피 이번 시험은 망쳤으니 다음 과목도 대충 볼 것인가? 아니면 이번 과목 성적과 관계없이 다음 과목에 최선을 다할 것인가? 이 선택도 아이들의 몫이다. 조금 전 본 시험은 없어지지 않는다. 그 시험을 안고 다음 시험을 봐야 한다. 이때 아무리 속상하고 눈물이 나도 엎을 수는 없으니 우선 그래도 인정하고 다음 시험을 위해 최선을 다해야 하는 것이다.

아이들은 어리다. 초등학생은 오래 살아야 13년을 살았다. 어쩌면 성공보다는 실패가, 아는 것보다는 모르는 것이 더 많은 것은 당연하다. 세상의 경험을 많이 해보지 않은 나이이고 아직 배워야 할 것이 많다. 앞으로 많은 일들이 아이들의 앞을 가로막을 것이다. 다가오는 작은 일들을 헤쳐 나가면 좋은 거름이 될 것이다. 가끔은 문제를 피해 가는 방법을 택하거나, 포기하는 것을 택해야 할 수도 있다. 우리는 훈련이나 연습을 통해 몸에 익힌다. 불이 나면 어떻게 할 것인지, 지진이 일어나면 어떻게 할 것인지 하는 작은 것부터 심폐소생술도 연습한다.

 이처럼 작은 역경을 만들어 이겨낸 경험을 겪어보면 어떨까? 여러 번 해보면 당연히 그런 일이 생길 때 역경이라는 생각도 하지 않고 헤쳐 나가지 않을까? 어떤 것이든 타고 나는 것도 있겠지만 살면서 배우는 것이 더욱 많다. 어려운 환경에서 어떤 것을 선택하는 것은 자신이고 그것으로 인해 우리의 미래는 달라진다. 어떻게 해도 전기 충격을 벗어나지 못한다는 것을 학습한 개는 도망갈 수 있는 상황에서도 충격을 오롯이 받고 있었다. 하지만 자신의 노력으로 벗어날 수 있다는 것을 경험했던 개는 다른 환경이었지만 몇백 번이고 담을 뛰어넘으려고 했다는 것을 기억하자. 진짜 원하는 것이 있다면 몇백 번이고 담을 뛰어넘어야 할 것이다. 그러려면 작은 역경으로 그들을 강하게 해야 할 것이다. 역경은 언제든지 벗어날 수 있다. 그 역경 속에서 우리는 많은 것을 배울 수 있다. 벗어나는 연습 즉 학습은 우리에게 그런 일이 생길 때 있는 자리에서 박차고 나가는 힘을 줄 것이다. 이번 시험은 망쳤다고? 그럼, 다음 시험을 더 잘 봐야 할 것이다. 이번에 면접에서 떨어졌다고? 그렇다면 어디에서 부족했는지 찾아보고 다음에 다시 도전해 보자.

 마지막으로 훈이 소식을 전한다. '만칼라'를 포기했던 훈이는 지는 것을 두려워했다. 게임에서 질 것 같으면 자주 중간에 포기하려 했다. 처음부터 다시 하고 싶어하기도 했지만, 한 번 이기면 다음 라운드는 안 하고 싶어 했다. 이기면 자기 잘했지 않았냐고 나와 친구들에게 계속 묻고 칭찬을 받고 싶어 했다. 그러던 아이가 겨울방학이 되었을 때쯤 변했다. 도형 맞추기 게임에서 다른 친구들은 끝나고 훈이 혼자 맞추고 있었다. 빨리 맞춘 사람이 점수를 가져간다. 훈이는 지금 맞춰도 점수가 없었지만 끝까지 최선을 다하고 있었다. 훈이는 어느새 변해있었다. 이기면 여전히 모두에게 칭찬을 받고 싶어 했지만, 진다고 해서 포기하지는 않았다. 지더라도 끝까지 했다. 난 이 변화가 보드게임 덕분이라고 말하고 싶다. 지는 연습을 통해 패배에 대한 두려움을 이겨냈고, 져도 끝까지 해보니 언젠가는 역전하기도 한 경험으로 뒤로 물러서지 않게 되었다고 말하고 싶다. 사실 몇 개월 더 자라서일 수도 있다. 그럼에도 난 슬쩍 우겨본다. 몸과 마음을 튼튼하게 한 그 몇 개월 성장에 분명히 보드게임도 한 몫 했을 것이다.

2
노력이 타고난 지능을 이긴다

책 『성취하는 뇌』[31]에 독일 속담 '어려서 배우지 못하면 커서도 못 배운다'가 소개되었다. 대체 무슨 의미의 속담일까 궁금해서 네이버에 검색했더니 '어린 시절에 습득한 경험이나 학습한 태도가 성장 후에도 큰 영향을 미친다고 해석할 수 있다'고 알려준다. 『성취하는 뇌』에서는 '연령에 상관없이 평생 학습할 수 있다'로 해석했다. 난 이 두 해석이 다 마음에 들었다.

평생 학습할 수 있다는 말이 위안이 되지만 배움의 과정은 만만치 않다. 나이가 들어가니 내게 배움은 더 힘든 과정이 되었다. 기억력도 떨어진 것 같고, 이해력도 떨어진 것 같다. 젊은 사람들과 수업을 들으면 가끔 그들에게 의존해서 물어봐야 할 것도 있다. 그렇다고 뇌가 멈춘 것은 아닌 것 같다. 늦게 배우느라 시간이 더 걸리지만 잘하지는 못해도 비슷하게는 가니 말이다. 나는 우리가 보고 배운 것을 뇌에 기록한다고 생각한다. 처음의 기록은 가느다란 선이고 흐릿하다. 그래서 배운 것을 자주 잊게 된다. 자주 반복하고 다시 배우면 그 선이 뚜렷해지고 굵어진다. 분명 배웠음에

---

31 마르틴 코르테, 『성취하는 뇌』, 블랙피쉬

도 불구하고 기억나지 않은 수학 공식에 비유할 수 있겠다. 이것을 반복해서 풀어보고 기억하면, 그 선이 굵어지고 필요할 때 기억해 내려 애쓰지 않아도 된다. 이렇게 굵은 선을 많이 만들기 위해서는 노력이란 게 필요하다고 생각한다.

'머리가 좋다'라는 말은 좌뇌의 기능 즉 기억력, 수리력, 추리력, 언어 능력 등이 좋다는 뜻으로 대부분 쓰인다. IQ가 좋다는 말도 비슷하다. 타고나기를 머리가 좋게 태어난 사람도 있다고 한다. 〈알쓸신잡〉에 나온 정재승 교수의 말에 의하면 지능이 성적에 미치는 정도가 초등학생은 50%, 중학생은 30%, 고등학생은 20%라고 했다. 카이스트 뇌인지과학과 교수의 말이니 믿음이 간다. 『성취하는 뇌』에서 저자도 타고난 지능과 재능 등으로 성공을 거둘 수도 있지만 이것이 전부는 아니라고 했다. 『아이의 공부두뇌』[32]에서는 학업성적은 지능보다는 공부 습관에 더 관련이 깊고, 누가 더 학습에 투자하는 시간이 많은지 더 중요하다고 했다. 이 얼마나 다행스러운 말인가 싶다. 타고난 재능과 지능이 전부라고 한다면 능력을 받지 못한 누군가는 그것을 포기해야 하기 때문이다. 하지만 훈련이나 연습, 시간을 투자해서 잘할 수 있다면 우리는 무엇이든 할 수 있는 사람이 되는 것이다. 분명 모든 사람이 성공하는 건 아니다. 이건 모든 사람이 끈기 있게 목표를 향해 나아가는 건 아니기 때문이기도 하다.

"선생님. 이제 1개 풀었어요."
수학 시간. 5학년 아이 1명이 평소보다 조금 더 큰 목소리로 내게 말했

---

[32] 김영훈, 『아이의 공부두뇌』, 베가북스

다. "30분 걸렸어요!" 30분 이상 문제가 풀리지 않아 끙끙대더니 풀었나 보다. 나를 빤히 쳐다보는 표정이 '나 잘했죠?'라고 말하는 듯하다. 난 아이에게 지루하지 않았냐고 물었다. 아니란다. 재미있단다. 어려운 문제를 집중해서 풀어낸 경우보다, 풀릴 듯 풀리지 않은 문제를 푸는 것이 더 힘든 것 같다고도 말했다. 어려운 문제는 포기할 수 있는데, 풀릴 것 같은 문제는 계속하게 된다고 했다. 풀려도 안 될 것 같은 문제를 어떻게 풀어낼지 하나씩 방법을 찾아가는 아이를 지켜보는 것은 내게 정말 즐거운 일이다. 문제집의 문제나 퍼즐의 문제가 해결이 안 되는 경우는 거의 없다. 그러니 기어이 답을 찾아야겠다는 생각을 하다 보면 분명히 문제는 해결된다.

나는 퍼즐할 때 아이들에게 거짓말을 한다. 자주 한다. 수업 중 아이들이 퍼즐에 문제를 풀다가 안 된다고 말하면 난 망설임 없이 말한다.

"선생님이 이것 다 풀어봤는데, 다 풀려요. 안 되는 것이 없으니 다시 해보세요."

난 당연히 그 문제를 다 풀어보지는 않았다. 그동안 먼저 문제를 접했던 아이들이 문제를 해결해서 답을 찾는 과정을 보았으니 다 풀린다는 말은 사실이다. 안 되는 것 없다는 내 말에도 "안 돼요. 못해요. 어려워요."라고 말하는 아이들의 말에 난 신경을 쓰지 않는다. 옆에서 그냥 지켜본다. 다른 방법으로 한번 해보라거나, 다른 쪽으로 가져다 놓아보라는 힌트를 살짝 주기는 한다. 문제를 해결하는 것은 언제나 아이들이다. 이때 많이 푼다거나, 시간이 중요한 건 아니다. 수업 시간에 한 문제만 했다고 하더라도 그것으로 아이는 칭찬을 듬뿍 받는 것이 마땅하다.

1인용 퍼즐을 풀다 보면 처음에는 아주 쉽게 문제를 해결하는 아이들을 본다. 어디서 해본 것도 아닌데 정말 잘한다. 이 중 몇 명은 처음에 재미있게 하다가 단계가 올라가면서 어려워지면 하기 싫다고 한다. 반대로 1번부터 이해를 하지 못해 여러 번 설명을 해줘야 하는 아이도 있다. 3, 4번까지는 같이 퍼즐을 풀어야 한다. 이런 아이 중에 몇 명은 방법을 터득하는 순간부터는 막힘이 없다. 그저 묵묵히 한다. 혼자서 아무 말 없이 한 단계씩 문제를 해결해 간다. 옆에서 10번을 풀었든 20번을 풀었든 자신의 일만 한다. 난 처음에 더디 가는 아이들에게 이렇게 속삭인다.

"다른 사람이랑 비교하지 말고 해. 이렇게 한 단계씩 올라가다 보면 나중에는 비슷해 질 거야."

내 말은 맞기도 하고 틀리기도 한다. 처음부터 잘하는 아이가 마지막까지 잘한다면 그 아이가 훨씬 빠르게 끝난다. 하지만 중간에 어렵다면서 대충 하는 척만 하다 보면 끝나는 것은 거의 비슷해진다. 아니 다른 친구들보다 늦어지기도 한다. 결국 잘하는 것과 못하는 것은 끝까지 누가 포기하지 않고 하느냐는 것에 달린 것이다.

재능과 지능보다 중요한 게 노력이란다. 얼마나 다행인가. 안 된다면 노력하면 된다는 말이 아닌가? 노력하는 중간에 항상 성취만 있는 것은 아니다. 실수도 할 것이고 실패도 할 것이다. 새로운 것을 배우는 과정에서 실수와 실패는 어쩌면 당연할 수도 있다. 우리에게도 처음 가본 길은 잘못 들기 일쑤가 아닌가? 낯선 길은 두렵기조차 하다. 아이들에게 모든 것이 낯설다. 처음 보거나 하는 것들이 많기 때문이다.

"이 게임 정말 낯설다."

보드게임하다가 어떤 아이가 크게 말한다. 세상에 어려운 것은 없고 낯선 것이 많아서 어렵게 느껴진다고 내가 말했었는데 순간 그게 기억이 났나 보다. 그렇다. 우리는 지금의 문제가 어려운 게 아니다. 이제 처음 겪은 것이거나, 처음 배운 게임이라 그냥 낯설 뿐이다. 한 번도 이런 게임을 해보지 않았고, 아니 이런 것을 해보지 않았고 이제 처음이다. 누구나 처음은 어렵고 힘든 것이다. 그런 상황에서 어려운 것은 너무 당연하다. 한 번, 두 번, 세 번, 아이들이 게임을 해보면 어렵다는 말은 하지 않는다. 갑자기 쉬워졌다고 말하기도 한다. 익숙해지면 쉬워지는 것이다.

미국의 심리학자 앤절라 더크워스(Angela Duckworth)가 진행한 연구에서 결과에 따르면 끈기가 지능 지수보다 학력과 직업에 훨씬 더 큰 영향을 미친다고 했다.[33] 수행력을 발휘하려면 열정이 있어야 하고, 잘하던 것이 갑자기 못해질 수도 있다는 것도 인정할 수 있어야 한다. 인내심도 가져야 한다. 해보지 않은 것을 용기 내서 해보고, 잘못된 습관을 바꾸기 위해 노력해야 한다. 긴 시간에 걸쳐 어떤 목표를 이루기 위한 과정이 내가 생각한 대로 평탄하기만을 바라지 않아야 한다. 실패를 경험해 보고, 좌절감을 느껴보고, 그로 인해 그만두고 싶은 마음을 이겨내야 한다. 내가 이루고자 하는 목표를 향해 포기 없이 간다는 것은 분명 쉬운 일은 아니다. 아이들은 잘 걷기 위해 셀 수도 없이 많은 엉덩방아를 찧었다. 우리가 무언가를 잘하기 위해서는 그렇게 수많은 시간과 실패를 이겨내야 하는 것은 너무나 당연하다.

보드게임을 해보면 정말 재미있다. 이 재미가 아이들에게 노력이라는 것을 하게 만들었다. 너무 어렵지 않고 조금만 더 하면 해결할 수 있다는 생각을 갖게 만들었다. 결국 한 단계씩, 아니면 조금만 더 빨리하게 했다. 순발력, 기억력, 이해력, 어휘력, 사고력 등 모두 높이기 위해서는 노력이

---

[33] 마르틴 코르테, 『성취하는 뇌』 p29, 블랙피쉬

필요했다. 보드게임 수업을 할 때 난 언제나 아이들이 어려운 것에서도 재미를 찾기를 바랐다. 지금 당장은 풀리지 않지만, 조금 더 생각을 해보고, 돌려보기도 하면서 문제를 끝까지 스스로 답을 찾아가기를 바랐다. 아이들 중에 처음에는 게임에 지거나 모르면 그만하고 싶어 한 아이도 있었다. 여러 번의 수업을 통해 아이들은 스스로를 조금씩 변화시켜 나갔다. 나는 항상 이것에 감사하고 있다.

노력은 대부분의 것을 가능하게 한다. 스스로 해결해야 할 과제를 해결한 경험은 아이들을 더 어려운 문제도 무서워하지 않도록 한다. 사실 게임에서 틀리거나 못해도 손해는 없다. 있다면 조금의 창피함일 수도 있지만 그것 역시 조금 후면 다 잊힌다. 그러니 다시 하면 되지. 한 번 해서 알아낸 정답과 열 번 해서 알아낸 정답의 가치가 다르지 않다. 아이들의 노력으로 이뤄낸 성과이고, 이로 인해 성취감은 올라간다.

보드게임은 여러 번의 노력을 하게 만든다. 우리의 뇌는 한 번의 경험으로는 아무것도 해주지 않는다. 하지만 여러 번의 경험은 그것을 습득하게 하고, 기억하게 하고 다음에 이와 같은 상황에서 성공을 상상하게 한다. 이렇게 성공의 경험은 우리를 다음을 향해 나아가는 힘을 만든다. 그 경험은 성인이 돼서도 좋은 영향을 미칠 것이다.

3
가르치지 말고 플레이하게 하라

　게임할 때 규칙을 정했다면 그 규칙 아래에서 아이들은 원하는 행동을 할 수 있다. 어떤 행동을 할지 선택하는 것은 언제나 아이들의 몫이다. 어쩌면 금방 게임이 끝날 수도 있다. 그것 역시 성장의 한 과정이다. 이 과정을 통해 스스로 전략이나 이기는 방법을 찾아간다.

　난 수업할 때 게임 설명을 하면서 아이들이 모두 이해했을 거라고 생각하지 않는다. 게임 시작 후 돌아다녀 보면 모둠별로 각기 다른 방법으로 게임하기도 한다. 그 방법이 지금껏 단 한 번도 생각하지 못했던 방법이어서 놀랄 때도 있다. 문제가 되지 않는다. 모둠별로 다니면서 잘못된 부분은 수정해 주면 된다. 내가 생각해도 정말 빈틈없이 설명했어도 아이들은 내 빈틈을 찾아낸다. 게임하는 것을 지켜보면 어떻게 이렇게 게임을 할 수 있을까 감탄이 나올 정도이다. 예전에는 내가 게임을 설명하는 방법이 서툴러서 그런 줄 알았다. 하지만 그게 아니었다. 찰떡으로 설명을 해도 콩떡으로 게임을 하는 게 아이들이었다.

　성인이라고 다르지 않다. 처음 게임 설명을 들을 때는 '대체 이게 무슨 말인가?' 싶은 게임도 있다. 게임 규칙서를 읽을 때도 마찬가지다. 대체 이

게 무슨 말인가 싶어 여러 번 곱씹어 읽어보기도 한다. 그러니 아이들이 한 번에 못 알아듣는 건 너무 당연하다. 아이들이 각자 이해한 방법대로 게임을 진행하고 있어도 문제가 되지 않는다. 지금부터, 아니면 다음부터 정확한 방법으로 하면 된다. 게임은 직접 해봐야 정확하게 이해해서 게임 전략을 세울 수 있다.

아이들이 규칙대로 게임을 잘 하고 있다면 지금부터 모든 선택의 아이의 몫이다. 게임에 참여한 한 사람으로서 지켜보면 된다. 부모가 보았을 때 엉뚱한 선택을 한 것 같아도 그 선택에도 나름 생각이 있다고 믿어라. 그 선택에 대한 결과를 아이는 스스로 책임질 것이다. 이젠 아이는 내 딸이 아니라, 아들이 아니라 그저 한 사람의 플레이어인 것이다. 같이 게임하는 사람. 플레이어는 게임할 때 스스로 차례를 지키고, 게임을 주도적으로 이끌어 갈 것이다. 이 주도적인 선택과 책임은 아이의 성장에 도움이 된다.

'어린이의 감춰진 힘을 알아내어 칭찬하고 그 힘의 성장을 돕고 보조하겠다는 의도를 가지고 겸손히 다가가야 한다. 그렇게 하면 어린이의 진정한 품성이 내면의 힘을 가지고 우리 앞에 드러날 것이다.'

이탈리아 출신의 교육자 마리아 몬테소리의 말이다. 그녀는 교육이란 어린이를 존중하고 어린이의 그 존재 자체를 발견하는 것이고, 그다음으로는 어린이가 성숙하기 위해서 나아가려고 할 때 필요한 도움 즉, 적절한 환경을 제공하는 것이라고 생각했다. 아이들이 스스로 학습하고 배울 수 있도록 많은 기회를 제공하려 했고, 아이들의 능력과 의사를 존중하였다. 몬테소리의 교육 철학은 개인이 자발성과 자기통제에 기반을 두었다.[34] 현

---

34 「마리아 몬테소리」, 네이버 지식백과(인물세계사)

재 몬테소리 교육의 효과는 높이 인정되고 있다. 아이들은 언제나 주도적으로 무언가를 해낼 수 있다. 자신이 느끼지 못할 수도 있지만 스스로 길을 열고 통제할 수 있다. 게임에서도 아이들은 스스로 목표를 세워 실천하는 주도적인 학습은 자신이 상황을 통제한다는 기분을 느끼게 해서 수업에 집중하고, 더 빨리 성장하도록 도움을 준다.

게임은 어떻게 해야 승리할 수 있는지 목표가 정확히 정해져 있다. 목표를 향해 스스로 통제하고 결정하고 그 결과에 책임을 지는 동안 아이들은 성취감과 자존감을 높인다. 이는 성취동기로 이어진다. 게임이 종료된 후 아이들은 볼이 빨갛게 상기되어서 환하게 웃는 모습에서 난 그들이 어깨를 으쓱했다는 착각을 한다. 나는 이 정도의 사람이라는 말하는 듯한 스스로에 대한 대견함이 태도에서 묻어나온다.

나는 게임을 지켜보다가 계속 지고 있는 아이를 보면 나도 모르게 훈수를 두기도 한다. 그 훈수로 인해 다른 아이가 마음이 상할 수도 있다. 안타까운 마음에 그렇게 행동을 하지만 바람직한 모습은 아니다. 특히 같은 또래 사이에서는 더욱 조심스럽게 해야 한다. 도움을 받는 아이나 상대방 아이들이 잘 모르게 해야 한다. 특히 부모와 아이가 게임을 할 때에 아이가 하는 행동에 이러쿵저러쿵 자꾸 훈수를 두면 안 된다. 그 훈수를 받아서 이기다가 자신이 해서 지게 되면, '내가 하면 지는구나' 하는 생각으로 자신을 믿지 못하게 될 수도 있다. 또는 이기고 싶은 마음에 자꾸 부모에게 의지하고 눈치를 볼 수도 있다. 아이가 어떤 선택을 하려고 할 때 옆에서 그냥 지켜보아야 한다. 혹시 무언가를 알려주고 싶으면 부모의 차례일 때 소리 내어 자신이 왜 그런 카드를 내는지 말해줄 수는 있다.

"5칸을 앞으로 가면 미끄럼틀을 타고 아래로 떨어지네. 이번에는 뒤로 5칸을 가야겠다." 이런 식으로 왜 그렇게 했는지를 말로 하는 것도 좋겠다. 그러면 아이는 다른 사람의 선택에서 자신에게 필요한 것을 배워 실천한다. 이렇게 아이는 게임하면서 배우고 그것을 바탕으로 자신의 전략을 발전시킨다.

아이가 게임하다가 규칙에 어긋나는 행동을 했을 때도 부모나 선생님으로서 아니라 게임을 같이 하는 플레이어로서 말하면 된다. 일부러 규칙을 어기거나, 반칙을 하기위해 하는 행동이 아닌 경우가 많다. 예를 들어 말을 이동할 때 뒤로 가면 안 되는 경우인데 뒤로 가는 경우이다. 게임 규칙은 정확히 알고 있지만, 자신의 말이 위험해지면 순간 잊고 뒤로 물러나는 것이다. 뒤로 가면 안 된다고 다시 말해주고, 말을 다시 이동하도록 하면 된다. 이때, 정해진 벌칙이나 제약이 있다면 적용하면 된다. 즉 게임하는 동안은 동등한 어른들끼리 게임하는 것처럼 대해주면 되는 것이다. 이렇게 게임하면 가족 모두 서로 존중하는 마음도 생기고, 아이들은 하고 싶은 말을 스스럼없이 하고 그 시간은 즐겁게 보낼 수 있다.

그렇다고 아직 어린아이들과 정정당당하게 게임해서 항상 부모가 이긴다면 어떻게 될까? 예전에 보드게임 행사에서 여섯 살쯤 되는 아이와 아빠가 간단한 순발력 게임을 했다. 어른이 이길 수밖에 없는 게임이었다. 아이 아빠는 승부의 세계는 냉정한 거라면서 계속 이겼다. 아이의 엄마가 옆에서 눈치를 줘도 아랑곳하지 않던 아이 아빠 덕분에 아이는 통곡을 했고 엄마 품에 안겨 자리를 떴다. 아이가 그냥 우는 것으로 끝나면 좋겠지만, 나중에 게임을 안 하려고 할 수도 있다. 모든 게임을 져 주라는 말이 아니다. 그리고 일부러 티가 나게 져도 안 된다. 나비타월드 최미향 대표의 저서 『보드게임의 쓸모』[35]에서 젬블로의 오준원 대표는 승부에 집착하는 경향이 강한 아이는 다섯 번 중에 세 번 져 주다가 자연스럽게 줄여도 좋다고 조언한다. 특히 오 대표는 아빠들에게 잘 져 주라고 당부까지 했다. 난 이 말에 박수를 열 번 이상 치고 싶다. 아빠들은 아이와의 게임에서조차 승리욕에 불타기 때문이다. 내 주위의 아빠들 대부분이 그랬고, 보드게임 행사장에서도 아빠들이 아이들을 울리고 끝나는 경우를 종종 보았기 때문이다. 처음에는 몇 번만 슬쩍 져 주면 된다. 분명 어느 순간이 되면 최선을 다해도 아이가 이길 것이다. 그리 오래 걸리지 않는다.

아이들과 게임을 한다면, 아이들이 보고, 그리고 직접 플레이를 하면서 배우게 하라. 옆에서 누군가가 이렇게 해라 저렇게 해라 말로 하는 게 아니라 게임으로 보여준다면 아이들은 스스로 선택해서 배워나간다. 자기 자신이 한 선택에 대해 책임을 지고, 또다시 만회하기 위한 자유로운 선택을 하고, 긍정적인 결과를 얻어내면 그 과정을 기억할 것이다. 아니면 부정적인 결과가 되었다고 해도 그 과정을 기억해서 다음에는 그런 선택을 하지 않을 것이다. 이런 자잘한 의사 결정이나 선택이 지금 하고 있는 게임의 정보가 되고 자료를 만들어 내어 다음 게임에서 전략이 된다. 분명히 더욱 좋은 전략을 만들어 낼 것이다.

져도 괜찮다. 게임은 이기는 것이지만 포기하지 않고 끝까지 최선을 다한다면 분명히 뇌는 이기기 위한 최고의 방법을 찾아 뇌를 휘젓고 다닐 것이다. 그곳에서 찾은 것은 다시 다음 게임에서 좋은 전략이 되고 정보가

---

[35] 『보드게임의 쓸모』, 최미향 • 나비타놀이교육연구소, 나비타월드

된다. 난 지는 순간까지 최선을 다하면 분명히 똑똑해지는 중이라고 말한다. 질 것 같다고 대충하면 뇌는 활동을 멈추지만, 생각을 한다면 뇌는 부지런히 일을 한다. 졌다면 다음에 다시 하면 된다. 누군가가 가르쳐 준 게 아니라 스스로 깨쳐서 배운 것이야말로 오래 남는 법이다. 그러니 나이가 적든 많든, 게임을 많이 해봤든 적게 해봤든 오늘 같이 앉아 게임을 하면 우리는 서로 존중하는 플레이어임을 잊지 말기 바란다.

4
보드게임으로 메타인지를 키워라

2010년 EBS에서 〈0.1%의 비밀〉이라는 프로그램이 방영되었다. 전국 모의고사 상위 0.1% 학생 800명과 평범한 학생 700명을 비교 실험한 것이었다. 이 두 그룹의 성적에 차이가 나는 이유는 무엇일까? IQ 차이일까? 아니면 집안 환경 차이일까? 아니면 둘 다 모두 좋은 환경이었을까? 방송을 위해 사전 조사를 했지만, IQ나 집안 환경에는 차이가 없었다.

무엇 때문인지 알아보기 위해 이 두 그룹을 대상으로 재미있는 실험을 했다. 상위 그룹 학생 5명과 일반 학생 5명에게 서로 연관성이 없는 단어 25개를 보여주었다. 하나당 3초씩 모두 75초 동안이었다. 그 후 학생들에게 스스로 몇 개를 기억할 수 있는지 쓰게 했다. 여기서 중요한 것은 '자신이 몇 개를 기억해 낼 수 있을지'를 예측해서 적어내는 것이었다. 누가 더 많이 기억해 냈을까? 난 당연히 0.1% 그룹이 더 많이 기억할 거라고 예상했다. 대부분 그렇게 생각했을 것이다. 그러나 결과는 두 그룹 간의 기억력 차이는 거의 없었다.

그럼, 이들의 차이는 어디에 있는 것인가? 두 그룹의 차이는 예측해서 적은 개수였다. 상위 그룹 학생들은 몇 개를 기억할 수 있을지 예측한 개수와 실제 기억한 단어 수에서 1명을 제외하고 모두 일치했다. 반면에 평범한 학생들은 이 둘 사이의 차이가 컸다. 이 차이가 자신이 무엇을 알고 무엇을 모르는지 정확히 아는 메타인지 능력의 차이인 것이다.[36]

메타인지는 이렇게 자신이 무엇을 알고 있는지 아니면 모르는지를 아는 능력이다. 단어를 보고 아는 단어인지 모르는 단어인지 안다는 것은, 모르는 단어에 집중할 수 있다는 것이다. 자신의 능력을 파악한 후 시간과 노력을 들여 할 수 있을지 없을지, 아니면 어느 부분에 시간을 더 들여야 할지 결정한 것이다. 시간과 노력을 적절하게 투자할 수 있으면 효율성이 높아진다. 실제로 〈0.1%의 비밀〉 팀에서 설문조사 결과 상위 그룹에 속한 아이들은 성적이 떨어지는 과목의 공부량을 늘렸다고 했다.

내가 정확히 아는 것인지 어떻게 알 수 있을까? "설명을 해봐. 나는 아무것도 모르는 할아버지라고 생각하고 아주 쉽게." 오래전 〈카이스트〉라는 드라마에서 교수가 학생들에게 이와 비슷하게 말했었다. 아직도 이 대사와 드라마상의 화면이 기억난다. 그 당시에도 이 부분이 인상이 깊었나 보다. 이것이다. 아주 쉽게, 아무것도 모르는 할아버지도 알아들을 수 있을 만큼 쉽게 설명하기 위해서는 나는 정확하게 알고 있어야 한다. 메타인지는 결국 다른 사람을 가르쳐 보면 정확히 안다. 남을 가르칠 수 있는 것은 내가 정확하게 안다는 것이다.

보드게임 수업을 진행하다 보면 그 게임을 해봤다고 말하는 사람이 있다. 그 사람은 다른 사람들에게 보드게임 규칙을 설명하고 싶어 하는 경우

---

[36] EBS 〈학교란 무엇인가〉 제작팀, 『학교란 무엇인가』, 중앙books

가 있다. 특히 아이들은 더 그러고 싶어 한다. 보드게임 규칙을 한 번에 알아듣게 설명하는 것은 정말 어렵다. 경력이 많은 강사들도 처음 해본 게임을 설명할 때는 막히는 부분이 있다. 설명서와 동영상만 보고 게임 규칙을 설명하는 것과, 여러 번 게임을 직접 해보고 설명하는 것은 또 다르다. 게임을 해보면 어느 부분에서 조금 더 강조해야 하는지 알게 되기 때문이다. 그 후 아이들에게 직접 수업을 진행해 보면 내 설명에서 부족한 부분을 또 찾는다. 게임에 참여한 사람들이 어느 부분에서 막히는지, 어느 부분에서 헷갈리는지 알기 때문이다. 이렇게 수업을 통해 부족한 부분을 찾아내면 다음에는 조금 더 세심하게 게임 규칙을 설명할 수 있다.

또한 보드게임 강사들은 아이들의 수준에 맞춰 게임규칙을 쪼개고 변형하기도 한다. 어려운 게임도 넣을 건 넣고 생략할 건 생략해서 수업하기도 한다. 그렇다는 건, 이제 그 게임은 속속들이 잘 알고 있다는 것이다. 이렇게 정확하게 알게 되기까지 자신의 상태를 계속 돌아보게 된다. 모르는 부분은 계속 채워나가는 것이다. 다른 사람에게 잘 설명한다는 것은 내가 그것을 잘 알고 있다는 것이다.

메타인지 능력을 올리려면 현재 자신의 상태를 스스로 판단할 수 있어야 한다. 자기 스스로 자기를 안다는 것, 즉 자기가 무엇을 잘 못하고 잘하는 것인지 안다는 것이 중요하다. 게임을 하려는 순간 아이들은 말한다.

"난 기억력 게임은 정말 잘해!"

그리고 그 게임에 대한 자신감을 비친다. 정말 다른 아이들보다 월등하게 기억을 잘하는 경우도 있다. 반대로 자신의 기억력이 다른 친구들과 비슷하다는 것을 알기도 한다.

어느 날 빙고 게임을 하기 위해 '가'로 시작하는 단어를 8개 쓰라고 했다.

그동안 많은 게임에서 승리하던 아이가 단어 쓰기에는 3개 쓰고는 그냥 앉아 있었다. 다른 아이들 다 쓸 동안 어찌할 바를 모르고 있었다. 난 아이가 단어를 생각해 낼 수 있도록 도와주면서, 아이보다 내가 더 놀랐다는 것을 깨달았다. 많은 게임에서 잘하던 아이라 이것 역시 잘할 것이라 생각했었나 보다. 이렇게 사람들은 잘하는 것과 못 하는 것이 있다. 자신이 무엇이 부족한지 알았다면 그 부분을 채우기 위해 조금 더 시간을 들이면 된다.

우리는 학습에서 무엇을 아는지 모르는지를 알 수 있는 방법은 직접 해 보는 것이다. 학교에서 배운 것은 복습을 하면 된다. 하다 보면 내가 막히는 부분은 모르는 것이다. 그 부분에 조금 더 신경을 공부하면 되는 것이다. 다른 것도 마찬가지다. 무언가를 배워가야 하는 아이들에게 배운 것을 잊지 않고 채워나가야 하는 것은 중요하다.

모든 게임은 어떻게 하면 승리하는지가 중요하다. 난 어떻게 해야 이기는 것인지 말해주지만, 어떤 카드를 어떻게 공략하라는 등의 방법은 가르쳐 주지 않는다. 수업에서는 아이들이 많아서이기도 하지만, 아이들 스스로 찾아가기를 바라기 때문이다. 실제로 게임 횟수가 늘어나면서 아이들의 전략도 바뀌고 이기는 전략을 세운다. 게임을 하는 도중에 수업에 들어오는 아이가 가끔 있다. 아니면 지난 수업에 결석해서 게임 방법을 모르는 경우가 있다. 이런 경우 모둠의 다른 아이들은 서로 친구를 가르쳐 주겠다고 한다. 강사가 따로 게임 설명을 안 해줘도 걱정이 없다. 아이들은 좋은 강사가 되어 자신의 전략도 가르쳐 주면서 게임 설명을 해준다. 게임 설명을 듣던 아이가 무슨 말인지 모르겠다고 하면, 카드를 들고 하는 방법을 직접 보여준다. 가끔 내가 쓰는 언어보다 더 쉬운 언어로 친구를 가르치기도 한다. 그때는 나도 깜짝 놀란다.

메타인지를 키우는 방법 중에 좋은 방법은 누군가를 가르치는 것이라고 한다. 보드게임 또래 코치 수업이 있다. 이 아이들의 수업 목표는 '보드게임을 설명할 수 있다'이다. 처음은 같이 해보았던 게임을 설명하는 것부터 시작한다. 아이들은 게임 설명하기 임무가 주어지면 정말 최대한 쉬운 게임을 고른다. 쉽다고 고른 게임도 막상 설명을 해보면 쉽지 않다는 것을 알게 된다. 직접 해본 게임을 설명하는 것은 그나마 해봐서 설명이 쉽다. 문제는 안 해본 게임을 설명할 때이다. 안 해본 게임은 동영상을 보고 설명서를 읽고 설명한다. 막상 설명을 하려고 보니 막힌다. 자신 외에는 다른 플레이어들은 그 게임을 모르니 끝까지 책임을 져야 한다. 게임 설명이 부족해도 게임할 수 있다. 게임하다가 모르는 부분은 게임 설명서를 뒤적이며 부족한 부분은 알아간다. 게임할 때는 알고 있었는데 막상 설명하려고 보니 정확한 용어가 기억나지 않기도 한다. 아이들은 이렇게 자신의 어떤 것을 더 보충해야 할지 찾는다. 그리고 다음에 설명할 때는 그 부분을 조금 더 신경을 써서 설명한다. 아이들은 이렇게 스스로 게임 설명을 하면서 자신이 몰랐던 것까지 알아간다.

가끔 난 4학년 이상의 아이들에게 게임 설명을 맡긴다. 내가 안 해본 게임을 아이들에게 맡기는 경우도 있다. 내가 안 해 봤다는 것은 아이들이 모를 때 도움을 줄 수 없다는 것이다. 게임 설명을 해본 아이들은 모르는 게임을 설명하는 것도 겁내지 않는다. 가끔 게임 설명서를 잘못 읽어서 다른 방법으로 게임을 진행했지만 그건 그다지 중요하지 않았다. 또래들 앞에서 게임을 플레이할 수 있도록 설명할 수 있었다는 것이 중요하다. 설명을 하다 보면 자신이 어떤 부분을 잘 몰랐는지 알게 된다. 이렇게 다른 친구들에게 뭔가를 가르쳐 본 경험을 만들면 다음에 자신이 아는 것을 설명하는 것을 겁내지 않는다. 아니 가만히 보면 아이들은 가르치는 것을 좋아한다. 누군가 모른다고 말했을 때, 동시에 서로 가르쳐 주겠다고 말하는 것을 보면 분명하다.

  실제로 아이들은 게임 설명뿐 아니라 공부할 때도 옆에 있는 친구들에게 자기가 아는 것을 설명하려고 한다. 옆에서 잘못 알아들어도 여유를 가지고 다시 가르쳐 준다. 수업할 때 내게 질문을 하기 전에 옆에 친구나 선배들에게 먼저 문제 풀이 방법을 물어보는 경우가 있다. 우리 아이들은 아주 친절하게 잘 가르쳐 준다. 선배라고 해서 모두 다 알까? 그렇지만 모르고 아는 것은 두려워하지 않는다. 알면 가르쳐 주는 것이고, 아는 만큼만 가르쳐 주는 것이다. 가르쳐 주다 생각이 나지 않으면 다시 알아 가면 되는 것이다. 그 부분만 채우면 되는 것이다.

『14세까지 공부하는 뇌를 만들어라』에서 김미현 작가는 듣는 공부와 읽는 공부에 대해 이야기했다. 듣는 공부는 전문 강사가 알기 쉽게 이야기를 해줘서 그 순간은 알 것 같다. 읽으면서 공부하는 것은 듣는 공부보다 어렵다. 쉬운 설명이 없으니 스스로 파악하고 이해하기 때문이다.

  '듣는 공부는 이해한다는 착각에 빠지게 한다. 전문 강사가 공부해야 할 내용을 소화하기 쉬운 형태로 요리해서 던져주기 때문에, 듣고 있으면 그 순간에 알 것 같다. 그러니 읽으면서 이해할 때보다 뇌는 편안하다. 반면에 읽기 공부는 듣기보다 어려운 공부법이다. 친절한 설명이 보태지지 않으므로 스스로 파악하고 이해해야 한다. 읽다가 이해가 안 되면 그곳에서 공부도 멈춘다. 강의는 흘려듣고 넘길 수 있지만 읽기는 그러기가 쉽지 않다.'[37]

---

[37] 김미현, 『14세까지 공부하는 뇌를 만들어라』, 메디치미디어

이해한다는 착각, 알고 있다는 착각에 빠지는 경우는 공부를 한 후 막상 문제를 풀어보면 안다. 아는 것 같은데 헷갈린다. 5개 중에 1개를 고르는 문제 중에 답이 2개이다. 용어 1개 때문에 이 답을 고를지 저 답을 고를지 찍어야 한다. 정확히 모르는 것이다. 보드게임을 하면서 아이들은 자신이 잘하는 것과 부족한 것을 찾아낸다. 못하는 것은 잘할 때까지 하면 된다. 공부로 치면 복습을 하면 된다. 잘할 때까지 몇 번이고 하면 되는 것이다. 이때 아는 것은 조금 덜 노력하고 모르는 것에 집중하면 되는 것이다.

누군가를 가르쳐 본다는 것도 해본 사람이 한다. 아이들에게 이제 그런 기회를 자주 주자. 이제 가정에서 게임을 설명할 때 아이들에게 맡겨보는 것을 권장한다. 아이가 많이 해본 게임을 다른 친구들에게 설명하는 것을 보았다면 믿고 맡길 수 있을 것이다. 설명하는 목소리를 들어보면 자신감이 넘쳐흐른다. 우선 아이가 하고 싶어 하는 게임은 아이가 설명하게 한다. 게임 규칙서, 게임 방법이 설명된 글을 읽고 동영상을 보고, 이해한 후에 게임 설명을 한다는 것은 대단한 일이다. 자신이 잘 아는 보드게임에 대한 아이들의 자신감은 목소리부터 달라지게 한다. 기세가 하늘을 찌를 것 같다. 가끔 잘못 알고 있는 게임 방법으로 보드게임 강사를 이기기도 한다. "집에서 이렇게 게임을 했어요." 그럴 땐 참 난감하다. 틀렸다고 하기도 그렇다. 그래서, 그렇게 하는 방법도 있다는 말로 시작을 한다.

아이들뿐 아니라 우리들은 누군가에게 설명하면서 자신이 아는 것과 모르는 것을 찾아낸다. 나도 막상 무언가 말하려고 보면 단어가 생각나지 않는 경우가 많다. 정확히 모른다는 것이다. 단어도 그렇다. 유네스코란 단어는 익숙해서 알고 있다고 생각했는데 설명하려니 유네스코가 지정한 보물만 생각났었다. 덕분에 유네스코가 뭔지 찾아보았다. 이렇게 모르는 것은 다시 하면 된다. 이게 게임에서만 작용하는 것은 아니다. 우리의 경험은 어디에서 빛을 발할지 아무도 모른다. 잊지 말아라. 0.1%의 차이는 내가 무엇을 알고 무엇을 모르는지 아는 것이다. 이제 알았다면 아는 것은 보충하고 모르는 것은 잘 알 때까지 배우고 익히면 된다. 그것이 가장 중요하다.

5
작은 성취가 자존감을 올린다

저학년과 고학년을 수업할 때 가장 차이가 나는 것은 질문에 대한 '대답'이다. 저학년, 특히 1학년은 맞든지 틀리든지 우선 답을 말하고 보는데, 4학년이 넘어가는 아이들은 질문에 답을 잘 하지 않는다.

보드게임 '오키도키원정대'를 할 때, '행복한 기억을 잃은 왕'에 대한 이야기로 시작을 했다. 왕의 행복한 기억에 대한 이야기를 하면서 아이들에게 언제 행복한지 물었다. 4학년부터 6학년까지의 아이들로 이루어진 수업이었는데, 누구 하나 대답하지 않고 내 얼굴만 빤히 쳐다보았다. 결국 난 대답을 이끌어내기 위해서 소소한 나의 행복을 말하게 되었다.

"선생님은 맛있는 것을 먹으면 윗몸을 흔들면서 흥얼거려. 그때 정말 행복하다는 느낌이 들어요."

아이들은 여전히 말이 없었다. 결국 나는 떡볶이를 좋아해서 먹으면 너무 행복하다고 말했다. 덧붙여 여러분은 떡볶이를 좋아하지 않냐고 물었다. 아이들은 떡볶이는 좋아하지만 행복한 것은 아니라고 했다. 핸드폰으로 게임할 때는 행복하지 않냐고 다시 질문했지만 행복한 것은 아니라는 답이 돌아왔다.

『아이의 자존감』에서 행복과 자존감에 대한 간단한 인터뷰 내용을 적어 둔 부분을 읽었다. EBS 〈아이의 사생활〉에서 방송에는 나오지 않았지만 자존감이 높은 아이와 낮은 아이 인터뷰 중 자존감이 낮은 아이들은 '지금 행복한가요?'라는 질문에 '아니오'라고 하거나 질문을 회피했다고 한다.[38] 인터뷰한 아이들의 나이가 11~12세 정도였다고 한다. 내가 수업한 아이들도 비슷한 또래인 탓인지 그 부분이 떠오르면서 마음이 좋지 않았다. 게임 도중 신나게 웃고 떠드는 아이들을 보면서 난 아이들이 행복하지 않다는 말은 믿고 싶지 않았나 보다. 아이들에게 행복이라는 단어로 물어본 게 잘못이었다는 생각이 들었다. 다음부터는 언제 즐겁고 재밌느냐는 질문으로 바꿔야겠다. 그러면 답이 좀 달라질까?

 1학년 아이들에게도 언제 행복하냐고 물었다. 대부분의 아이들은 선물을 받을 때라고 대답했다. 한 아이는 언니가 예쁘다고 할 때 행복하다고 했다. 아빠가 대왕 떡갈비를 사줘서 행복한 아이도 있었다. 1학년 아이들과 4학년 이상의 아이들의 차이는 무엇일까? 학업 스트레스가 아이들의 자존감을 떨어뜨린다는 데 혹시 그것 때문일까? 1학년은 아직 학업 스트레스가 쌓이기 전이라 행복하다고 느끼는 것일까? 대답이 맞든지 틀리든지 크게 말하고, 엉뚱한 말로 나를 웃게 하는 건 자존감도 높아서 그런가? 엉뚱한 답을 스스럼없이 내고도 해맑게 웃는 아이들을 보면 행복한 기억으로 꽉 차 있는 건가 생각이 들었다.

 그림책 피터 레이놀즈(Peter Reynolds)의 『점』은 내게 많은 생각을 하게 한다.

---

38 정지은·김민태, 『아이의 자존감』, 지식채널

그 책의 주인공 베티는 미술 시간이 끝났지만 하얀 도화지에 아무 그림도 그리지 못했다. 그런 베티가 선생님의 말에 점 하나를 찍게 되고, 그것을 시작으로 다양한 점을 이용한 그림들이 그려졌다. 얼마 후 베티는 자신이 그린 점 그림들을 학교 전시회에 냈고, 그 그림들의 인기는 대단했다. 전시회 그림을 본 아이가 베티를 부러워하며 자신도 그림을 잘 그리고 싶다고 말을 한다. 베티는 선생님이 자신에게 했던 방법대로 아이에게 용기와 자신감을 주면서 끝난다. "자! 이제 여기 네 이름을 쓰렴." 마지막 이 말은 언제나 내게 여운을 남긴다.[39]

그림을 못 그려서 하얀색 도화지를 내야 했던 베티가 어떻게 훌륭한 점 그림을 그리게 되었는지 과정을 읽으면서 어떤 선생님이 되어야 할지 생각하고 다짐한다. 교사의 말 한마디가 얼마나 중요한지 다시 깨달았다. 이 책에서는 교사였지만 아이들의 곁에 있는 모든 어른들이 지녀야 할 마음가짐인 것 같다. 이렇게 누군가의 말 한마디가 아이들의 존재를 긍정적으로 또는 부정적으로 만드는 힘이 된다.

위키백과에서 자아존중감, 즉 자존감이란 자신이 사랑받을 만한 가치가 있는 소중한 존재이고 어떤 성과를 이루어 낼 만한 유능한 사람이라고 믿는 마음이라고 말하고 있다. 나무위키에서는 자신을 존중하고 가치 있는 존재라고 인식하는 마음이라고 한다. 위대한 사상가 장 자크 루소는 "자존감은 한 사람이 끊임없이 발전할 수 있도록 이끄는 원동력이자 소중한 도구다."라고 말하고 있다. 정리해 보면 어떠한 상황에서든 자존감은 자신을 소중한 존재라고 믿는 마음이라는 것이다. 어떠한 상황. 이번 시험을 망쳤어도, 이번에 면접에 떨어졌어도, 옆에서 다른 사람이 너는 쓸모없는 존재

---

39 피터 H. 레이놀즈, 『점』, 문학동네

라고 해도 스스로 자신을 소중한 존재이고, 당연히 사랑받을 만한 존재라고 믿는 마음인 것이다.

　아이들은 자라면서 아이들의 성장에 도움이 되지 않은 대접을 받을 수 있다. 누군가와 비교를 당할 수도 있으며, 심한 말을 들을 수도 있다. 이럴 때 누가 뭐라고 하든, 어떠한 상황에서든 자신의 소중한 존재라는 것을 굳건히 믿을 수 있는 힘이 필요하다. 우리는, 이전 수학 시험에서 성적이 떨어졌어도, 이번 면접에서 떨어져서 원하는 곳에 가지 못했어도, 가고 싶었던 대학에 가지 못했어도 여전히 나는, 너는, 아직 어린아이들도 가치 있는 사람인 것은 분명하다.

　다음은 EBS 〈아이들 사생활〉 제작팀에서 발행한 책 『아이의 사생활 1』의 내용을 발췌했다.

　가족과 육아에 대한 다양한 책을 써온 임상심리학자 험프리스(Tony Humphreys)는 "아이가 자신의 가치를 충분히 알 수 있도록 부모가 도움을 주어야 한다고 한다. '난 못해', '난 자격이 없어'라며 본래 자신의 자아, 자신의 가치를 사소하게 생각하는 아이는 학습에도 흥미를 느끼지 못하며 성인이 되어서도 재능을 펼친 기회를 스스로 놓치기 쉽다."고 말하면, 호기심이 풍부한 아이로 자라기 위해서는 우선 자존감이 높아야 한다고 주장했다. 그는 자존감이 높은 아이일수록 배우고자 하는 열망이 높고 도전을 즐기며 배움에 대한 호기심이 살아 있다고 말했다.[40]

　그렇다면 아이들의 자존감을 높이는 데 중요한 것은 무엇일까? 자존감

---

[40] 『아이의 사생활1(두뇌·인지발달)』, EBS〈아이의 사생활〉제작팀, 지식플러스

은 누가 대신 만들어 줄 수 없다. 옆에서 진심으로 그 사람을 칭찬해도 그렇게 받아들이지 않는다면 그만인 것이다. 〈어쩌다 어른〉에서 김미경 원장은 자존감은 홈메이드라고 했다. 아이는 태어난 순간 자신은 대단한 사람이라고 '응애' 하면서 태어나고, 이렇게 자존감을 가지고 태어난다고 했다. 그런 아이의 자존감을 무너뜨린 존재가 가족이라고 말하는 데 설득력이 있었다. 이렇게 아이들의 자존감을 높이는 데 무엇보다 중요한 것이 부모의 역할이다.

아이들은 부모에게 인정받고 싶어 한다. 아주 작은 성공이라도 그 기쁨을 나누고 싶어 한다. 가끔 드라마에서 100점을 맞은 성적표를 들고 다른 형제가 자신보다 더 잘해서 말 못하고 시무룩하게 서 있는 부분이 나오면 난 마음이 아프다. 100이라고 쓰인 시험지를 들고 온 아들에게 '너희 반에 100점 맞은 애들이 몇 명이냐'고 물었던 과거 때문이다. 아이들이 누구보다 부모에게 받은 인정은 자신감을 키워주고 무엇이든 적극적으로 참여할 수 있는 힘을 준다. 또한 작은 성취들이 모여 아이들의 자존감을 높인다. 난 아들이 혼자 일어섰던 날, 그렇게 서서 박수를 치고 있던 모습을 생생하게 기억한다. 그 아이는 스스로를 대견해했었나 보다. 그것을 이루어 낸 힘으로 아마 걷기에도 성공했을 것이다. 이렇 아이들은 스스로 자신이 발전하고 있다는 생각이 들었을 때, 작은 장애물을 극복하고 원하는 것을 얻었을 때, 아이들의 자존감을 올라간다. 아주 작은 성취감들이 모여 아이들의 자존감을 키운다.

'로보77' 게임은 각자 생명 칩을 3개씩 들고 시작한다. 자신의 차례가 되면 손에 들고 있는 카드 중 1장을 내면서 방금 앞 사람이 말한 수에 더한다. 이 합이 11의 배수 즉 11, 22, 33, 44, 55, 66을 되면 생명 칩 1개를 잃는다. 또 77과 77보다 큰 수를 말해도 생명 칩 1개를 잃고 게임을 다시 시작한다. 게임을 진행하다가 더 이상 낼 생명 칩이 없으면 게임에서 탈락한다. 나머지 사람들은 게임을 계속한다. 이렇게 마지막까지 살아남은 사람이 승리하는 것이다.

그날은 4학년 이상이 게임을 할 때였다. 환이가 게임 도중 지켜보는 내게 풀이 죽은 모습으로 말했다.

"칩이 없어요."

환이는 게임에서 탈락했다고 왔다. 난 아직 한 번의 기회가 더 있음을 알려줬다.

"아니야. 한 번 더 할 수 있어. 이번에 해서 지면 이젠 낼 토큰이 없잖아. 그러면 탈락하는 거야."

"그렇다고 해도, 어차피 한 번 남은 거잖아요."

풀이 죽은 아이의 목소리. 한 번의 기회, 이번에 지면 탈락인데 남은 기회가 무슨 소용이냐고 말하는 듯했다.

"아직 지지 않았잖아. 질 때 지더라도 끝까지 최선을 다해야 하고…… . 아직 한 번의 기회가 있다는 것은 승리할 수도 있다는 거야."

아이들은 그 한 번의 기회가 얼마나 대단한 건지 모른다. 축구 경기에서, 농구 경기에서 단 몇 초의 시간으로 역전이 되는 것처럼 단 한 번의 기회로 승부가 바뀔 수도 있다는 것을 모른다. 그런 것은 스포츠에서나 있는 것인 줄 알지만 살다 보니 그건 아니었다. 내 말이 위로될 리가 없었던 환이가 여전히 불만 섞인 표정으로 게임을 한 것은 너무 당연했다. 그러나 환이는 다음 라운드에 살아남았다. 그렇게 몇 라운드 게임은 계속되었다. 조금 후

"와. 난 바퀴벌레다."

환이가 두 손을 번쩍 들어 올렸다. 동시에 아이들도 함께 함성을 질렀다. 생명 칩 2개가 남았던 아이도 이긴 환이는 자신을 바퀴벌레에 비유했다. 아이들은 환이가 거의 진 게임에서 이길 때까지 지켜봤다. 그 게임에서 아이들은 무엇을 배웠을까? 단 한 번의 기회만 남았어도 우리는 그 기회로 기꺼이 다시 일어설 수 있다는 것을 배웠기를 바란다. 이 한 번의 기회가 환이에게 커다란 성취감을 준 것이 분명할 것이다.

작은 성취감들이 모이면 아이들은 스스로 꽤 쓸 만한 존재인 것을 믿는다. 우린 아이들은 많은 경쟁 속에서 자란다. 이때 중요한 것은 자존감이다. 모든 아이가 비슷한 수준의 교육을 받는다고 해도, 나중에 아이의 능력을 가르는 것은 자존감이라고 한다. 이 자존감은 아이가 위기나 실패에 부딪쳤을 때, 극복하고 다시 일어설 힘을 만들어 준다고 했다. 실패하지 않고 성공만 한 삶이 있을까? 아이들은 실수와 실패도 경험해 보고, 그 실패를 딛고 일어서서 다시 도전할 수 있어야 한다. 그 도전으로 자신이 원하는 것을 얻어냈다면 아이는 다시 그런 상황이 생겼을 때 실패를 묵묵히 받아들이고 다시 도전해 낼 것이다.

위험이 없는 실패의 경험. 보드게임의 또 하나의 역할이다. 보드게임을 할 때 "이건 게임일 뿐 인생이 아니니까 대충 져도 된다."고 말하지 않는다. 그렇게 말하는 경우는 질 것 같아서 미리 포기하는 경우이다. 지는 순간에도 이길 수 있다는 마음으로 게임을 한다면 우리는 다음에 어떻게 이겨야 할지 고민하게 된다. 진심으로 최선을 다해서 한다. 한 번 남은 기회를 살려 승리하기도 한다. 그 한 번의 승리로 아이들은 성취감은 쌓이게 된다. 해보니까 된다는 생각도 가지게 된다.

하나 더, 홈메이드인 자존감을 기억하자. 부모의 말 한마디가 아이들을 키워낸다고 한다. 믿어주는 힘이 중요하다. 혹시 실망스러운 일을 생겨도, 넌 그래서 탈이다. 이런 말은 쓰지 말자. 아이들은 이제 배우기 시작했다. 못하거나 모르는 것은 너무 당연하다. 스스로 1개씩 배워갈 수 있도록 옆에서 지켜보면서 격려할 일이 어른들이 할 몫이다. 학교에서든 집에서든 아이들의 자존감을 높여주는 것은 어른들이 해야 할 몫이다. 아무것도 그리지 못했던 베티가 멋진 점 그림으로 전시회를 열었던 첫 번째 시작은 선생님의 말과 행동이었다. 우리도 주위의 다른 아이들에게 그와 같은 역할을 할 수 있다. 현재 말썽을 피우는 아이든 모범생이든, 공부를 잘 하든 못하든 세상 누구든 분명히 존재할 이유가 있다. 그게 누구이든 말이다.

에필로그

"햄버거 위에~~ 치킨 위에~~ 토마토 위에~~"

아이들이 합창합니다. 타일 한 장 한 장 뒤집으면서 노래를 부릅니다. 가끔은 즐거운지 어깨도 흔들고, 일어나서 엉덩이도 흔듭니다. 그 옆에 보조 강사님도 아이를 따라 부르네요. 전 앞에 서서 그 모습을 잠깐 멍하니 쳐다보았답니다. 미소가 가득 채워진 내 얼굴에 살짝 미안함도 묻힙니다. 이런 리듬을 만들어 냈던 아이는 수업 때마다 제가 모르는 노래를 흥얼거렸어요. 간단한 리듬의 노랫소리는 금방 같은 모둠의 아이들도 따라 부르게 했지요. 결국 그 노랫소리는 수업에 방해가 되었고, 아이들에게 주의를 주고 노래를 못하게 했습니다. 돌아보니 이 아이는 콧노래를 흥얼거리며 모든 시간을 즐기고 있었는지도 모릅니다.

이날도 아이들이 쉽게 게임할 수 있도록 타일의 수를 줄이기는 했지만 특별함이 없는 수업이었습니다. 점수 카드에 있는 그림 순서대로 카드를 찾아야 하는 간단한 게임이었어요. 아이들이 좋아하는 게임이긴 했지만 흥겨운 게임은 아니었지요. 이 간단한 게임을 아이들이 리듬을 살려 몇 배는 더 흥겹게 만들었네요. 결국 수업이 끝날 때까지 그 노랫소리가 교실에 퍼져 울렸답니다. 전 이날 수업에서 배운 리듬을 다른 아이들과의 수업에서 활용할 생각입니다. 이렇게 전 아이들에게서 수업에 필요한 좋은 자료를 얻기도 합니다. 아이들은 좋은 동료이기도 하네요.

　전 제 일을 합니다. 아이들의 흥미를 이끌기 위해 거창한 것을 하지는 않아요. 평범하기만 한 제 수업을 아이들이 나머지 공백을 채워 풍성하게 만듭니다. 게임을 더욱 재밌게 만드는 것도, 어려움을 이겨내고 승리하는 것도, 져서 속상한 마음을 스스로 치유하는 것도 아이들입니다. 가끔 일어나는 다툼에서도 난 제 3자입니다. 더 이상 다툼이 일어나지 않도록 할 뿐 사과와 화해는 아이들이 합니다.

　가끔 수업 중에 큰소리가 나기도 합니다. 될 수 있으면 안 그러려고 해도 의자를 뒤로 젖히는 행동을 하면 큰소리가 나더라고요. 일부러 카드를 찢거나 구성물을 집어던져서 부서지게 한 경우에는 정말 속이 상합니다. 찢어진 카드 1장 때문에 그 보드게임을 다시 쓸 수 없는 경우도 있습니다. 아이에게 다시는 그러지 않도록 다짐을 받지만 속상한 마음은 쉬이 가시지 않습니다. 하지만 이런 수업은 아주 가끔입니다. 그보다 몇백 배는 아이들 덕분에 웃는 것 같습니다. 아이들의 자잘한 행동들이 저를 행복하게 합니다. 그래서 가정에서도 아이들의 행동을 보고 웃기를 바랍니다.

　"햄버거 위에~~~ 치킨 위에~~~"라고 노래를 부르는 아이.
　"선생님, 물개가 아니라 물범이에요."라며 카드 속 그림이 물범이라고 말하고 물개와 물범의 다른 점을 정확하게 가르쳐 줬던 동물 박사.
　"선생님. 제가 한경아 선생님 이름을 만들었어요."라 말하며 블록 조각으로 제 이름을 만들고 좋아하는 아이.

관찰을 잘해서 카드 속 구석구석 그림을 관찰한 후 제게 질문을 했던 아이.

'가'로 시작하는 말을 적는데 '가물치' '가나' 등을 적어서 저를 놀라게 했던 1학년 아이.

친구에게 자꾸 싸움을 걸어서 걱정이었는데 순발력 게임에서 누구보다 월등해서 아이들의 부러움을 샀던 아이.

다양한 아이들의 특성을 보면서 저만 감탄하고 행복해한 건 너무 아깝습니다. 이걸 가정에서 가족들이 봤으면 하는 바람이 있었습니다. '가족들과 보드게임을 해도 아이들이 이렇게 즐거울 수 있을까?'라는 의문이 잠깐 들기도 합니다. 또래들과 같이해서 서로의 잠재력을 발휘하는 것일지도 모른다는 생각 때문입니다. 하지만 달리 생각도 해봅니다. 지금 제게 오는 아이들은 모두 가정에서 나온 아이들입니다. 당연히 집에서도 이렇게 즐겁게 게임을 하면서 자신만의 특성을 찾아갈 것입니다. 어쩌면 적은 숫자로 게임을 진행할 수 있어서 조금 더 복잡한 게임을 진행할 수도 있고, 더 다양한 잠재력을 찾아내고 뭐든지 더 잘해 낼 수 있을지도 모릅니다.

요즘은 보드게임을 소개하는 곳이 많습니다. 검색 창에 보드게임 이름만 넣어도 정보가 술술 나옵니다. 하려고만 한다면 언제든 바로 시작할 수 있습니다. 이제 가족이 모여 보드게임할 시간입니다. 아이들에게 필요한 많은 능력들도 키워보고 다 같이 즐거운 시간도 보내기를 바랍니다. 컴퓨터가 온 가정에 있는 것처럼 저도 모든 가정에서 보드게임을 하는 날이 오기를 바랍니다. 저녁 드시고 온 가족이 모여 보드게임 한판 어떠세요?